With content from
OXFORD
UNIVERSITY PRESS

牛津应用语言学汉译丛书

Second Language
Research Methods

第二语言研究方法

〔美〕赫伯特·塞利格 〔以〕艾蕾娜·肖哈密 著

吴红云 初萌 胡萍 王月旻 杨京鹏 译

商务印书馆
SINCE 1897
The Commercial Press

2016年·北京

Herbert W. Seliger   Elana Shohamy
Second Language Research Methods
Copyright © Oxford University Press 1989
据牛津大学出版社 1989 年版本译出。

English text originally published as *Second Language Research Methods* by Oxford University Press, Great Clarendon Street. Oxford © Oxford University Press 1989.

This Chinese translation edition is published by The Commercial Press by arrangement with Oxford University Press(China) Ltd for distribution in the mainland of China only and not for export therefrom.

Copyright © Oxford University Press(China) Ltd and The Commercial Press 2016.

Oxford is a registered trademark of Oxford University Press.

译　者　序

受恩师刘润清教授的影响，我在英国爱丁堡大学访学期间（1999—2000）就非常关注第二语言研究方法的课程，阅读了大量的相关文献，深感研究方法的重要性。

原以为"研究方法"是自己比较熟悉又非常感兴趣的领域，而且我也主持过几项设计十分复杂的课题研究，负责该书的翻译和译稿的审阅会得心应手。但在翻译过程中，我们发现，研究方法中一些看似"了然于心"的英文概念，要用准确、恰当的汉语表达出来，远非易事。此外，由于第二语言习得研究是一个跨学科领域，《第二语言研究方法》一书涉及许多不同的语言学流派和不同领域的学科知识。这些不同学科领域中的专业术语对该书的翻译工作构成极大的挑战。在应对这些挑战时，我们力求使译文准确、流畅、通俗易懂。

比如，第6章的开篇引言选自皮亚杰的访谈语录。他引用了法国哲学家柏格森提出的"living order"和"geometric order"的概念。为了准确理解这两个概念，译者在阅读柏格森的代表作《创造进化论》的中译版之后，将它们翻译为"生命规则"和"几何规则"，但是读者可能对这两个概念仍然不知所云。于是，译者添加了脚注："'几何规则'指与无生命、无意志的东西相关的规则，如物理规律、空间规律等，而'生命规则'指与生命体相关的规则，是不断变化的、整体性的。柏格森认为，要探索'生命规则'，研究者需要整体把握事物的运动变化。这和本章所介绍的质性研究相似。"

《第二语言研究方法》是介绍二语研究方法的经典著作。该书脉络清晰,用平实的语言、恰当的研究示例比较系统地介绍了第二语言研究方法。我们相信,通过本译著,更多的读者可以了解二语研究的选题、研究设计、数据分析及论文写作等方面的一些基本原则,能更有效地开展研究。纵观《第二语言研究方法》全书,我们随处都可以发现两位作者对研究过程中常见问题的细心观察,以及他们针对这些问题提出的切实有效的"应对方法"。

比如,在研究的初始阶段,新手研究者以及具备一定研究经验的研究者所提出的研究选题都可能出现"选题价值不大、研究问题过于宽泛、缺乏可行性"等问题。针对此类常见问题,为了阐述"研究过程是一个逐步聚焦研究问题的过程"这一观点,作者列举了九种可能影响"二语学习者在习得速度方面的差异"的因素(如学习者的语言学能、母语和性别等)。在这九种因素中,他们又将研究重点聚焦为"语言课堂上的练习形式或练习量"因素,并以此为例,进一步阐述研究中"综合法"的基本原则(详见第 3 章)。

在明确了研究选题,收集并阅读了具有权威性和前沿性的相关文献之后,如何梳理并组织庞杂的文献资料,写好"文献综述",也是许多新手研究者感到非常棘手的问题。针对这一常见问题,作者的建议也颇为具体。他们认为,"研究问题的性质通常决定文献综述的结构。我们可以根据与研究问题直接相关的信息来组织文献综述,即确保每一个研究问题或研究假设都有相关文献的支持"。他们还以"年龄和二语学习之间关系的研究"为例,指出:该项研究可以包含"年龄和学习者的性别、语言学习环境、学习风格"等研究假设;我们在提出每一条研究假设之前,都可以先对相关文献进行综述。此外,他们介绍了历时文献综述法,即根据研究成果发表的"顺时"或"逆时"的顺序,介绍相关文献。这里,他们强调,"对于有争议的研究论题,我们可以在文献综述部分描述不同观点或不同思想流派,重点讨论代表性研究"(详见第4章)。

又如,在第8章中,作者介绍了问卷、访谈等多种数据收集方法。其中,针对第二语言研究中难度比较大的有声思维实验,作者不仅强调了该项实验的重要性以及实验过程中可能出现的问题,还比较详细地介绍了实施有声思维实验的具体步骤,便于读者顺利完成此类实验。

当然,第二语言研究领域的课题及其研究方法林林总总,任何一本书都不可能是研究方法的万能钥匙。研究过程中,读者需要根据特定的研究目的和具体的研究内容,广泛阅读相关的参考文献,灵活地借鉴、创造性地使用现有的研究方法,确保研究设计的科学性与合理性。比如,在设计定量研究的问卷之前,读者既需要参阅、借鉴相关研究的问卷内容及其结构,也可以阅读专门介绍如何设计、实施问卷调查的著作,如《二语研究中问卷的编制、施测与数据处理》(*Questionnaires in Second Language Research*: *Construction, Administration, and Processing* Dörnyei, 2003);在进行质性研究设计的过程中,可以阅读专门介绍质性研究方法的著作,如《质性研究的实施与报告撰写》(*Doing and Writing Qualitative Research* Holliday, 2002)。

本书具体的翻译工作安排为:吴红云:前言、第1章;初萌:第2章、第6章、第7章;王月旻:第3章、第4章;杨京鹏:第5章、第8章,并协助完成后期的统稿工作;胡萍:第9章、第10章。吴红云对译稿进行了审订。我们特别感谢以下专家学者在相关术语翻译过程中给予的大力帮助:北京外国语大学刘润清教授、韩宝成教授、戴曼纯教授,北京师范大学王大华教授、中国人民大学郝彩虹博士等。感谢商务印书馆马浩岚主任和黄希玲、李君编辑。她们对我们的支持与理解,给这项艰难的翻译工作增添了不少愉悦。感谢中国人民大学和北京师范大学的雷嘉雯、朱建帮、陈子微、毛晓飞等同学。我请他们从读者的角度通读了全书，他们在译文的措辞等方面提出了一些很好的修改建议。当然，由于译者的学识水平有限，译文一定还存在不少纰漏与问题。敬请读者不吝赐教。

吴红云
2014 年 6 月于北京

目 录

致谢	（1）
前言	（2）
第1章 什么是研究？	（1）
1 引言	（1）
2 研究的自然过程	（2）
3 科研与常识	（6）
4 探寻答案：如何获取知识？	（9）
5 基础研究、应用研究和实用研究	（14）
6 本章小结	（17）
本章练习	（18）
参考文献	（18）
第2章 二语研究范式	（20）
1 二语研究和二语现象	（21）
2 二语研究的四项参数	（22）
3 参数一：综合法和分析法	（23）
4 参数二：启发性研究和演绎性研究	（27）
5 参数三：对研究环境的控制	（31）
6 参数四：数据和数据收集	（36）
7 本章小结	（39）

本章练习 ·· （41）
　　参考文献 ·· （41）
第3章　研究准备阶段 ·· （43）
　1　引言 ·· （43）
　2　研究问题从何而来？ ·· （45）
　3　第一阶段：拟定一般性研究问题 ······································· （47）
　4　第二阶段：聚焦研究问题 ··· （52）
　5　第三阶段：确定研究目标 ··· （58）
　6　第四阶段：拟定研究计划或研究假设 ·································· （62）
　7　本章小结 ··· （64）
　　本章练习 ·· （65）
　　参考文献 ·· （66）
第4章　研究现状分析 ·· （68）
　1　研究现状分析的含义和目的 ·· （68）
　2　查找文献资料 ·· （72）
　3　阅读文献 ··· （81）
　4　整理并撰写文献综述 ··· （85）
　5　本章小结 ··· （88）
　　本章练习 ·· （89）
　　参考文献 ·· （89）
第5章　研究要素 ·· （91）
　1　研究计划的必要性 ·· （91）
　2　研究计划和研究类型 ··· （92）
　3　预测及变量控制 ·· （93）
　4　使研究更有效 ·· （97）

5　数据和变量的类型 ……………………………………（97）
　　6　内部和外部效度 ………………………………………（99）
　　7　本章小结 ………………………………………………（118）
　本章练习 ……………………………………………………（118）
　参考文献 ……………………………………………………（119）

第6章　研究设计：质性研究和描述性研究 ……………（121）
　　1　引言 ……………………………………………………（121）
　　2　质性研究 ………………………………………………（127）
　　3　描述性研究 ……………………………………………（133）
　　4　多变量研究和相关性研究 ……………………………（140）
　　5　本章小结 ………………………………………………（143）
　本章练习 ……………………………………………………（143）
　参考文献 ……………………………………………………（144）

第7章　研究设计：实验性研究 …………………………（146）
　　1　引言 ……………………………………………………（146）
　　2　实验性研究要素 ………………………………………（148）
　　3　单组实验设计 …………………………………………（150）
　　4　设定控制组的实验设计 ………………………………（154）
　　5　因子设计 ………………………………………………（159）
　　6　准实验设计 ……………………………………………（162）
　　7　分离样本设计 …………………………………………（163）
　　8　本章小结 ………………………………………………（165）
　本章练习 ……………………………………………………（166）
　参考文献 ……………………………………………………（166）

第8章　数据和数据收集方法 ……………………………（168）

1	引言	(169)
2	数据收集参数	(172)
3	数据收集方法的种类及其问题	(174)
4	确保数据及数据收集方法的质量	(200)
5	使用、调适和研发数据收集方法	(206)
6	本章小结	(214)
本章练习		(214)
参考文献		(215)

第9章 数据分析 (219)

1	数据分析和研究设计	(219)
2	质性研究数据分析	(223)
3	描述性研究数据分析	(230)
4	相关性研究数据分析	(239)
5	多变量研究数据分析	(243)
6	实验性研究数据分析	(253)
7	利用电脑进行数据分析	(260)
8	本章小结	(263)
本章练习		(263)
参考文献		(263)

第10章 研究结果的汇总 (266)

1	研究结果的报告、总结和解释	(266)
2	研究报告	(274)
3	研究周期的"结束"?	(277)
4	本章小结	(281)
本章练习		(282)

参考文献 …………………………………………… (282)
附录 ………………………………………………… (285)
   阅读书目 ………………………………………… (285)
   二语习得领域的主要期刊 ……………………… (293)
   相关研究领域的主要期刊 ……………………… (294)
索引 ………………………………………………… (297)

致　　谢

　　书稿付梓之时，我们衷心感谢家人在成书过程中付出的艰辛，愿此书的面世能不枉其力，让他们感到欣慰。

　　同时，感谢我们的学生，是他们对书稿的大部分内容进行了反馈与回应，让我们更多地了解到研究初始阶段可能遇到的困难。

　　最后，本书参引了二语习得研究同仁的相关文献，在此一并致谢。愿我们能一如既往地交流合作。

前　言

内容简介

　　毫无疑问，任何阅读二语习得研究文献的人都会发现，二语习得研究是一个跨学科领域，涉及语言学、心理语言学、社会语言学、社会学、心理学以及教育学。该领域的研究者采用不同学科的研究视角及其研究方法来探究二语现象。

　　本书力图全面介绍各种研究方法，但研究方法和研究种类繁多，实难穷尽。因此，本书重点介绍二语研究的范式和原则。其实，二语研究设计复杂纷呈。也许只有研究者的创造力及研究条件的局限性，才可能限制二语研究设计的多样性。

　　本书旨在介绍二语习得和双语现象的研究过程。目标读者为初涉二语研究或是未经专业指导但已有过二语研究工作经历的人员。本书也适用于学习研究方法和研究设计课程（特别是学习二语习得、双语现象和应用语言学等课程）的研究生和本科生。

　　在二语研究的实践过程中，读者可能发现：该领域的研究环境多种多样（如自然环境和课堂环境），受试者年龄不一，研究目的及理论基础也不尽相同。

　　本书从研究问题的构思、研究设计、数据收集方法及数据分析等方面讨论二语研究。不过，我们并未详细介绍研究实践中的"诀窍",因为我们认为,如果读者了解二语研究在独特而多样的情境中的内在原则,就应该能够分析具体的课题,并制定恰当的研究方法和研究设计。

从本书的目录可以看出,只有第9章对数据的统计方法进行了简略的介绍,因为统计方法不应该与研究方法和研究设计相混淆。我们一直认为,没必要再出一本介绍统计方法的书。不少关于统计方法的书都很方便实用,我们在附录中也列出了一些参考书目。第9章概述了二语习得研究中较为常见的一些数据分析方法,但我们强烈建议:有志于从事二语研究的读者应该更深入地掌握研究中所使用的统计方法。

细致、严谨的准备工作是做好研究的前提。正如本书目录所示,本书重点讨论研究准备阶段的各种问题。作为二语研究者以及学位论文评审委员会成员,我们的体会是:在研究的前期阶段,确定研究思路和研究框架,无疑是至关重要的。正如佛教教义所言:房子盖好后,倘若地基不牢,就算屋顶再华美,最终也会整个儿坍塌。

研究周期

贯穿本书全文的一个理念是:研究具有周期循环性,是一个持续进行、永无终点的活动,因为每一项研究都会引发新的研究问题,需要做更多的后续研究。例如,研究结论可能启发研究者发现一些相关的研究问题;也可能因为最初的研究问题或研究假设并没有得到解答或验证,研究者必须运用已经积累的知识和经验再次进行研究。

我们尝试通过本书的结构来体现研究的周期循环性,即本书的结构编排反映了研究过程的周期循环性。

研究周期及本书结构

- 什么是研究？（第 1 章）
- 二语研究范式（第 2 章）
- 研究准备阶段——形成研究问题和研究假设（第 3 章）
- 研究现状分析——阅读文献（第 4 章）
- 研究要素——考虑变量、内部效度和外部效度（第 5 章）
- 研究设计——质性研究、描述性研究和实验性研究（第 6、7 章）
- 数据收集方法（第 8 章）
- 数据分析（第 9 章）
- 研究结果的汇总——得出研究结论，形成新的问题和假设（第 10 章）

二语研究参数

本书的第 2 章介绍了由四个参数组成的研究框架。这些参数涵盖了二语研究的独有特征，描述了二语研究的不同方面，构建了一套行之有效的分类体系来区分、描述和评价二语研究。全书中，我们反复阐述这四个参数，因为它们可以帮助研究者对研究设计和研究方法形成统一的认识。

如何使用本书

为了进一步厘清各个章节的要点，本书的每章都设计了与章节内容相关的练习。二语研究的有效实施，需要研究者的思考和行动。就此意义而言，章节内容及其相关练习就要相辅相成。因此，本书既介绍了二语研究方法，又为研究性活动提供了"实践指南"。部分练习要求读者或"学生研究者"参阅其他书籍或期刊;另一些"动手"练习需要读者构思研究设计、制定研究工具等。这些练习旨在拓展所属章节的内容,并帮助读者思考和体会二语研究方法,避免一味地纸上谈兵。

第1章

什么是研究？

雷斯上校略带苦涩地说道，"我经常觉得侦探工作就是在多次否定自己的错误推理之后，又重新开始。""是的，侦探工作就是如此，而有些人却不愿意进行这样反复的推理、否定和重新推理的工作。每当他们形成了某种设想，那么一切都必须符合这种设想。如果一个小的事实与其不符，就会被置之不理。但正是那些与设想不符的事实才是真正有价值的……"

阿加莎·克里斯蒂（Agatha Christie）：
《尼罗河上的惨案》1938

1 引言

可能有人会说，研究者如何看待研究问题及其研究方法与研究者的心智状态相关。研究者的心智状态在一定程度上反映了他们所生活的世界；研究者的"信念"（即他们所认可的知识），经常反映了他们所处的社会与文化环境。尽管研究的目的是寻求"真理"或探究"事实"，我们也希望研究具有客观性，但我们有时却难以觉察到周围环境对研究产生的各种影响。

我们自认为生活在一个追求"科学客观性"的时代。亚里士多德、托勒密、伽利略、哥白尼和爱因斯坦都认为他们的时代同样追求"科学客观性",但是,他们当时接受的一些"科学事实"却遭到后人的否定或批判。

本章通过探讨以下问题,澄清研究中的几点认识,尤其是对二语研究的认识。

——研究与学习过程中自然发生的认知过程存在哪些异同?

——基于"常识"和直觉得出的结论与基于科学调查得出的结论存在哪些差异?

——如何判断研究结论的可信度?即如何判断我们的研究确实有所创新?

2 研究的自然过程

研究与现实

许多人脑海中对研究者的印象是:身穿白大褂,花费数小时专心致志地忙于实验室工作,或者面对写满了神秘数学符号的黑板,突然激动地大喊:"终于找到答案了!"于是获得了一项足以让他(她)青史留名的发明。但是,真正意义上的科研并非如此。其实,自然的人类活动也具有研究的基本特点和要素。

并非所有的研究都必须在实验室进行或需要复杂的统计运算。"研究"在我们的日常生活中,几乎无处不在。每天,我们所进行的日常活动与学术研究一样,都包括研究的基本要素,因为我们的日常活动同样是为了寻求一些现象的答案。

我们设想这样一个场景:一个婴孩待在游戏围栏里,不能自由地行走,而且还不具备与身边的人进行语言交流的能力。这个婴孩的父母也坐在同一个房间里。这时,婴孩注意到房间的另一端有个玩具,他想要这个玩具,却无法离开游戏围栏,也无法用语言表达:"妈妈,请把那个小球递给我。"婴孩看着那个球,并试图发出一种声音,表达他想要那个小球的愿望。"Baa。"他叫着。父母没有任何回应。"Baa。"他又叫道。这时,爸爸注意到了婴孩的喊叫,问道:"他说什么呢?"妈妈说,"孩子可能饿了。"爸爸却说,"我觉得这孩子不可能饿了,他刚吃过啊。"妈妈又说,"也许该换尿片了。""孩子吃完后,你不是给他换过尿片了吗?"爸爸问道。

针对孩子叫喊的原因,父母做了各种猜测(或假设)及否定之后,父母猜测孩子是想要得到某个东西。孩子的喊叫声"baa"与房间里的某样东西(即一个颜色鲜亮的小球)的发音相似。因此,妈妈产生了新的推断:也许孩子想要得到那个小球。她穿过房间,捡起了球,递给了孩子,并用升调问孩子"Ball?"孩子的微笑和一串串兴奋的叫喊声,说明了"ball"就是他想要表达的意思。

现实生活中研究的基本要素

我们注意到,日常生活中的类似经历包括以下要素:

——某种行为没有得到明确的理解:如孩子发出的叫喊声。

——这种行为被观察到,而且由于某种原因,该行为被认为具有特殊性。针对这种行为产生的原因,提出问题:刚才还很安静的孩子为什么突然叫喊起来?

——对这种特殊行为做出几种可能的解释,并把这些解释与以往的经验或经历联系起来:婴孩的特殊叫喊与"吃东西"或"换尿片"等事情有关。

——其中一种解释被认为对该行为具有最强的解释力。根据观察到的现象和原有经验,这一解释成为父母对婴孩的行为所做出的"假设",于是,其他假设便被否定了。

——为了验证这个假设或"回答研究问题",父母需要收集这个婴孩在其他情况下喊叫的"数据资料"。这样,父母的实验似乎才能够表明孩子发出的声音确实是 ball。

还有一种方法可以确定这个婴孩想要说的单词是"ball",就是等孩子第二次发出"baa"的声音时,父母拿起房间的另一个物品来试探孩子的反应。这个步骤重复几次之后,对于孩子喊叫的各种假设,就可以得到验证或被推翻。

同时,我们需要注意:父母形成的假设是来自对自然发生的语言现象的观察。另一种检验假设的方法是父母尝试着引导孩子发声。父母可以观察孩子看到不同的物品时,是否会发出不同的声音,也可以观察孩子看到玩具球时是否总会发出"baa"的声音。比如,当父母举起玩具球,孩子却发出了另一种声音,父母就需要修正有关孩子语言发展状况方面的假设。这时,也许父母的结论是:

——有关孩子"baa"的发声与玩具球之间关系的假设是草率的。换言之,父母认定孩子所拥有的语言能力其实并不存在。

——在目前的语言发展阶段,孩子有时能够使用贴切的单词指代物品,但有时只是信口说出当时脑子里冒出的单词。换言之,孩子只是在尝试着使用自己的语言。

可见,研究者可以从不同的研究视角,通过使用不同的研究方法(如观察、提问、实验和诱导等)来探讨研究问题。一旦研究假设形成,并得到了检验、验证或被推翻,研究者可能就需要重复进行实验,或通过不同的研究方法进一步验证研究结论。本书第 2 章将介绍不同的研究视角对研究方法的影响。

研究也可以是一种内心的探索，即爱因斯坦所指的"思维实验"。根据这种实验方法，研究问题的提出及其解答，是通过逻辑推理来完成的。比如，二语学习者会倾听其他人如何使用自己要习得的语言，并琢磨地道的语言表达方式。长期以来，学术界普遍认为二语语法的习得过程就是有关语言使用假设的检验过程。以下研究示例是一位8岁二语学习者跟父母叙述的经历，反映了"思维实验"的过程。

这个孩子正在习得的第二语言是希伯来语。一天，她和几位母语为希伯来语的朋友攀登一座岩石山。这位二语学习者听到她的朋友用希伯来语重复着同样的短语"*eze kef, eze kef*"。起初，她认为他们说的意思是，"哦，多漂亮的岩石！哦，多漂亮的岩石！"但之后，她在心里又做了进一步的推理："岩石怎么可能让他们开怀大笑并念叨不停呢？"她因此推断：他们一定是在表达攀岩运动带来的欣喜。于是，她得出了新的推断："*eze kef, eze kef*"短语的意思是"真好玩啊！"接着，她询问了一个既懂英语又懂希伯来语的朋友，验证了自己最终的推断是正确的。

这些示例表明，广义的研究包括观察、形成假设、检验假设等环节。这个过程可能是有意识或无意识的行为，也可能是内心探索或外在行为。而且，广义的研究是人们从婴儿期到成人阶段不断发展的一种学习机制。正如本章和下文所述，观察、形成假设、检验假设都与正式的研究或科研活动密不可分。通常，我们认为"科研"离不开"研究"。虽然我们认为儿童习得母语或二语不属于"研究"，但事实上，儿童的语言习得过程和其他日常活动与科研一样，都体现了科研的基本要素。

尽管我们可以将研究过程看作是普通的学习活动，这并不意味着"研究"只是生活中自然发生的行为，或凭直觉而采取的行动。要实施正规的研究，我们需要认识到：通过自然、本能的学习过程得出的结论与通过系统的科研调查得出的结论是不同的。同时，我们应该明确以下问题：什么情况下得到的研究结论是令人信服的？什么情况下得到的研究结论不可信？换言之，什么时候我们的研究确实有所创新？什么时候我们的研究结论可能是错误的？下文将针对这两方面的问题展开具体论述。

3 科研与常识

虽然日常活动体现了研究的基本要素，但我们也应该清楚：研究与日常活动之间存在一些重要的差异。如果研究像日常活动一样简单、自然，我们为什么还要阅读有关研究方法与研究设计的书籍？为什么不能仅仅依赖直觉和常识对观察到的语言现象做出结论？

有些人不做研究，但是对语言教学有各种直觉判断，他们对二语研究的典型反应是：研究就是验证他们的教学常识。比如，这些人经常会说："我早就知道"，"那一点毫无意义"，"据我的经验"等。

虽然常识、直觉和对日常经历的内省都有益于研究，但是除非它们用得恰当，否则价值有限。有人曾以嘲笑的口吻指出：常识的基本原则就是新观点与原有的观点应该具有相似之处。换言之，新观点应该进一步验证我们已有的知识或信念。有些人认为科学和科研的目的就是验证人们坚信不疑的一些常识。如果事实如此，科学的作用就是支持迷信、偏见以及"有用的"常识了。很多年来，人们一直认为儿童只是通过模仿父母的话语来学习母语。但经过多年的科研，我们现在了解到：有关儿童语言习得，曾经被看成是常识性结论并不正确；语言习得非常复杂，并非是简单模仿的过程。

由常识得出的结论可以成为科研的起点，而不应该是终点。科研可以从这样的问题开始：根据常识，儿童通过模仿来学习语言，真的是这样吗？我们将在下文中进一步探讨科学的方法与基于常识的方法之间存在的一些重要差异。科研的作用之一是通过实证或事实来支持常识，或者推翻已经被人们接受的所谓"常识"。当然，正如我们在20世纪已经见证了的，伪科学的"方法和知识"曾经被用来支持偏见和迷信。因此，研究者必须保持警觉，防范科学的误用。

通过常识和直觉获得的知识与通过科研获得的知识之间的差异，主要体现在以下几个方面：科研是"有组织的""有结构的""有序的""系统的""可验证的"，尤其是"遵循学科规范的"研究。

科研过程具有系统性

常识性结论的基础是迷信、对问题的肤浅认识以及未经检验的信念。最近，笔者曾问一名外语教师：为什么让四年级的学生背诵所有复杂的语法规则，却几乎不安排时间让学生使用语言进行交流？这位教师回答："学生们只有背熟了语法规则，才有可能使用语言进行交流。"当作者告诉那位老师："即便是以该语言为母语的人，也不再遵守其中的一些语法规则了。"那位老师回答道："这更说明学生需要学习语法规则。母语使用者也不应该是我们仿效的标准。"

研究者可以从以下问题着手研究：在二语习得过程中，儿童是否能够运用从"显性教学"中获得的语法知识？之后，研究者应该带着这个问题系统地观察儿童在自然语境中的二语学习情况，努力探究在课堂教学环境中语法学习对儿童二语学习的影响，并制订研究计划，进一步探究语法教学法是否对儿童的二语学习产生影响。

科研通过系统地检验相关假设来创建理论

常识性结论往往来自肤浅的"证据"，这些"证据"支持某些人乐意相信的"事实"。外行通常以主观的、有选择性的方式来检验有关客观世界的各种假设。虽然我们可以说科研是有选择性的——我们不可能同时检验所有的假设——但是，研究者会系统地选择"研究假设"。外行对不支持自己"信念"的证据通常采取忽略或者糊弄的做法。上述例子里提到的外语教师就是如此。他认为，学习语言首先要记住规定性语法。这种"信念"可能源于他本人有限的个人经验，也可能因为他相信语言本身就体现了规定性语法的各项规则，还可能因为他的老师一直是这样教的，所以，他认定："熟记语法就是学习语言的好方法。"他可能并没有花时间考虑过这种语言教学方法会带来的种种问题。

研究者应该清楚地阐述研究中所使用的理论和研究假设，以便其他研究者和其他想要进行复制性研究的人员进行检验。我们认为，研究假设必须是可以证伪的，必须经得起实验的检验，而有的实验可能最终会推翻这些假设。

针对上述外语教学的例子，只指出"不教语法，孩子们能更好地学习语言，因为我们相信如此"是不够的。如果我们要说明"不强调语法形式，孩子们外语学习的效果更好"，我们就要确保所阐述的研究问题是可以通过收集数据资料来验证或否定的研究假设。而且，研究程序必须规范，以便其他希望检验该项研究假设的研究者，在不同的研究情况下（比如，受试者的年龄更大或更小），能够参照我们的研究过程。

科研力求描述、界定、控制各种语言现象之间的关系

正如前文所述，我们会很自然地去寻找并关注我们身边的各种现象之间的联系。当父母想弄明白他们的孩子在说什么的时候，情况就是如此。但令人遗憾的是，我们有时候得出的结论符合"常识"，却

是错误的。比如，我们注意到孩子们有时会模仿他们听到的单词和短语，而他们并不理解这些词语的意义。结果，我们就简单地认定：模仿是孩子们习得整个语言体系的主要方式。而且，因为常识告诉我们，孩子们就是通过模仿学习第一语言的，我们就会草率地得出这样的结论：即使二语学习者不完全理解句子的意义，他们同样可以通过模仿和反复记忆来学习第二语言。

另一方面，科研力图界定各种语言现象之间的关系，并在排除其他解释之后得出结论。通过观察，我们可能会得出这样的结论："成功的语言学习"与"乐于猜测二语表达法"是分不开的。但是，仅仅阐述"成功的语言学习者都善于猜测"还不够有说服力。在对这一语言学习现象进行系统的研究之前，研究者必须明确界定"成功的语言学习者""猜测"，甚至"准确的猜测"等概念。其次，在对"猜测的作用"下结论之前，研究者必须控制可能影响语言学习效率的其他因素，比如学习动机。

如果我们可以认定研究是一个有计划的、系统的过程，研究者需要面对的另一个问题是：该过程何时可以得出结论？其实，研究结论是一种声明："通过调查，我们对于某种现象获得了新的认识。"研究结论甚至可以是一种发现：我们并不了解曾被认定的"事实"；我们所了解的只是一种有待检验和考察的理论。但是，不管采用怎样的研究方式，研究的最终目的都是获得研究之前我们并未掌握的某种知识。下文中，我们将探讨通过二语研究可以了解的各类知识。对研究者和研究成果的应用人员而言，区分不同的知识类型是十分重要的。

4 探寻答案：如何获取知识？

研究必须解决的一个重要难题是：研究者如何判断是否找到了研

究问题的答案？如下文所述，研究者可以使用不同的研究方法来探究研究问题。我们如何判断：自己或其他研究者是否已经获得了有关二语研究问题的答案？

我们可以根据研究结论所代表的四类知识，对二语和双语现象的研究结论进行分类。读者在阅读文献过程中，不妨思考一下不同的研究结论分别代表哪类知识。并不是所有的研究结论都基于同一类知识，因此，一项研究结论可能同时来源于信念性知识（第一类知识），以及对于语言现象的描述或实验结果（第三类或第四类知识）。

二语研究中的四类知识

第一类：信念性知识

所谓信念性知识，是指我们对一些知识信以为真，但尚未对其进行实证检验。由常识得出的结论多属此类知识。

瓦恩里希（Weinreich 1953）列举了一些双语研究者提出的所谓的"科学的"结论：

> 赖斯（Reis 1910）讨论了卢森堡居民三种语言的使用状况："卢森堡人性情冷漠……我们没有德国人的多愁善感，也缺乏法国人的激情澎湃……兼容并蓄的双语制有碍于我们对世界形成统一的认识，也有碍于我们彰显自己的个性。"

盖力（Gali 未标注研究年份）也曾指出：双语使用者可能出现道德堕落的情况，因为他们在童年时代没有接受通过母语进行的有效的宗教教育。

信念很难消失，这是人类的心理倾向。所以，研究结果的使用者一定不要忘记探寻研究者所持观点的来源。有时，研究者以科研的形式陈述个人信念,但事实上,这只能代表研究者本人的思考,而非研究所验证的事实。我们应该谨慎对待并严肃质疑此类基于信念的研究。二语研究中,以信念为基础的结论只能被看作是研究假设,而不是既定事实。

第二类:权威性知识

这类知识与第一类知识有相似之处,因为它们同样来源于"想当然"。这类知识可能来自享有盛誉的专家,而且,这位专家对自己研究领域中某种现象的解释,要么被看作是已经验证的结论,要么被视为来自一位令人尊敬的研究者的专业判断。但遗憾的是,人们往往忽略了这类知识的获得渠道,把权威性知识和经过严谨研究而得到的知识相提并论。

当前许多流行的教学法就是常见的权威性知识而非研究性知识的例子。比如,沉默法、暗示法、社团语言学习法的流行,就是因为倡导者是教学领域的专家,而并不是因为这些教学法的效果都经过了严格的实验检验。

然而,我们经常需要引用专家的观点来拟定研究课题,并凭借权威性知识来支持研究假设。这种做法也无可厚非,但前提是我们不能把权威性知识作为已被验证的事实。比如,在下述例子中,请注意作者使用的动词是"认为",说明此处的引文是有待验证的假设,而非既定事实。

> 朗(Long 1981)认为,这样的活动能够为学生创造理想的学习环境,学生可以根据他们的理解力调整语言输入的难度……从而促进二语习得的发展。
>
> 道蒂和皮卡(Doughty and Pica)1986

下面的论述结合了信念性知识和权威性知识：作者首先提到了学术界的著名专家，并引用了专家的"信念性知识"，这样，尽管作者的观点并没有得到实证的检验，但也有一定的说服力。

克拉申（Krashen 1981）参照了一些证明课外交际活动有助于提高语言水平的研究，指出"在课外交际活动中，这些受试者很可能进行的是真正的语言交流。"

斯帕达（Spada）1986

第三类：演绎性知识

演绎性知识，是指从某组公理出发，遵循该公理系统中逻辑推理的规则，对某种现象进行推理而获得的知识。这类知识虽与信念性知识相似，但它通常源自前人的实证研究或观察。例如：

根据二语习得理论，"交互修正"有助于学习者获得可理解性的语言输入，使课堂环境下的二语习得也卓有成效。

道蒂和皮卡（Doughty and Pica）1986

现代语言学理论（如转换-生成语言学流派）就是通过演绎推理来认识语言本质的典型的例子。语言学家要描述说话人内在的语言能力，首先要描述抽象的语言规则；要描述抽象的语言规则，首先要形成语言知识理论，而且该理论构成了语言描述框架的公理性基础。

在二语研究中，我们经常凭借演绎性知识开展研究。比如，我们首先认为任何语言习得都具有共性，然后我们才可能进一步调查某种共性的适用范畴。其中一则共性是：所有语言都符合一套形成关系从句的规则。因此，我们假设这套规则能够在一定程度上预示二语学习者习得关系从句的顺序。为了检验该套规则的预测力，我们需要进行实验。在这个例子中，我们以演绎性知识为起点来获得实证性知识。

第四类：实证性知识

实证性知识是指通过观察和（或）实验而获得的知识。要获得实证性知识，研究者必须与现实世界进行接触，观察实际现象，通过亲身体验得出结论。研究者可以运用前面论述的三类知识，并通过"外化"研究问题来获得实证性知识。

所谓"外化"，就是指其他研究者可以对某种理论知识进行检验和完善。"外化法"有时被误以为是"唯一的科学方法"，尽管科研并不一定需要与现实世界接触。例如，即使不到实验室做实验，理论家也可以系统地提出并发展自己的理论。把研究问题"外化"，要求研究者控制各种外部因素，提出其他可行的调查方法，使研究结论可以得到其他研究者的检验。"外化法"也更为客观，因为这种方法强调使用其他研究者同样可以获得的数据资料来检验研究结论。

研究者可以通过两种方法获得二语研究中的实证性知识：一是对研究现象进行系统的观察和描述，二是针对某一个变量进行实验。不论采用哪种方法，该类实证研究的特点在于：所收集的数据资料来源于二语学习者，而且，数据分析方法是严谨的。研究者应该详细报告获得实证研究结论的方法，以便其他研究者可以进行复制性研究，检验其结论的有效性。下面的例子概述了"句式分析"实验的研究结果：

从所检验的句法构造（即：授与构造、简单的主谓宾结构和关系从句）中得知，随着二语输入量的增多，线索词的使用逐步从符合一语表达方式过渡到符合二语表达方式。

麦克唐纳（MacDonald）1987

总之，二语研究者在实践中会接触到上述四类知识。令人遗憾的是，信念性知识和权威性知识有时被人们看作是实证性知识或者是已被验证的知识。所以，阅读二语研究文献时，读者应审慎考察作者的结论或观点的依据。本书重点介绍第四类知识——实证性知识。但是很多情况下，研究者必须具备第三类知识（演绎性知识），然后用实证研究对其进行检验；研究者也可以以广为接受、未经检验的个人信念或权威专家的说法（即第一类或第二类知识）为起点，开展二语习得领域的研究。

5　基础研究、应用研究和实用研究

二语研究可分为三种不同类型：基础/理论研究、应用研究和实用研究。每种类型的研究都有助于我们进一步了解和认识二语现象。这一划分很实用，因为二语研究涵盖了众多的研究论题和研究问题，包括二语习得理论模型的构建、语言学理论建构在实际语言习得环境中的应用、理论与应用研究的结论在语言教学法和课堂语言学习中的实际运用等。

每种类型的研究通常都有助于改进另外两种研究的内容和结构。比如，应用研究的结论可能有助于修正基础研究的理论。因此，基础研究、应用研究和实用研究之间的关系并不是单向的（参见图1.1）。

```
应用研究 ←——————→ 基础研究 ←——————→ 实用研究
```

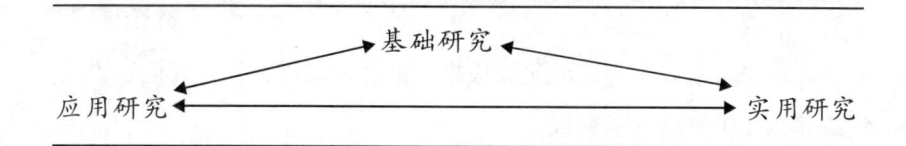

图 1.1　二语研究的三种类型及其相互关系

尽管不同研究类型之间的界限有时并不明显，但在语言研究领域，这样的划分却具有实际意义。思考一下下面的例子：语言学家 A 坚持"不同语言具有普遍性特征"的理论立场（第三类知识）。他希望了解世界上各种语言在关系从句的形成规则方面的共性，便调查了多种语言，并得出研究结论（第四类知识）：所调查的语言都具备形成关系从句的语法机制。接着，他希望进一步探究这些规则在不同语言中的相似程度。比如，在波斯语、英语和汉语这样迥然不同的语言中，关系从句的形成规则是否相同？具体存在哪些异同？什么样的抽象原则可以描述世界上任意一种语言中关系从句形成的规则，同时又包括反映这些语言差异的特殊机制？

我们进一步思考下面的例子。语言学家 B 希望了解：语言学家 A 的理论描述是否能够有效地预测母语为另一种语言（如波斯语）的人在习得英语关系从句时的顺序（获取第四类知识的方法）。比如，语言学家 A 所描述的规则是否符合人们在学习某种语言时的实际行为？这些规则能否预测以不同语言为母语的学习者的习得顺序或困难？语言学家 A 的描述能否预测语言学家 B 研究中的语言学习者可能会犯的错误？

最后，我们再看看研究者 C 的例子。研究者 C 并不是语言学家，但从事语言教育工作；他的主要研究工作是依据语言学理论，为英语作为二语或外语的教学开发更好、更有效的教材。当然，教材编写者不一定只参考语言学理论的研究成果，他也可以借鉴学习理论、语用学或其他相关领域的研究成果。

研究者 C 可能会查阅语言学家 A 的著述，目的是考察在没有真实语境的情况下，语言学家 A 的理论描述的构成。之后，研究者 C 还可能参考语言学家 B 的研究，探究语言学家 A 的理论在何种程度上反映学习者在学习另一种语言时（特别是在学习如何形成该语言中的关系从句时）的实际行为。基于两位语言学家的研究，研究者 C 可能会得出以下任何一种结论：

——语言学家 A 的研究过于复杂，不能作为编写教材的依据。

——语言学家 B 的研究表明：A 的理论并不能反映语言学习者在实际学习过程中的真实心理状态，因而对课程教材开发的作用甚微。

——语言学家 B 的研究证明：A 的理论描述是合理有效的，可以作为教材编写的理论基础。C 接着可能会设计一项调查，将根据 B 的研究结果而编写的教材与其他教材进行比较，以检验 A 的基础研究和 B 的应用研究所提供的观点是否能为二语教材的开发提供更好的依据。

可见，二语研究可以包括三个研究阶段和三种研究类型（参见图 1.2）。语言学家 A 进行的是基础/理论研究，他关注的是如何就某一特定的语言知识理论进行抽象的语言学描述；语言学家 B 关注的并非如何构建有关关系从句的独立理论，而是如何将 A 的研究结论应用于一个具体问题——学习者在二语环境中对 A 所描述的语言知识的习得过程。

研究类型	例子
（1）基础研究	关系从句的共性
（2）应用研究	习得顺序
（3）实用研究	教材开发

图 1.2　研究类型

最后，研究者 C 关注的是关系从句的实际运用：在语言课堂的设计或语言学习教材的编写中，如何运用语言学家 A 和 B 提出的研究见解？我们称 C 为研究者，因为事实上，C 的研究必须具有现实意义。对研究者 C 来说，仅仅综述和评价 A 和 B 的研究是不够的；或许，他还需要开发课程教材的试验版，在课堂环境中试用，并将新开发的教材试验版与根据不同语言学框架编写的教材进行比较和评估。

当然，上述例子只是一种理想化的研究分类。即使是实用研究也具有理论意义，因此，不同研究类型之间的界限往往并不明晰。比如，理想的情况下，应用研究和实用研究会影响基础研究中的理论和假设的构建和修正。不同研究类型之间的关系应该是双向的。

上述分类有助于我们理解研究成果本身的局限性。并非所有的研究目的都是为了应用，或都具有实用价值。有时，如果基础研究的理论尚未在相应的条件下得到检验，对其进行实际应用的时机也就不够成熟。本书第 5 章有关外部效度的部分将会阐述这个问题。

6　本章小结

为了应对环境，我们从出生就需要经历种种自然化过程。研究就是这些自然化过程的规范化。研究过程包括对某种现象产生好奇，并就观察到的现象之间的相互关系提出可供验证的问题。

研究有别于常识，因为研究注重调查过程的计划性和系统性。研究理论可以得到验证，亦可证伪。研究的目的是通过对现象的细致描述和辨别来研究现象，有时也通过操控现象以便对其进行专门的研究。

研究与获取知识相关。有四种不同的渠道获取知识：信念、权威、演绎性假设或理论、实证证据。"科研"指的是借助后两种途径获取新的知识。

研究可分为三种类型：基础/理论研究、应用研究和实用研究。尽管每种类型的研究都可以独立进行，但不同类型的研究之间经常会产生相互作用——某种类型的研究结论往往会影响其他类型的研究。

本章练习

1. 从二语习得研究领域的期刊中选取三篇文章，通过实例对这些研究中的知识进行分类。思考这些知识类型是否有明确的特征。

2. 思考基础研究、应用研究和实用研究之间的关系。你认为语言教学研究可能会对语言学理论产生怎样的影响？

3. 假如你是家长，有机会为孩子选择双语或是单语教育，你会如何做决定？何种研究能帮你做出决定？你会提出哪些问题，并在研究中探索答案？哪种类型研究——基础研究、应用研究和实用研究——最可能帮助你做出决定？

参考文献

Doughty, C. and Pica, T. 1986. '"Information gap" takes: Do they facilitate second language?' *TESOL Quarterly* 20:2.

McDonald, J. L. 1987. 'Sentence interpretation in bilingual speakers of English and Dutch.' *Applied Psycholinguistics* 8/4: 379 – 414.

Medawar, P. 1982. *Plato's Republic.* Oxford: Oxford University Press.

Spada, N. 1986. 'The interaction between type of contact and type of instruction: Some effects on the L2 proficiency of adult learners.' *Studies in Second Language Acquisition* 8: 181 – 200.

Weinreich, U. 1953. *Langauge in Contact.* The Hague: Mouton.

第 2 章

二语研究范式

现在,我必须放弃这四十年来我所学的语言,
我的母语——英语;
现在我的舌头一无用处,
正像一张无弦的古琴,
或是一具被密封在匣子里的优美乐器,
或者匣子虽然开着,
却放在一个不谙音律者的手里。
您已经把我的舌头幽禁在我的嘴里,
让我的牙齿和嘴唇成为两道闸门,
使冥顽不灵的愚昧作我的狱卒。
我的年纪已大,
不能再作一个牙牙学语的婴孩;
我的学童年龄也早已蹉跎逝去。

莎士比亚(Shakespeare):
《查理二世》,第一幕,第三场①

---

① 本章开篇引文的翻译选自朱生豪先生的译著《莎士比亚全集》,人民文学出版社,1994 年出版。——译者注

1 二语研究和二语现象

本章开篇的引文选自莎士比亚戏剧《查理二世》，剧中英国诺福克公爵——托马斯·毛勃雷被驱逐到法国后抒发了此番感慨。毛勃雷的独白体现出一种恐慌的情绪：当人们为适应新环境，必须放弃自己的母语和民族文化，而且需要习得一门新语言时，这种恐慌就会自然产生。毛勃雷认为，因为自己的年龄已大，他永远也无法像使用母语那样，用一门新的语言来抒情达意。

毛勃雷式的困境普遍存在。世界各地的人们都需要学习第二语言，可能是因为移民的需求，也可能是出于商业和科学交流的需要，或是因为教育的要求。学习一门外语也许是人类在习得母语后最常见的智力活动。因此，二语研究成为认知科学中引人入胜的前沿性学科并不足为奇。

二语习得现象纷繁复杂，我们不能只从单一的角度进行研究。二语研究的多样性与以下三个方面相关：

——研究场景。第一，学习环境不同，研究场景也会出现差异。例如，自然环境中语言习得的研究与课堂环境下语言学习的研究，情况就有所不同。第二，所学语言是外语还是第二语言，也决定了研究场景的差异。第三，学习者的年龄和其他特征的差异也造成了研究场景的不同。

——研究方法。再完美的研究方法也无法阐释所有的二语习得现象。研究者的哲学观、理论视角、研究条件和研究目的等客观因素都会导致研究方法上的差异。

——研究工具。研究者可以使用不同的手段来收集二语习得的数据，例如，观察、测试、访谈、仪器测量等。而且，数据收集的方式也有差异。

二语习得研究必然是多视角、跨学科的，需要借鉴语言学、人类学、心理学、社会学、教育学等学科的知识和研究方法。任何一个相关学科都可能为二语习得研究带来真知灼见，并为第二语言研究提供不同的研究视角、研究目的和研究工具。这些不同领域的学科知识以及种类繁多的研究方法为二语习得勾勒出一幅更加完整的画卷。

二语习得现象纷繁复杂，研究方法五花八门。如果我们能从中总结出一些相关共性，并以此为依据，对可能出现的研究方法、研究目的、研究设计和数据收集方法进行分类，这对研究者会有所裨益。在本章和后面几章中，我们将提出能够反映二语习得现象独特性和复杂性的研究范式。

本章讨论的研究框架由既相互联系、又彼此独立的四项参数构成，它们体现了二语研究的显著性特征。由这四项参数建立的研究框架具有实用价值，涵盖了研究者在实施、分析和比较不同研究时可能遇到的问题。

2 二语研究的四项参数

二语研究的理论框架源于四个问题。这四个问题是研究方法发展的元理论基础。前两个问题属于意识层面，探讨研究的整体思路和目的。后两个问题属于操作层面，探讨在研究设计和数据收集、数据分析过程中，如何使意识层面上的问题变得更具体，并具备可操作性。

意识层面

1）二语现象本身对研究方法有何制约？这里，我们将介绍两种不同的方法来探究二语现象的复杂性：一是将二语现象看作是由许多不同因素构成的组合体，研究者可以对其中每个因素进行单独的研究；二是将二语现象看成是由许多相互联系的要素构成的统一体。

2) 研究的总体目的是什么？是收集信息，描述二语现象，还是发现构成二语现象的各因素之间的潜在规律和相互关系？或者检验预示二语现象之间关系的假设？这些不同的研究目的在多大程度上彼此互补？这里，我们将讨论两种研究（描述/产生假设的研究与检验假设的研究）之间的区别。

操作层面

3) 在控制与处理二语研究的不同因素时，我们需要考虑什么？针对这个问题，我们将提出两种研究方法：一种是对变量几乎不进行任何控制，另一种是对特定变量施加控制。

4) 在不同的二语研究场景下，如何界定、收集、分析数据？有哪些不同的数据收集方法？研究方法、研究目的和研究设计又是如何影响数据收集方法的？

上述四个问题分别阐述了二语研究特征的四项参数。下面，我们将分别讨论这四项参数。在后面的章节中，我们也会再次提及这些内容。尽管这些参数为讨论和开展二语研究提供了一个实用的理论框架，但是我们也应该认识到，研究并不总是符合这四项参数所代表的分类标准。

3 参数一：综合法和分析法

我们发现，任何一个二语学习的场景都涉及许多不同的、相互影响的因素。每个因素都可以代表一个独立的研究领域，这就是所谓的第二语言"现象学"。研究者可以考察母语对二语习得的影响，调查学习者的性格差异，探究社会环境的作用，研究学习者个体与环境（如外语或二语课堂）的交互作用；研究者还可以探究人类语言学习的生理和生物基础及其在二语习得中的作用。无论我们列举多少因素，都难以穷尽二语习得领域的所有课题。

然而，通过系统分析法，我们可以在一定程度上简化研究的复杂性。换言之，我们可以把所有有关二语学习的因素归纳为一系列统一的"范畴"。范畴分类法有助于我们探讨"生物因素""语言因素""情感因素"等复杂的二语学习现象。长久以来，生理系统、心理系统、句法系统等一些与语言相关的系统都被看作与二语习得相关，或者会对二语习得过程产生影响。这些系统都包括一些子系统。例如，句法系统包括补语子系统，语音系统包括元音子系统。

应该牢记的是，尽管我们划分了这些系统，但它们只体现了我们对语言习得和语言的一些构想。尽管我们常常讨论学习者的心理或生理系统所发挥的作用以及母语或二语的语音系统、句法系统的作用，但是这种看待语言的传统方式仅仅是语言学家和应用语言学家为我们提供的简便方法，目的是考察二语习得领域中纷繁复杂的各种因素。

例如，尽管我们可以探究二语语音习得，但是要知道语音习得并不是在真空中进行，与此同时，学习者也在习得其他的语言形式，而这又影响着语音习得。如果研究语音习得，我们可以重点研究元音的习得、音节结构对元音习得的影响以及社会语言学中语音变异现象对二语语音的影响（参见 Ioup and Weinberger 1987）。换言之，二语习得研究是一个相互联系的系统，每个系统又含括许多子系统（参见图 2.1）。我们既可以把图中的每个圆当作是一个独立的系统来单独研究，也可以把每个圆看作是较大系统的组成部分，或者是由一些子系统构成的较大系统。

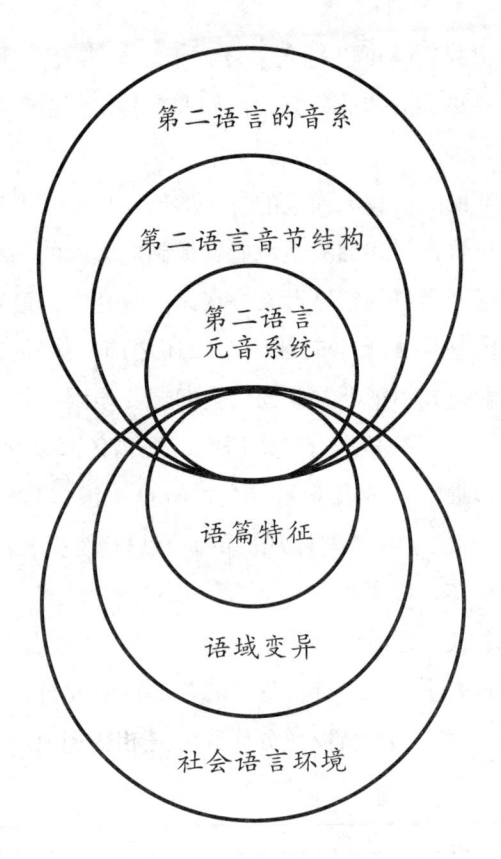

图 2.1　二语习得系统观

把二语习得看作是由相互作用的系统组成的特大系统，不仅有助于我们了解该领域研究的复杂性，还可以让我们从宏观或微观两种研究视角来开展二语习得研究。

我们可以使用两种研究方法来调查任何一个由许多子系统构成的研究领域：一是从整体或大的子系统切入，探究不同组成成分之间的相互关系；二是针对小的系统进行更细致、更深入的研究，再将小的系统组合成大的画面，以通观全局。我们再以二语语音研究为例来做进一步的说明：我们既可以研究学习者年龄、外国腔等宏观的问题，也可以进行一些更为具体的研究，比如调查特定年龄组的学习者的重音习得情况等。

我们所熟知的五位盲人摸象的故事形象地比喻了上述两种二语研究方法。每一位盲人描述的只是他能够摸到的大象的一小部分，并由那一小部分来推断大象的整体形象。在二语研究中，最好能出现第六位盲人，在试图整合大象不同部位的描述之前，能够摸遍大象的全身，即便这种触摸并不精准。此处，我们想要强调：研究者可以采用综合性（或整体观）视角进行二语研究，强调各部分间的相互联系；也可以采用分析性（或成分观）视角，重点关注构建整体的组成要素的作用。"综合性"或"整体观"的研究思路是把各独立部分看作是不可分割的整体，以考察二语现象；而"分析性"的研究思路是把主系统的一个或一组独立因素分离出来，进行重点研究（参见图2.2）。尽管这两类研究方法有着各自的合理目的和价值，但是，"综合性/整体研究"和"分析性/成分研究"是相辅相成、相得益彰的。

综合性/整体法 ←—————————————→ 分析性/成分法

图 2.2　参数 1：二语现象研究方法

如果我们决定调查生理系统的某个因素（如年龄）和语言系统的某个因素（如语音）之间的关系，我们可从整体或综合的角度，通过调查生理因素（年龄）和语音习得（平常所说的"外国腔"）之间的关系，来研究两个系统之间的相互作用。当我们认为语言习得的某个特定概念是一个综合现象或者是一个由许多因素构成的统一体时，我们就不会选择把这个概念拆分为一些组成要素，对它们进行单独的分析，相反，我们会采用整体观的视角来开展研究。例如，我们可能决定调查年龄对"外国腔"的影响。对于这个研究问题，我们就不需要再细化"外国腔"的具体语言特征了。

在某些情况下，综合性/整体观是一种更有效的调查语言现象的思路，因为如果把一个二语变量分解为组成要素，结果可能是对整体现象的曲解。例如，研究儿童在课堂上习得二语时的话轮转换情况时，更有效的方法是调查所有学生和老师在同一时间内的话轮转换。如果我们只聚焦于一组学生，或只研究某一种特定的话轮转换形式，所得结论就可能不够真实有效。

就"外国腔"的研究而言，我们可以调查生理系统和语言系统之间的关系，并进一步探究"外国腔"的具体组成成分。研究结果显示，"外国腔"的某一个成分与学习者二语元音的发音质量相关。我们也可以决定缩小研究样本，只选取 30 岁以上、母语相同的成人学习者，而且重点研究英语元音音素的习得情况。值得注意的是，这样的调查过程需要对整体现象的构成要素进行分析。

上述分析过程也适用于更具体的研究。在上述例子中，为了考察元音的习得情况，我们可以让评阅组重点关注几个具体的元音，按总体印象打出分数，以此作为研究结论的基础。或者，为了降低考官评分过程中的主观因素，我们可以首先使用语谱图记录二语学习者的元音音位的发音情况，再与母语者的元音语图进行对照。换言之，考官的评价和语音语图分析结果可以互为补充、互相验证。这个例子说明：综合性/整体法和分析性/成分法是相辅相成、相得益彰的。

4 参数二：启发性研究和演绎性研究

第二个参数主要涉及研究目标或研究目的。研究目的可能是启发性的，旨在发现或描述二语研究领域中一些尚未明晰的潜在规律或内在联系；研究目的也可能是检验二语研究的某个特定假设。启发性研究目的可能是描述发生的现象，也可能是收集数据并提出新的研究假设。检验性研究目的是通过检验假设，建立理论并解释所探讨的现象。

启发性或产生假设的研究

如果研究目的具有启发性，研究者应该观察和记录二语的某些特征或语境。在此类研究中，研究者可能缺少完整的理论或模型来开展研究或提出明确的研究问题。收集数据的目的就是尽量涵括所有和研究场景相关的信息。随后，研究者可将数据进行分类、整理，并作出详尽的描述。通常，这类研究的结果可能是提出新的研究假设。

研究示例

一项研究试图探讨某些学习者更成功的原因，研究者可以观察他们的课堂表现，并尽可能完整地记录他们在课堂环境中的学习过程，其目的是尽可能全面地观察二语习得的成功因素（比如：举手发言、做笔记、自话自说、与同学交流等）。

参照他人有关二语学习成功因素的研究，我们会对这个研究问题有一些总体的认识。当然，我们开始研究这一问题时，应该避免先入之见。在数据分析时，我们可能发现不少可观察到的二语学习行为，然后决定研究所有不同的学习行为，并将它们进行分类。例如，通过观察，我们可以发现语言行为和非语言行为应该被划分为两类不同的行为，而且教师与学生之间言语交流的规律也和学生与学生之间的不同。

需要注意的是，在以启发性为目的的研究中，我们应该尽量避免以先入为主的观念界定成功学习者的言语行为。我们要从原始数据入手，注重学习者的实际言语行为和未经加工的观察，让数据本身"讲话"，从中发现规律。这样的研究过程具有启发性，因为这类研究具有归纳性的特点，而归纳性本质又使研究环境和研究数据决定了研究的特点和过程。启发性研究有助于我们发现规律、理解行为、做出解释，也有助于我们为今后的科研提出新的研究问题或研究假设。

演绎性研究或检验假设的研究

在这类研究中，研究者会从研究假设着手。这些假设既可能来自启发性研究的观察，也可能来自二语习得理论，或来自其他领域中与二语学习相关的理论。与启发式研究不同，演绎性研究始于"先入之见"，或始于对二语现象的预测。从这个意义上说，演绎性研究受研究假设所驱使。换言之，这类研究以某个研究问题或理论框架为出发点，聚焦研究问题，使研究者能够系统地调查二语现象。研究问题或研究假设可以建立各种二语因素之间的联系，或揭示不同因素之间的因果关系。其他领域的理论或研究问题也有助于二语领域的演绎性研究。"他山之石，可以攻玉"，其他领域的理论对于理解特定的二语现象也具有解释力。

研究示例

认知心理学中有"场独立"和"场依存"两个概念。根据该理论，一些受试者可以很容易地从镶嵌图中分离出某种几何图形，而其他受试者却不具备这一能力。换言之，我们可以把受试者分为两类，一类是依赖图案背景的"场依存"型，另一类是不依赖图案背景的"场独立"型。该理论通常可以用来描述学习风格。

上述例子中,我们首先要考虑的是:研究的初始阶段,如何将学习者进行分类。这时,我们不是重新设定一种分类标准,而是假设"场独立"和"场依存"的概念可以应用到二语学习领域中。如果把这个概念引入二语学习,我们就可以预测:成功的语言学习者可能是"场独立"型,因为他们更善于从蕴含着规律的语言数据中发现规则;不成功的语言学习者可能是"场依存"型,因为他们从自然语言数据中学习外语的能力较差。可见,"场独立"概念可以成为二语习得领域研究假设的来源。

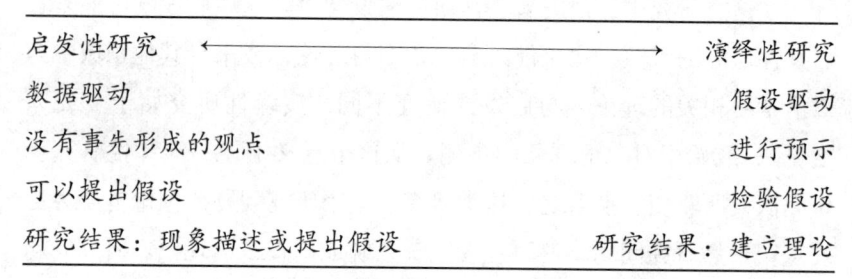

启发性研究 ←——————————→	演绎性研究
数据驱动	假设驱动
没有事先形成的观点	进行预示
可以提出假设	检验假设
研究结果:现象描述或提出假设	研究结果:建立理论

图 2.3　参数二:启发性研究和演绎性研究的特点

图 2.3 总结了启发性研究和演绎性研究之间的差异。两个端点之间可能存在兼备启发性和演绎性研究特点的研究方法。研究问题的类型决定研究目的。我们将在第 6 章中讨论描述性研究的各种形式。描述性研究的目的既具启发性,又具演绎性,因为描述性研究不仅要收集数据,还要检验由这些数据形成的研究假设。

操作层面上研究设计和研究方法的参数

参数一和参数二主要讨论二语研究的思路和目的,而参数三和参数四则描述在明确研究方法和研究目的之后，研究设计和研究方法在操作层面上的特征。研究者一旦确定了意识层面上的参数（即研究思路和研究目标），操作层面的参数也就能随之确立。图 2.4 总结了这四个参数在逻辑上的蕴含关系。

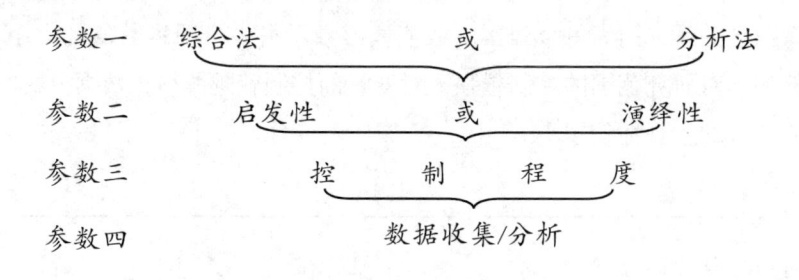

参数一　　综合法　　　　或　　　　　　分析法
参数二　　启发性　　　　或　　　　　　演绎性
参数三　　　　控　制　程　度
参数四　　　　　数据收集/分析

图 2.4　不同参数间的蕴含关系

5　参数三：对研究环境的控制

一切研究都意味着对研究环境中的因素进行某种程度的控制，控制范围甚至包括选择哪些行为进行观察，选择哪些数据进行深入分析。因此，该参数的一个端点所代表的研究设计不会刻意地对研究环境施加任何控制或限制；而另一个端点则会对研究环境的不同构成因素进行系统的控制。例如，实验设计中，研究者需要控制实验过程、受试者的类型和数量及其参与实验的时间和方式。我们应把这个参数看做一个连续体，由许多中间地带连接了两端的特征。我们将在第 6 章和第 7 章讨论这个连续体中可能出现的研究类型。二语研究者也需注意，对研究因素的控制程度将会影响有待收集的数据类型（第 8 章）、研究结果的分析（第 9 章）以及研究结论对其他研究场景的解释力及概括力（第 10 章）。下面，我们将讨论二语研究设计中影响控制程度的因素。

影响控制程度的四个因素

  针对不同的研究设计，以下四个因素在控制程度上也有高低之分（参见图 2.5）。尽管我们将分别讨论这四个因素，但它们在逻辑上具有蕴含关系，因为一个因素的数值能够预示另一个因素数值的大小。例如，对研究范围的控制越强，对变量的控制就越严格，数据分析时研究者的主观性就越小。

对研究范围的控制：	低	至	高
对变量的控制：	低	至	高
对语言形式的注意程度：	低	至	高
研究者的主观性：	低	至	高

图 2.5　影响研究环境控制程度的因素

1）对研究范围的控制

  在任何研究中，我们都要决定：是否控制研究范围？如何控制研究范围？这些决定通常会影响研究设计的类型和研究方法的使用。研究范围越大，研究环境中各种因素或变量的影响就越难控制。研究者如果以启发性视角看待研究问题，会担心控制研究环境可能会曲解有待研究的二语现象，因此会审慎对待有关实施控制的决定。然而，缩小研究范围，有利于控制变量，有利于使用演绎性的假设检验法。总之，研究范围"限定"得越小，就越需要对研究环境进行更为严格的控制，因为"限定"意味着选取研究场景中几个有限的方面，并对它们进行深入研究。

这里，我们再以调查儿童课堂二语习得情况的研究为例。如果采用综合法，我们就应该尽量避免限制研究范围，还应记录课堂上观察到的一切，而不是事先决定将哪些课堂现象作为观察的重点。

相反，如果使用分析法进行这项研究，我们则要限定研究范围。比如，我们可以决定调查儿童元语言能力（如二语音素分割练习所显示的能力）的发展与阅读技巧习得之间的关系。为了开展这项研究，我们需要把研究重点限定在语言和阅读的几个具体方面，然后设计适当的测试，衡量儿童的元语言能力。同时，我们还需要采取一些措施，排除其他未知因素对阅读技巧和元语言能力之间关系的影响。这类研究重点关注受试者的阅读测试成绩和元语言能力测试成绩等数据。

2）对变量的控制

研究设计和研究方法可以帮助研究者控制研究场景中的已知变量和未知变量。对变量的控制程度可以反映某项研究的特征。第 5 章将具体介绍变量的种类。这里，我们将变量大致分为两类，一类变量是指对研究结果产生影响的各种因素（如语言因素、受试者或学习者的特征因素等），另一类变量是有待调查的具体因素（如元语言能力因素等）。

显然，对研究范围的控制和对变量的控制之间具有内在的联系。研究范围越小，就越需要控制无关因素的影响。换言之，为了获得清晰准确的研究结论，研究者需要确保实验结果是由特定的研究变量所致，而不是由实验过程中其他已知或未知的无关因素造成。

上述两个研究示例涉及儿童在课堂环境下二语习得的情况。在第一个例子中，因为研究者并不确定要调查的变量，所以几乎没有对变量施加任何控制。同时，研究者认为，在不改变研究场景的情况下描述自然发生的现象是更可取的方法。事实上，这类研究的目的是描述可能出现的各种因素。第二个例子涉及阅读技巧和元语言能力之间的关系。研究者事先确定了影响研究结果的主要因素，并通过研究设计和数据收集方法来控制与主要研究问题无关的变量。

3) 对语言形式的注意/受试者对研究目的或研究过程的意识

语言研究的独特性之一在于：我们既可以把语言当作交际工具来研究，也可以把语言本身作为研究对象。如果把语言当作交际工具，我们会更多地关注语言所表达的内容，而较少去关注语言形式本身。如果研究对象是语言形式（如，句法研究），而不是语言所表达的内容，研究者可以有多种选择。例如，我们既可以分析二语学习者在自然环境下的语言使用情况，也可以设计具体活动，诱导学习者使用有待研究的语言形式。

如果要研究自然环境下的语言习得，我们可以收集受试者在访谈或情景剧表演中的语言样本。这时，学习者会更注重所要表达的内容，而非语言形式。理想的情况是：研究对象并不知道研究者正在记录他们所说的言语，以确保所收集的数据能够真实地反映自然状态下的语言使用情况。如果研究内容是某个具体的语言形式，研究者可以让学习者模仿造句、把陈述句变为疑问句或者判断研究者所出示的句子是否地道等。

通常情况下，研究范围越窄，越需要控制研究环境，学习者（或受试者）就更容易意识到自己在参与某项研究。尽管一些研究需要缩小研究范围、控制研究环境，但我们也应注意这些措施可能带来的后果——即受试者会意识到他们在参与某项研究。如果受试者知晓这一情况，他们在完成任务时的表现就可能和平时在自然状态下的表现不同。在被观察的情况下，受试者可能会把注意力转移到研究者希望调查的语言形式上，并对自己的语言进行修改或编辑（参见 Ellis 1986 对"中介语可变性"的讨论）。

如果受试者不知道研究的重点，我们所收集的数据可能会更真实地反映他们在日常情况下的表现。塔罗内（Tarone 1979, 1982）指出，受试者在实验环境和自然环境下表现的差异可以从他们所使用的"口语语言"和"高级语言"中反映出来。"口语语言"指说话人自然使用的语言，几乎不关注语言形式；而"高级语言"是指说话人编辑之后的语言，是说话人高度关注语言形式的产物。

在严格控制变量的研究中，我们应注意研究结论的效度和代表性。第 5 章将讨论外部效度，也会涉及数据的代表性问题，即：研究环境中学习者提供的数据能够在何种程度上代表他们在日常环境下的自然行为。

4）研究者的主观性

通常，研究者对研究的控制程度越小，研究范围越宽泛，研究者就越需要具备更强的解释能力。因此，控制研究者在解释或描述二语现象时的主观性，在某种程度上也起到了控制研究环境的作用。研究越聚焦，就越需要研究者充分运用自己的解释能力及其他工具。

例如，综合性、启发性研究的限制较少，在很大程度上需要研究者本人对数据的取舍作出判断。此外，研究者还需要审阅数据，对数据进行分类，并从中挖掘前人研究中尚未发现的规律。数据的构成在很大程度上取决于研究者本人对数据的认识。研究范围越广，研究者的主观选择和主观推断就越多。当然，这并不意味着分析性和演绎性研究就不存在研究者的主观选择。这两类研究的主要区别是：尽管演绎性研究也需要研究者做出主观选择（比如选择研究设计的类型等),但演绎性研究更容易被复制,因为它的实验步骤更加客观。我们将在第6、7、8章中讨论控制研究者主观性的方法(如信度测量等)。

6 参数四:数据和数据收集

低明晰度 ◄- ► 高明晰度

图 2.6 参数四:数据收集方法的明晰度

二语研究框架的四个参数——研究思路(综合或分析)、研究目的(启发或演绎)、研究设计(研究范围和控制程度的大小)和数据收集——彼此联系,互相依存。但是,因为研究思路、研究目的和研究设计都表现在数据性质、数据收集方法和数据分析方法上,所以,参数四(数据收集)最能体现意识与操作两个层面之间的相互联系。

影响数据收集方法的因素不仅包括研究者所依据的学科(如语言学、社会学、心理学),还包括研究的特性(如,综合性/启发式研究或分析性/演绎式研究)。例如,语言学理论通常会根据它对语言本质的认识来界定数据。因此,以语言学理论框架为依据的二语习得研究,会采用特定的方法来对相关数据进行取舍。二语研究涉及多个学科,每个学科都会影响数据的定义及数据收集的方法。因此,在语言学、教育学或社会学等不同学科背景下所收集的二语数据各不相同。这一点已成为二语研究中的一个重大问题。所依据的学科理论不同,数据则不同,有关数据的意义或作用的结论也会有所不同(Seliger 1983,Cohen 1984)。

与数据收集相关的两个重要问题是:二语研究需要收集何种数

据？如何收集和分析这些数据？

1）什么是数据？

如上所述，研究问题、研究设计与所收集的数据类别之间存在相互依存的关系。数据可以包括研究者在二语活动（如语言课堂）中观察到的一切行为、研究者诱导学习者所表达的某种特定句式结构以及受试者对母语使用者的态度等。二语研究综述表明，"数据"这个术语可以涵盖各种现象。

下面的例子说明了二语研究是如何界定"数据"的。语言学理论区分"语言能力"和"语言运用"两个概念。前者指说话人内在的语言知识，后者指我们实际输出或理解的语言。在二语习得研究中，区分"语言能力"和"语言运用"的情况更为复杂。学习者的二语使用情况是否都能反映内在的语法知识？在二语习得研究中，"语言能力"和"语言运用"之分是否有效？如果两者的区分是有效的，数据收集方法又如何反映这一区别？

让我们再以调查学习策略的研究为例，进一步说明数据的界定问题。除了界定什么是"策略"，我们还要界定怎样的学习行为能够证明学习者使用了某一策略。既然只有外在行为可以被观察到，那么，哪些行为可以看作是学习策略？哪些行为则不能被视为学习策略？这些问题不仅对数据收集方法的设计和测量工具的研发至关重要，对变量的控制和研究结果的分析也相当重要。我们将在第 5 章讨论这些内容。只有明确了要收集什么样的数据，我们才能决定如何收集和解释数据。研究者在意识层面（参数一和参数二）和操作层面（参数三和参数四）都应该考虑这些问题。

2）如何收集数据？

研究者在选择数据收集的方法时，还应考虑研究方法和研究目的等因素。二语研究中，收集数据的方法很多。通常，数据收集方法的"明晰度"体现着它们之间的差异（参见图 2.6）。不论要收集的数据是语言形式，还是关于学习动机的问卷调查，研究者都可以先对数据进行严格的界定，然后直接或间接地聚焦所需要的数据（相关讨论，参见第 8 章）。

数据收集方法的明晰度越高，受试者（或"数据的提供者"）对研究者所使用的工具就有越清晰的认识。而某些数据收集方法可能更容易让受试者了解研究者需要收集的数据类型，从而影响了数据的质量。例如，当研究者要求受试者辨别某个缺乏语境的句子是否符合语法规则时，受试者会有意识地进行语法判断的元语言活动。但是，如果把这个句子和其他句子融入有意义的语境中，受试者可能不会进行元语言活动。

在调查学习者二语写作策略的研究中，研究者会分析受试者的作文样本，并让受试者描述或解释他们是如何写出某种句式的。受试者会描述这些句子的写作过程，这些描述既是研究数据，也是学习者根据研究的要求，特别关注某些语言形式的结果（详见 Cohen and Hosenfeld 1981）。显然，对此类数据的分析也可能出现问题，并影响研究结论的有效性。从上述例子中我们可以看出，所收集的数据既可能是学习者的真实行为，也可能是学习者自以为曾经完成的行为，甚至可能是受试者认为研究者所期望的行为。第 6 章和第 8 章将介绍提高此类数据信度的一些方法。

使用元语言测试来收集语法判断的研究也可能出现上述例子中的问题。此类研究的重点是句子或其他缺乏语境的孤立的语言结构。此时，测试方式以及允许受试者做出语法判断的时间长短等都可能影响受试者的答案。

可见，任何数据收集方法都有瑕疵。所以，无论使用哪一种方法，研究者都应该意识到它可能产生的负面影响。二语研究中，数据收集的方式可能会"制造"出研究者想要的数据。虽然观察或录音等也可能影响受试者的行为，但是，如果对自然情境中的会话进行观察或录音，受试者不太容易特别关注研究者所需要的数据。相反，学习者态度问卷和元语言能力测试等研究工具，可能会使受试者意识到研究者的调查目的。如上文所述，受试者对研究目的的了解可能影响到数据的效度。

7 本章小结

本章讨论了以四项参数为框架的二语研究的主要特征（参见图2.7）。这些参数从两个维度（意识层面和操作层面）描述了二语研究。

在意识层面，研究者必须考虑调查二语现象的研究方法和研究目的等方面的问题。比如，用综合法来研究整体现象，还是用分析法来调查整体现象中的构成要素（参数一）？此外，研究者还需要考虑研究目的。比如，研究目的具有启发性还是描述性？研究目的是否具有演绎性，以检验已有的理论或假设（参数二）？

在操作层面，研究者需要决定对研究环境的控制程度，而且需要了解控制程度对调查结果的影响（参数三）。一旦确定了研究方法、研究目的和控制程度这三个方面，研究者就要决定：需要收集哪些重要数据？如何收集这些数据（参数四）？

显然，尽管这四个参数从不同侧面来描述二语研究，但它们之间存在相互依存的关系；意识层面的决定对操作层面参数的确定具有十分重要的意义。而且，我们只有在意识层面上确定了研究思路和研究目的，才能决定对研究进行控制的程度，也才能确定数据收集方法。

参数一：综合法/分析法探究二语现象
参数二：启发性/演绎性研究目的
参数三：对研究环境的控制程度
参数四：数据和数据收集

图 2.7　二语研究参数总结

上述参数体现了二语研究的独特性，因此以这些参数为视角来调查二语现象具有实用价值。二语习得研究涉及很多相关领域，如语言学、教育学、母语习得、心理学等。但是，二语研究者不能直接套用其他领域的研究范式，而是应该创建自己的方法论。二语习得的研究方法论应囊括多种调查方法，同时应该具备较高的灵活性，以探究不同的研究问题。

每一个参数都是一个连续体，通常存在具有两端特征的中间地带。为了更清晰地阐释研究范式特点，本章重点讨论了参数端值的特征，后面的章节将继续讨论这些连续体的中间地带。第 3 章将介绍如何在该框架下提出研究问题或研究假设；第 5 章将讨论二语研究中的变量和效度的问题；第 6 章和第 7 章将依照"参数"的特点，介绍不同的研究方法；第 8 章和第 9 章将介绍数据收集和数据分析的方法；第 10 章将讨论如何汇总和报告研究结果。

本章练习

1. 请阐述母语习得和成人二语习得之间的差异（如年龄、学习环境、心理发展等）。这些差异如何影响母语习得和二语习得的研究设计和研究方法？

2. 二语习得出现在哪些不同的社会场景中？社会场景的差异会对相关研究带来什么影响？你能预测到什么问题？

3. 如果"语言能力"指"人类掌握语言时所具备的内隐知识"，这个定义在二语研究中可能引起什么问题？如何克服这些问题？

4. 请选取言语行为的一个方面，比如"提出请求"的语用能力。如何从参数一的两个角度（综合法/分析法）来探究"提出请求"这一语用能力的习得过程？

5. 根据参数三中影响控制程度的4个因素，比较分析研究问题相同的两项研究。

6. 针对研究问题相同的两项二语习得研究，分析它们在研究工具方面的异同。就数据收集方法而言，你认为这两项研究结论是否具有可比性？

7. 选择一个研究课题。试探讨：为何同一课题所依照的参数不同，研究设计也会不同？草拟一份研究计划的提纲。

参考文献

Cohen, A. and Hosenfeld, C. 1981. 'Some uses of mentalistic data in second language research.' *Language Learning* 31/2: 285–314.

Cohen, A. 1984. 'Studying second language learning strategies: How do we get the information?' *Applied Linguistics* 5/2: 101 – 102.

Ellis, R. 1985. *Understanding Second Language Acquisition.* Oxford: Oxford University Press.

Ioup, G. and **Weinberger, S. H.** 1987. *Interlanguage Phonology: The Acquisition of a Second Language Sound System.* Cambridge, Mass.: Newbury House.

Seliger, H. 1983. 'The language learner as linguist: Of metaphors and realities.' *Applied Linguistics* 4/3: 179 – 191.

Tarone, E. 1982. 'Simplicity and attention in interlanguage.' *Language Learning* 31/1: 69 – 84.

Tarone, E. 1979. 'Interlanguage as chameleon.' *Language Learning* 29/1: 181 – 191.

第 3 章

研究准备阶段

"猜出谜底了吗?"帽匠再次转向爱丽丝问道。

"没有,我猜不出来,"爱丽丝回答,"答案到底是什么呢?"

"我根本就不知道。"帽匠说。

"我也不清楚。"三月兔说。爱丽丝无精打采地叹了口气,"我想你应该好好利用时间,而不是将时间白白地浪费在问一些没有谜底的谜语上面。"

刘易斯·卡罗尔(Lewis Carroll):
《爱丽丝漫游仙境》

1 引言

我们在第 2 章中阐释了一组参数,以便从"意识"和"操作"两个层面来界定二语研究。本章将从研究的构思、研究计划或研究假设的制定方面探讨研究的准备阶段。换言之,我们将探讨符合学科规范的"科研"。这样的"科研"要求我们制订周密的研究计划。

确定选题,是初涉二语习得领域的研究者可能会遇到的一个问题。有时在开始尝试一项新的研究时,研究者并不知道如何(或从何)开始一项具有创新性的研究。有时,选题要么价值不大,要么不切实际；有时，研究者未考虑到可能存在的其他选题或潜在的困难，就从研究的构思直接进入正式的实验阶段。这些现象说明，我们需要慎重对待研究准备阶段，而本章讨论的正是这个问题。

这里，需要说明一点：研究的构思和实施既是科学的过程，也是创新的过程。本章描述了若干研究步骤，试图将研究过程的起始阶段加以形式化。我们承认，研究设计和研究实施的途径很多。本章重点介绍研究准备阶段，目的是呈现研究的有序性，而有经验的研究者往往凭直觉就会意识到研究的有序性。当然，我们知道，将带有"艺术"性质的活动过于形式化有一定的风险，但我们认为，了解研究准备阶段的步骤，对于新手研究者是有益的。

尽管本章主要采用分析—演绎、检验假设的研究方法，但大部分讨论也适用于综合—启发、产生假设的研究。本章将介绍这两类研究的区别。但是，无论如何定位研究目标，确定研究问题和研究假设的最初阶段，都是研究最关键的阶段。

与疯帽匠让爱丽丝猜的无解之谜相反，实施研究的难点之一就是确定在研究框架内可以解答的研究问题。我们会看到，确定有效的研究问题对研究的有效开展具有十分重要的意义。如果提出的研究问题不准确或是含糊其辞，研究的总体结构以及研究的意义都将受到影响。所以，研究者必须具备拟定有效研究问题的能力，这样，才有助于得出可靠、有效、有价值的研究结果。

我们将在本章逐一讨论研究准备阶段的各个步骤。当然，这并不意味着有经验的研究者都能够有意识地按照这些步骤来进行研究。但是，我们建议二语领域的新手研究者尽量遵循这些步骤，以避免研究后期可能出现的隐患。

2　研究问题从何而来?

新手研究者往往不知道如何着手一项新的研究。在初次进行需要收集数据或进行实验的研究课题时,新手研究者往往不知道应该如何开始、如何控制、如何实施研究才能获得既明确又有意义的研究结果。

一种实用的设想是:将研究的准备工作视为由若干阶段组成的渐进过程,并且,每个阶段都是对前一阶段的完善。换言之,研究的准备步骤本质上是周期性循环的,其中每个研究阶段的研究视角都比前一个阶段更具体、更聚焦。对于任何一项研究来说,在实施研究之前都必须要有若干准备步骤。

研究准备步骤可以描述为:研究者在进行实验、实地观察或以某种方法收集数据之前首先要经历的阶段。这些步骤应该先于观察、数据收集或实施具体的实验设计等研究活动。研究课题或研究设计本身就是研究前期准备过程的最终成果。

图3.1以流程图的形式阐释了形成研究课题的四个阶段。研究采取何种形式取决于若干因素,其中,最重要的因素就是研究问题的类型和最合适的研究方法。在第2章,我们描述了二语研究的各种参数,这些参数在确定研究问题的过程中将变得具体化。在科研项目的不同阶段,有关"本研究该采取综合法还是分析法""研究目的是描述还是检验某个二语现象的假设"等问题的决定,将会影响后期的研究步骤。

第一阶段：拟定一般性研究问题

研究问题来源

研究者的经历和兴趣　　有关语言和第二语言的前人研究　　二语研究领域之外的其他渠道

一般性研究问题

第二阶段：聚焦研究问题

从以下方面考虑一般性研究问题：
1. 研究问题是否有价值？是否有可行性？
2. 研究是综合性的还是分析性的？
3. 列出可能构成一般性研究问题的因素。

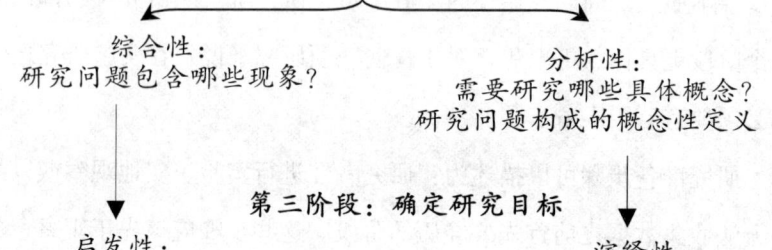

综合性：
研究问题包含哪些现象？

分析性：
需要研究哪些具体概念？
研究问题构成的概念性定义

第三阶段：确定研究目标

启发性：
描述研究过程和观察发现等

演绎性：
确定研究问题
变量的操作性定义

(可能的组合有：综合-启发、分析-启发、综合-演绎、分析-演绎)

第四阶段：拟定研究计划或研究假设

描述性研究或
质性研究
（研究过程在此可以结束，或者……）

研究假设
零假设
研究假设的验证或推翻

图 3.1　研究的准备阶段

3 第一阶段：拟定一般性研究问题

研究问题主要有三种来源：研究者的经历和兴趣、前人研究、二语研究领域之外的其他渠道。

我们在第 1 章中强调，优秀的研究者都善于观察身边的现象，他们由于对某种现象缺乏了解而产生好奇。在二语研究领域，好奇心和随之产生的问题可能来自各种渠道，促使研究者对二语相关现象提出疑问。下面，我们将讨论可能引发研究问题的一些来源。

1）研究者的经历和兴趣

研究问题可以源自与语言学习相关的日常经历。个人语言学习经历中观察到的现象会引起我们的好奇，引发进一步的疑问，并可能形成原始的研究问题。

在进行二语习得领域的研究时，我们可能会从自己感兴趣的其他相关领域中发现问题。例如，"阅读"领域的研究理论和方法就可能会对二语习得领域的研究有所启示。学习用二语阅读和学习用母语阅读的相似程度如何？母语阅读能力是否能够促进二语阅读学习？与母语阅读相关的元语言能力对二语阅读的学习起到促进作用还是阻碍作用？一种不同书写体系的语言的阅读能力如何影响目标语言的阅读？

随着对元认知过程的研究不断发展，研究者对语言学习者的日记重新产生了兴趣。学习者通过日记来记录他们在语言课堂或其他二语学习环境中的经历与思维过程。日记内容可以包括：实际语言课程中的感受（课后记录）、对语言学习的态度、对教师的态度、对语言练习方法的自我分析等等。尽管此类学习者日记在记录和回忆的内容方面具有主观性，但是仍然可以为进一步的研究提出一些有趣的问题。

换言之，学习者日记可能正是研究的起点。

贝利（Bailey 1983）用日记形式记录了她将法语作为外语学习的亲身经历。她注意到自己日记中反映出好胜和焦虑的情绪，并由此产生了疑问：这样的情绪是否能够促进外语学习？于是，她将自身经历与二语学习领域中有关"好胜"和"焦虑"的文献进行对比分析。同样，教师也可以通过日记形式来记录在语言课程中观察到的种种现象或可能对语言学习有所影响的学生行为。

上述例子源于日常经历，研究者并没有预先确定应该观察或记录的重点。相反，这样的日记记录的是经历，而不是侧重调查语言教学的某个特定方面或具体的研究问题。通过筛选日记内容或非正式的观察资料，研究者可能会发现若干自己感兴趣并值得进一步研究的因素。对这些因素进行评价和描述，就可以成为后续研究的内容。研究者也可以将个别因素分离出来，做进一步的对照研究。

2）阅读有关语言和第二语言的文献

进行专业领域的研究，研究者需要大量阅读相关文献，了解该领域的发展、创新以及最新成果。通过阅读二语教学研究领域的文献，读者也可能对某一理论观点或研究方法提出进一步的疑问，并由此产生研究兴趣。

例如，克拉申（Krashen 1978）主张学习者根据课堂学习的语法规则对语言输出进行监控，这一理论可以引申出其他研究：学习者如何学习并使用语法规则，以及这些语法规则是否能够改变学习者的语言行为等（Seliger 1979）。

以下两类研究可以为进一步研究提供启示：

a）理论性研究。此类研究或提出一个理论，或整合其他理论，或探讨二语研究领域以外的某一理论对于二语研究的意义。理论性研究包括：有关理论语言学的研究，探讨理论语言学与二语研究之间关系的研究，围绕某一核心问题回顾或概述前人研究成果而本身却不含原创性实证调查的研究等。

例如，近年来，语言学领域一直在关注普遍语法理论及其如何适用于语言习得的问题（Chomsky 1981）。一些研究者认为该理论可能对二语习得领域的问题具有解释力，并就此进行了探讨（Cook 1985）。一些期刊专门收录了理论性问题的文章，如《应用语言学》(*Applied Linguistics*)。而本书的重点并不是如何进行此类研究。从某种意义上说，理论性研究属于"关于研究的研究"。读者应该了解，由于理论研究的主要目的是提出问题，理论研究也属于"产生假设的研究"。

b）实证性研究。这样的研究既可以是启发性的，也可以是演绎性的，可以基于（或不基于）某一研究理论或研究假设。但是，实证研究应该以与二语学习者相关的数据为基础。就上述例子而言，如果普遍语法中的管辖和约束理论对二语习得具有解释力，那么，该理论就能够预测语言学习者可能会出现的错误类型。如果事实如此，该理论就可以对以下问题进行阐释：二语语法规则的习得顺序是什么？哪些语法规则可能会从母语中迁移过来？哪些语法规则可能不依赖母语就能习得？很多研究者带着这些问题，开始对该理论做了进一步的探讨（Flynn 1987，Mazurkewich 1984，White 1985）。

在阅读二语习得及其他领域的研究文献时，读者应该提出一些问题，启发自己的思维，并尝试进行一些原创性研究。此类问题可以包括：

（1）该研究的目的是检验假设还是产生假设？

（2）如果该研究是描述性研究，数据来源于何处？

（3）如果数据来自前人研究或其他渠道，数据的可信度如何？

（4）有待检验的研究假设或研究理论是什么？
（5）研究设计或研究方法是否适合该项研究？
（6）该研究是否能够真正检验提出的研究假设或研究理论？
（7）研究结论是否得到研究本身及其数据的支持？
（8）该研究提出的理论观点是否有依据？这些依据如何支持理论观点？
（9）该研究是否明确区分了基于数据的研究结论和与数据无关的推断？
（10）该研究是否将有待检验的研究假设等同于研究结论和研究结果？
（11）除了作者对研究结论的解释之外，是否还有其他合理解释？

第 4 章将主要介绍如何确定研究选题和如何组织文献综述，并对上述问题进行更为全面的讨论。上述问题的主要作用是通过阅读研究文献，激发研究灵感。用质疑的眼光去阅读文献，不仅有助于读者理解文献，也有助于读者最终形成具有可行性的研究问题。

3）二语习得领域以外的其他文献

上述例子取自语言学领域，而心理学、社会学和教育学领域中也有类似的理论研究或实证研究涉及二语领域的研究问题和研究假设。事实上，大多数有趣的二语习得理论似乎都源自其他领域，并成为二语领域的研究工具。

最终可以形成研究课题的一般性研究问题，往往来自与语言或语言习得不太相关的领域。例如，迪尔凯姆（Durkheim）于 1897 年提出的"失范"这一概念，涉及个体的社会心理取向，指一种相对的缺乏社会根基的感觉。60 年后，研究者们开始运用这一理念，描述双语使用者在逐渐融入二语社会群体后，开始对母语社会群体产生疏离时所体验到的心理创伤。随着该理念的应用，测量二语学习者"失范"现象的研究工具也应运而生。这些工具测量出的相对"失范"程度，与语言学习者的工具型动机或融合型动机呈现出相关关系（Lambert and Gardner 1959）。于是，"动机取向"类型便开始用于预测学习者在二语习得各个方面取得成功的可能性。

日常经历、阅读语言学和与二语相关领域（如心理学、社会心理学及教育学）的文献等都能够引发读者的好奇与质疑。正如巴斯德（Pasteur）很久以前所指出的："机遇只青睐有准备的头脑。"研究问题并不是偶然或瞎猜的结果，而是在"有准备的头脑"中自然形成的。这里，"有准备的头脑"指充满各种想法和观念、敏于观察的头脑。

当研究者出于好奇、经过观察和大量的文献阅读，在脑海中形成研究问题时，这些问题的表述一定还很宽泛。回顾图 3.1，我们就会发现在进入第二或第三研究阶段之前，必须对研究问题的陈述做进一步的聚焦。对于研究者而言，聚焦研究问题的难度比较大，因为研究者需要对一般性研究问题进行仔细分析，才可能使研究问题具有可行性。

下面，我们以上述观察现象为例，来看看如何实施第一研究阶段的各个步骤。

观察：学习者的语言习得速度各不相同。

疑问：语言习得速度的差异是否受到学习者或教师的不同特点的影响？语言习得速度的差异是否受到学习方法或学习资料的某方面特点的影响？

在思考该类现象时，我们可以得出一个有关不同习得速度的一般性研究问题：为什么二语学习者在习得速度方面存在差异？

一般性研究问题通常过于宽泛，包含的内容也过多。在这个研究阶段，我们并不知道：研究对象是儿童还是成人，研究环境是课堂学习还是自然语境中的学习，研究内容涉及所有语言技能还是只涉及阅读技能，研究对象学习的是外语还是二语，等等。换言之，我们在确定使用综合法还是分析法之前，很多其他问题仍有待解答。这就需要引入第二个研究阶段。

4　第二阶段：聚焦研究问题

拟定的一般性研究问题是否可行？我们应该采用综合法还是分析法？如果用综合法，研究问题应该包含哪些现象？如果用分析法，研究内容包括哪些具体因素？

在确定一般性研究问题之后，研究者就需要思考研究该问题的可行性。如果研究问题可行，下一步便是确定最适合这类研究的基本研究方法（依照参数 1）——综合法还是分析法（见第 2 章）。有时，只有在进一步考虑研究问题的构成因素或变量之后，研究者才能确定采取哪种研究方法。

可行性

尽管人们很容易认可一般性研究问题的重要性，但要确定其可行性却比较难。针对一般性研究问题是否有"题解"的另一种问法就是：考虑研究者现有的知识结构、现有的学术成果和研究工具，以及研究实施的条件，研究者是否有能力探究该一般性研究问题？简而言之，这一问题就是："该项研究是否具有可行性？"

研究可行性问题可以分为若干子问题。下面，我们将一一探讨这些子问题。此外，研究问题的表述，必须确保研究在现有资源范围内是可行的。

如果在研究进入下一阶段之前，研究者能够论证一般性研究问题的可行性，就可以大大地避免时间和精力的浪费。下面，我们列出了在研究准备阶段应该提出的一些有关"研究可行性"的问题，帮助研究者避免到研究后期由于出现一些意外问题而必须终止研究的情况。

（1）如何才能得出一般性研究问题的答案？要得出答案需要做什么？是否需要设计实验？是否需要设计测试或调查问卷？

（2）要研究该一般性问题，研究者是否具备必要的背景知识、相关的语言学或社会语言学知识？数据处理可能涉及多少统计分析？是否需要更专业的人员参与研究？如果该项研究与其他研究领域有关，那么，在进入下一步研究之前，研究者需要做多少相关的前期工作？

（3）一般性研究问题中出现的术语和概念的阐述是否清楚而统一？所使用的概念和术语是否和其他研究者使用的一致？

（4）可以预见研究中会出现哪些研究资源和研究实施方面的问题？如果一般性研究问题涉及儿童或成人的语言习得，那么，研究者能否找到足够的受试者？谁来负责数据收集？是否需要培训研究助手？如果需要使用计算机来分析数据，是否有足够的上机时间并得到统计技术方面的支持？研究者是否需要接受 SPSS 或 SAS 等计算机统计分析方面的培训？

研究者应该尽量避免在考虑一般性研究问题的理论和实践意义之前就直接开始研究，因为这样必然会从一开始就进入误区，或导致研究设计和研究方法上的问题。即便是有经验的研究者，有时也会由于一些不可预见或无法避免的问题而不得不中断研究。不过，随着研究经验的积累，研究者会逐渐学会提出有关研究可行性的问题，并预见到潜在的问题。在拟定一般性研究问题这一阶段，研究者由于研究问题缺乏可行性而放弃研究思路的情况并不少见。

这里，我们将上述可行性问题应用到以下一般性研究问题上：为什么二语学习者在习得速度方面存在差异？

1）研究方法

针对上述一般性研究问题，可能有若干种研究方法。该项研究既可以在学校环境也可以在自然语境中实施，受试者为二语习得者。研究方法可以是综合性的，对学习者分组观察并描述其活动；也可以是分析性的，重点研究语言习得的某个具体方面，如某一句法形式或某一话语策略的习得。研究对象可以是在习得速度方面存在差异的不同学习者，研究目的是探究与成功的语言学习相关的各种特征。换言之，研究者可以采用多种研究方法来探讨此类研究问题，而且，在研究开始之前权衡这些方法潜在的利弊方为明智之举。

2）必要的知识

针对上述一般性研究问题，研究者决定采取的研究方向不同，需要具备的知识类型也就不同。如果研究目标是观察二语习得中涉及的社会化过程，那么，研究者就需要具备群体行为、群体语言交互模式、语言习得中有关社会环境作用的理论等背景知识。

但是，如果研究焦点是不同水平学习者语言能力发展过程中涉及的语言因素，那么，研究者就需要熟悉有关二语习得的语言学理论，并掌握语言数据收集和数据分析的方法。

3）概念和术语定义的统一

针对上述一般性研究问题，对语言学习者、语言学习、学习速度等术语需要做一定程度的限定，以便在第二研究阶段（图3.1）对一般性研究问题做进一步的聚焦。

显然，在有关习得速度的研究中，统一语言学习或语言习得的定义是至关重要的。是否依据测试成绩来定义"习得"？是否从功能角度（如运用特定语篇功能的能力）来衡量习得？这里的"统一"，并不是指一定要用普遍接受的术语定义。如果研究者能明确地界定相关术语在特定研究目的中的应用，就能避免定义含糊不清或前后不一致的问题。

4) 研究资源和研究实施问题

研究资源和研究实施问题涉及若干因素，比如，是否能够直接找到受试者？研究需要花费多长时间？这些受试者能否全程参与研究？是否需要录音机、录像机或随身话筒等专门设备？数据收集过程是否会干扰正常的课堂活动？研究进度如何适应研究班级的学校课程安排？

在研究实施方面，研究者对任何细节都不应该掉以轻心。如果所收集的数据是受试者完成某个语言任务或参与语言课堂互动过程的录像，该项研究可能就需要其他研究者来记录观察现象，并就这些现象达成共识。不过，这也意味着这些参与者需要接受观察方法的培训，而且研究者必须设计出统一的编码工具。

方法的选择：综合法还是分析法？

考虑了一般性研究问题的可行性之后，我们便需要决定：哪种方法（综合法和分析法）最适合此项研究？

第2章论述了两种方法的区别，以及如何从这两种角度来观察二语现象。综合法是对研究进行整体把握，将研究现象看作各种因素的综合体，而这些因素本身可能不易或不能有效分解为独立成分。分析法则是选取二语现象的一个或若干构成因素，对其进行细致的分析及对照研究。这两种角度对研究设计和研究方法都有一定的启示。

针对上述一般性研究问题（即"为什么二语学习者在习得速度方面存在差异"），在决定使用哪种研究方法之前，我们应该考虑可能导致不同语言习得速度的各种因素。也许，其中一些因素适用分析法，另一些因素适用综合法，还有一些因素则两种方法均适用。例如：

（1）学习者以前的语言学习经历。
（2）学习者对待语言课堂、教师或学习资料的态度。
（3）学习者的语言学能。
（4）学习者的母语。
（5）学习者的性别。
（6）学习者在语言课堂内外的语言练习量。
（7）学习者体验的语言练习类型——目标语言的句型操练或交际运用。
（8）学习者的性格特征。
（9）学习者的认知特点。（该清单涵盖范围较广，但并未穷尽所有的因素。）

综合法

研究者决定采用综合法进行研究，这可能是因为有待研究的因素的性质，也可能是因为研究者认为最好从整体视角来研究某一特定现象，而且采取分析法可能会扭曲该现象的本质。例如，如果研究者认为语言课堂上的练习形式或练习量等相关因素可能导致不同的习得速度，就可能会决定观察所有或多种课堂练习，如句型练习、小组练习、个体练习、控制性练习、自发性练习或结对练习。所有这些练习形式都属于所谓的"练习"这一总体现象,将其中的一种形式与其他形式隔离可能会扭曲其作用,而采取综合法使我们能够评估每种练习形式对整个习得过程所起的相对作用。

可见,研究者在本阶段所做的决定涉及"练习"这一复合概念所包括的具体现象。换言之,由于我们可能并不清楚影响习得速度的语言练习形式或练习量,我们就需要考察所有类型的练习,并进一步探究这些练习活动在语言课堂上自然出现的情况下是如何相互关联、相互影响的。

分析法

我们在第2章中指出,"分析法"是对二语现象的组成部分进行分析,并在不考虑其他因素的情况下,详尽地研究其中的一个或若干组成部分。采取分析法通常有以下三方面的含义:单独探讨二语问题的某一方面,研究会更加有效;可以将现象分解成各个部分进行分析,而且不会歪曲现象的本质;研究者对有待进行单独研究的组成因素已经有了充分的认识。

下面,我们进一步探讨练习的组成因素。假设我们有理由相信某种形式的个体练习造成了不同的语言习得速度,那么,如果采用分析法,研究者就要将语言课堂中与个体练习相关的单个或一组因素分离出来,对它们做进一步的研究。例如,我们可以决定考察正式课堂环境中的个体练习(如句型练习),我们也可以将课堂环境和交际环境中的个体练习结合起来进行研究。

如果采用分析法,研究者就需要对一般性研究问题中的相关术语做出更精准的界定。在这一阶段,我们关注的是要得出概念性定义,而非操作性定义:除了"速度""学习"和"不同速度"等术语之外，我们还需要界定"练习""课堂练习""交际练习"及其他相关术语。对后期重点研究的术语缺乏明确而统一的定义，是很多研究中存在的一个严重的问题。值得注意的是，我们这里所描述的研究过程是一个逐步聚焦研究问题的过程。研究者对术语概念进行明确而一致的定义，将增强它们在第三个研究阶段的可操作性。

5　第三阶段：确定研究目标

一旦确定了研究方法，研究者就必须考虑：研究目的是揭示和描述现象，还是检验一项基于前人研究的假设？有关内容，详见第 2 章关于参数二的讨论。

表 3.1　第三阶段：确定研究目标

启发性	演绎性
描述研究过程和观察发现；阐释相关术语的操作性定义	解释术语或要素的操作性定义；确定研究问题或研究假设

启发性研究

回顾第 2 章，我们知道启发性研究的特征是归纳性和描述性。研究者可以从某个有关二语学习的一般概念入手，通过各种方法收集数据，深入了解有待研究的现象，并从这些数据中形成相关的研究描述和研究假设。此外，启发性研究也可以描述二语习得的某些特定方面，检验这些方面与其他因素之间是否具有相关性。如果研究者决定采用启发性研究方法来探讨研究问题，那么在最后一个研究阶段，就需要制定研究计划或步骤。

研究目标可以是启发性的，而研究方法既可是综合性的，也可是分析性的。我们可以针对有待研究的二语现象，将研究方法和研究目标相结合，进行综合—启发性研究或是分析—启发性研究。下面，我们以分析—启发性研究为例：假设我们猜测某一特定的因素在课堂语言学习中起着一定的作用，但又不确定是什么作用，或缺乏相关的理论依据或研究假设，那么，我们便可以就课堂语言学习的特定构成因素进行启发性研究。也许，综合—启发性研究更为常见。假如研究者认为研究范围应该尽可能全面，而不应该侧重于某个因素，那么就可以采取综合—启发性研究。

正如第2章中指出的，启发性研究并不一定要从预定的假设入手。但是，对研究现象的相关因素有所了解，有助于研究者决定采取什么样的研究策略。假如研究目的是探究对习得速度影响最大的因素，我们就不需要首先提出一个有待证实或否决的研究假设。相反，我们可以先大致了解哪些因素影响习得速度，或是先猜测哪些因素（参见56页列表）可能比其他因素的影响力更大，继而进入下一步研究。

演绎性研究

在第二研究阶段列出的九个因素里，任何一个因素都可作为聚焦研究问题的基础。我们在第2章中指出，演绎性研究对可能的研究结果通常会有"先入之见"，然后由该"先入之见"形成有待验证或推翻的研究预测或研究假设。研究假设通常以理论为基础来解释有待研究的行为。

和前面讨论的启发性研究一样，演绎性研究既可以与综合法结合，也可以与分析法结合。比如，综合—演绎性研究可用于预测多种相关变量或因素与某种语言能力之间的关系。但是，由于这组因素在一定程度上相互依存，我们首先应该将这些因素作为一个整体，来探究这些因素的组合与语言能力是否相关。在确定可以有效预测二语学习者习得准确发音能力的因子研究中，珀塞尔和苏特（Purcell and Suter 1980）首先考察了他们认为能够预测准确发音的20个变量。接着，通过统计分析，他们逐步减少因子的数量，先减少到12个因子，最终仅剩两个对准确发音的预测力最强的因子。

在对演绎性研究的讨论中，我们将集中讨论单个因素，即之前列出的九个因素中的第六个。我们分析了一组可能与习得速度相关的因素，并试图研究其中的一个因素，这是因为基于一些推理或理论，我们认为该因素能够预测习得速度。这样的研究过程就是分析性的过程，因为我们将综合的因素分解成了单独的构成因素。这样的研究过程也是演绎性的过程，因为我们分析了其中最可能与习得速度有关的一个因素。此类研究便可称为分析—演绎性研究。下面，我们就这个单独的因素，将语言练习和习得速度之间的关系这一具体研究问题重新表述为：

——（6）学习者的语言练习量是否影响习得速度？

这样具体的研究问题，有助于我们发现可能将语言练习和习得速度两者联系起来的具体因素。就此研究目的而言，我们需要对该研究问题中的一些术语进行更为精准的界定。无论是实验性研究、观察性研究还是描述性研究，对术语的阐释将有助于拟定有效的研究设计和研究方法。如上所述，研究者最好通过以下问题对相关因素进行描述和阐释：

——6A. 如何界定"语言练习"？如何对其进行评测？

——6B. 如何界定"习得"？通过语法能力、交际能力还是通过结合这两种能力对其进行界定？如何对其进行评测？

——6C. 哪些类型的语言练习可能会影响习得速度？
——6D. 语言练习量达到多少会影响习得速度？
——6E. 语言练习的评测方法与语言习得的评测方法之间有何联系？

在回答上述问题的时候，研究者必须面对一个关键问题：将概念性定义转化为操作性定义，以阐释有待研究的术语或概念。本阶段还要处理研究方法问题，例如，该研究是否只需要少数的受试者，仅对几位学习者做深入的个案研究？还是需要大量的受试者，以充分检验研究假设？

下面，我们继续以这个假设的例子作为示范。对相关的文献进行回顾之后，我们可能会发现针对"语言练习"有两种相互对立的定义：一种与句型的重复频率相关（6A），另一种与交际语境中有意义的语言运用相关（6A'）。我们进一步假设："语言习得"可以定义为"学习者在有意义的或真实的生活情境中运用语言的能力"（6B）。换言之，我们用成功的语言交际来衡量语言习得能力。这里，我们并不讨论"如何衡量成功的语言交际"这一更为复杂的问题。第 8 章，我们将主要讨论如何设计衡量不同概念的研究工具。

通过探讨问题 6A 和 6B 的涵义，我们会得出关于语言练习和语言习得之间关系更为聚焦的问题（见图 3.2）。

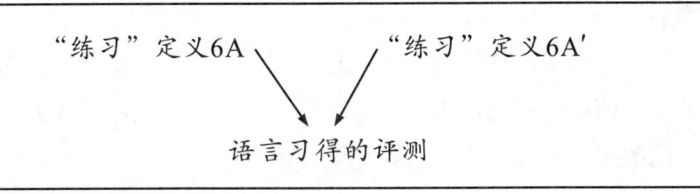

"练习"定义6A　　"练习"定义6A'
↘　　↙
语言习得的评测

图 3.2　语言练习与语言习得的关系

问题 6D 和 6E 将语言练习这一理论概念转化为更加具体化或更具操作性的形式，这些问题需要我们思考：如何对所研究的行为进行量化？量化对于基本的研究问题可能意味着什么？例如，什么样的练习算作一个单位的"练习"？什么样的习得算作一个单位的"习得"？如何测量和解释不同的"单位"？

但是需要强调的是，只有对问题 6A 和 6B 有了明确的答案之后，才可以在实际研究或实验中将理论概念转化为具体的或具有操作性的形式。如果对"练习"的概念都没有清晰的界定，那么，针对这一含糊不清的概念去进行研究设计并实施研究，这是愚蠢的行为。我们可以将"练习"定义为"受试者重复语言实验室磁带中一个句子的次数"或"受试者在面对面的交际语境中自发讲出的句子数量"。可见，每一种定义都会产生不同的研究结果，并形成对"语言练习"作用的不同诠释。

6 第四阶段：拟定研究计划或研究假设

如果采用启发性研究，在研究的最后一个阶段，研究者就需要确定适当的研究步骤，设计数据收集方法，来探究可能影响习得速度的一种或多种因素。在第 6 章，我们会详细探讨各类启发性研究的实施过程。

如果采用演绎性研究，研究过程则会变得更为复杂，因为演绎性研究要求明确论证与习得速度紧密相关或导致不同习得速度的因素或变量的关系。在第 1 章中，我们就明确指出，科学的研究假设应该可以得到验证或证伪。与通俗观念相反，基于研究假设的结论，不应该是无法验证的。正因为研究假设始终都应该经得起证伪、推翻或修正，证实或推翻一个研究假设总是有条件或有前提的。也许会出现新的证据，也许其他相关研究会给研究问题带来新的认识。科学"博弈"的一部分，就是将研究看作某一特定科研现状中的最佳猜测。随着新思路和新知识的不断增加，并且针对同一现象的各种新理论不断提出不同的视角，研究假设必将会被修正或被推翻。

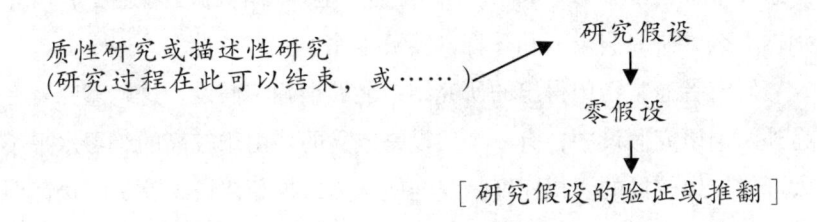

质性研究或描述性研究　　　　　　研究假设
(研究过程在此可以结束，或……) ───▶　　↓
　　　　　　　　　　　　　　　　　　零假设
　　　　　　　　　　　　　　　　　　　↓
　　　　　　　　　　　　　　　[研究假设的验证或推翻]

研究假设和零假设

上述问题 6 是："学习者的语言练习量是否影响习得速度？"假如针对研究问题涉及的所有术语都有了令人满意的概念性定义和操作性定义，我们就要将该研究问题转化为研究假设。

上述例子中的研究假设可以采取以下任何一种形式：
——假设 1：语言练习水平较高的学习者的习得速度比语言练习水平较低的学习者的习得速度快。
——假设 2：语言练习水平较高的学习者的习得速度比语言练习水平较低的学习者的习得速度慢。
——假设 3：语言练习水平较高的学习者和语言练习水平较低的学习者的习得速度一样。

值得注意的是，前两个研究假设是"定向"的，即针对研究结果的方向做出了预测。定向假设只存在一个问题：研究者很难明确指出是哪个具体因素产生了定向效果——可能是语言练习水平的高低，遗憾的是，同样也可能是其他因素。（第 5 章和第 7 章将更加详尽地讨论这个问题。）

由于很难"验证"定向研究假设，研究假设往往表述为零假设。上述第三个假设就是零假设，即：语言练习水平较高的学习者和语言练习水平较低的学习者的习得速度没有区别。其实，我们可以使用统计检验来证明两组学习者之间是否存在显著性差异。如果不能从统计学意义上推翻零假设，即：不能证明两组学习者的习得速度有所差别，那么，研究假设 1 和 2 就自然被排除了。

研究者通常希望得出的研究结果能够推翻零假设，这就意味着在另外两个研究假设中，有一个假设是成立的。由于较高的练习水平不太可能导致较慢的习得速度，我们便认为，推翻假设 3 就是间接证明了假设 1。换言之，在实际研究中，研究假设尽管是研究本身的焦点问题，却不是我们真正去检验的假设。相反，出于研究目的，我们需要拟定一个零假设；而零假设所表述的内容通常就是该研究真正想驳倒的观点。换言之，提出零假设的目的，就是要证伪或推翻它，从而使另一个研究假设得以成立。

当然，确认或推翻研究假设并非研究过程的终点。图 3.1 中，有一个箭头回指第二研究阶段，这说明研究结果会循环回归到研究起点：研究理论或研究假设——要么需要调整现有的研究理论，要么需要重新考虑并拟定新的研究假设，以便进行后续研究。

7 本章小结

本章介绍了研究课题设计的准备过程——从观察现象到确定总体研究方法。该过程的四个阶段总结如下。当然，并不是所有课题研究都必须遵循这四个阶段。我们依次介绍这些步骤，目的是揭示二语研究思路的逻辑性。

研究设计的四个阶段为：

第一阶段：拟定一般性研究问题
第二阶段：聚焦研究问题
第三阶段：确定研究目标
第四阶段：拟定研究计划或研究假设

本章练习

1. 如果你是一名语言教师，记录你每天的教学经历，并坚持一个星期。一星期结束时，回顾教学日记，并思考以下问题：基于日记内容，你可以提出哪些有关二语/外语学习者、二语/外语教学、师生互动等方面的研究问题？

2. 从二语期刊中选取一篇研究文献（参见第 4 章的建议），并思考以下问题：除了文献中探究的研究问题，是否还存在其他研究问题？

3. 从认知心理学、社会学或教育学等领域的期刊中，选取一篇涉及理论问题的文章，并探讨如何将该论题与二语研究联系起来。

4. 选择两个研究课题。讨论：

    a）选题的来源

    b）研究的重要性

    c）研究的可行性

5. 选择一个二语研究领域的课题，如年龄和二语习得的关系。按照图 3.1 介绍的各个步骤及每个步骤的具体内容，为该课题分别制定出启发性和演绎性研究计划。

参考文献

Bailey, K. M. 1983. 'Competitiveness and anxiety in adult second language learning: Looking *at* and *through* the diary studies' in H. W. Seliger and M. H. Long (eds.): *Classroom Oriented Research in Second Language Acquisition.* Rowley, Mass.: Newbury House.

Chomsky, N. 1981. *Lectures on Government and Binding.* Dordrecht: Foris.

Cook, V. J. 1985. 'Chomsky's universal grammar and second language learning.' *Applied Linguistics* 6/1: 2–18.

Durkheim, E. 1897. *Le Suicide.* Paris: G. Alcan.

Flynn, S. 1987. *A Parameter Setting Model for L2 Acquisition.* Dordrecht: D. Reidel.

Krashen, S. D. 1978. 'Individual variation in the use of the monitor' in W. C. Ritchies (ed.): *Second Language Acquisition Research.* New York: Academic Press.

Lambert, W. E. and **Gardner, R. C.** 1959. 'Motivational variables in second language learning.' *Canadian Journal of Psychology* 13.

Mazurkewich, I. 1984. 'Dative questions and markedness' in F. R. Eckman, H. Bell, and D. Nelson (eds.): *Universals of Second Language Acquisition.* Rowley, Mass.: Newbury House.

Purcell, E. T. and **Suter, R. W.** 1980. 'Predictors of pronunciation accuracy: A reexamination.' *Language Learning* 30/2: 271–287.

Seliger, H. W. 1979. 'On the nature and function of language rules in language teaching.' *TESOL Quarterly* 13: 359–369.

White, **L.** 1985. 'The acquisition of parameterized grammars: subjacency in second language acquisition.' *Second Language Research* 1/1: 1–17.

第 4 章

研究现状分析

> 发掘者应该熟谙前辈和同辈的工作，并知道如何将自己的新发现融入其中。
>
> 威廉·福克斯韦尔·奥尔布赖特（W. F. Albright）：
> 《巴勒斯坦考古学》

1 研究现状分析的含义和目的

一旦研究者选择并界定了研究范围、研究课题或研究问题，接下来就需要回顾相关文献，将自己的研究置于更广的研究背景中，这就是研究现状分析。

研究现状分析有两大目的：拓宽研究视野；缩小课题范围，聚焦研究问题。这两大目标，看似矛盾，实则互补；因为研究者既需要拓展研究视野，又需要缩小研究范围，这样才能得出可行的研究问题。

因此，研究者在研究过程中应当多次进行文献回顾。在研究的准备阶段，文献回顾有助于研究者选定研究范围、研究课题和研究问题，第 3 章对此进行了阐述。在第二研究阶段，一旦确定了课题，研究者就需要全面系统地回顾文献，以拓宽研究视野，了解课题的基础理论框架。最后，当研究者需要缩小课题范围、着手进行研究时，需要再次回顾文献。值得注意的是，在研究的实施过程中，研究者并不需要严格按照这一顺序逐一达成目标。

下面，我们将通过一个假设的例子来描述这些步骤。该例中，研究者将进行有关年龄和二语习得领域的研究。

确定选题

假设在该例中，研究者对"年龄对二语习得的影响"这一论题比较感兴趣。这种兴趣可能来自研究者个人经历中观察到的现象。比如，当他们移民到一个国家后，很难学会新的语言；然而，他们的孩子似乎没遇到什么困难，很快就学会了该语言。于是，他们开始查阅文献，寻找有关该课题的学术论文和其他资料。他们可能正在参加二语习得课程，并从授课教师提供的阅读书目中获取了有关该课题的初步参考资料。在审阅这些资源的过程中，他们可能又从这些文章的参考文献里找出更多的文献资料。通过阅读文献，他们了解到，尽管就此课题已经有了不少研究，却仍然有很多问题尚待解答。例如，针对不同学习环境中（正式课堂环境或自然环境）年龄对二语习得的影响，存在着对立的研究结论；而且，针对年龄对语言习得某些方面的影响，似乎也存在着分歧。尽管研究结论莫衷一是，却仍然表明：学习者的年龄和语法学习呈正相关（学习者年龄越大，就越能更好地习得语法），而儿童似乎在语音习得方面占有优势。接下来，他们会发现，尽管已有大量研究探讨"年龄和自然环境中二语习得的关系"，但关于"年龄和正式课堂环境中语言学习的关系"的研究却寥寥无几。他们认为这方面的研究课题非常重要，对课程规划、教学方法甚至教育政策都可能具有重大意义。于是，研究者们决定进行"年龄对正式课堂环境与自然环境中语音习得的影响比较"方面的研究。

该研究课题仍然过于宽泛，缺乏可行性。研究者在准备实施研究之前，还需着手解决很多方面的问题。他们需要经历第 3 章列出的若干研究阶段，来检验该研究课题的可行性。接着，为了得出更加明确、更加聚焦的研究问题或研究假设，研究者需要确定正式课堂环境中研究对象的具体年龄及其接受的课程类型。此外，研究者还需要确定非正式学习的具体环境；并决定是否通过设计实验，让特定年龄的学习者接受某种课程指导，还是无需实验，对各种学习环境中不同类型的学习者进行观察。

通过回顾文献，查阅该领域的其他研究，研究者便能确定研究课题的细节问题，使研究问题更加具体，更加聚焦。

拓展研究视野并缩小选题范围

一旦确定了选题，研究者便需要研读有关选题的权威性理论文献，拓展研究视野。因此，在这一阶段，研究者将进行更为全面、系统的文献综述，查阅相关学科的前沿性理论，如应用语言学、语言学、心理学、神经语言学、社会学和教育学等。他们需要熟悉这些学科针对该选题的方方面面所提出的各种理论。上述例子中的前沿性理论包括：语音习得、二语特定方面习得能力的年龄差异、学习环境（正式课堂环境及自然环境）对不同年龄学习者的影响。值得注意的是，研究者也应该关注应用语言学以外的相关学科。显然，在这一阶段，研究者不能仅仅依赖一门大学课程所提供的书目，还需要从其他渠道收集参考资料。比如，《教育资源》《语言学与语言行为文摘》之类的索引，可能会收录研究者在前期回顾文献时未曾查阅到的其他文章。研究者还可能通过计算机检索出最新的参考资料，获得更多的相关文献。本章下一节将介绍这些获取文献资料的渠道及方法。

回顾文献时，研究者可以通过阅读文章前面的摘要来决定哪些文献更相关，更有用。研究者可以从与研究课题最直接相关的文章入手，如关于"不同学习环境中不同年龄学习者的语音习得差异"的文章。他们也可以首先阅读最近发表的文章，然后再阅读较早的研究文献。接着，他们可以探索文献中的其他相关领域，比如，有关正式课堂环境和自然环境中其他科目学习差异方面的研究，有关年龄和学习的关系——尤其侧重儿童发展的认知、情感和神经学方面的研究，或者是有关不同年龄的单语和双语学习者习得速度的研究。这些领域的文献有助于研究者更好地理解各种学习环境中，不同阶段的学习者如何习得语言的不同方面。

通过阅读文献，研究者还可能遇到与自己计划中的课题类似的研究。这些文献将为他们自己的研究设计提供可以借鉴的思路。

聚焦相关信息

阅读文献时，研究者会重点关注若干问题。例如，他们可能关注这些研究的目的、地点、研究者的信息、研究假设，以及数据收集的步骤和方法。他们还会特别关注这些研究的主要结论，最重要的是，这些研究在丰富该课题相关知识体系方面的贡献。

通过阅读相关文献，研究者对该课题有了全面而广泛的了解，并由此得出清晰、明确的研究问题。例如，如果研究者发现很多研究侧重"自然环境中的语音习得"，那么，这些研究就可以为"年龄对正式课堂环境中语音习得的影响"提供研究框架或理论依据；有关自然环境的研究结果则有助于研究者形成关于正式课堂环境方面的研究假设。如果文献回顾表明，针对同一选题的研究结论互相对立，这就为另一个研究视角（例如，改进研究方法）提供了依据，以提出更有说服力的研究结论以及更明确的研究假设。比如，如果有研究表明，年龄与自然环境中的语音习得没有直接关系，那么，研究者便可以提出研究假设：年龄与正式课堂环境中的语音习得也没有直接关系。如果研究者在回顾有关年龄的文献时，了解到自然环境中语音习得关键期的重要性，他们就可能提出一个关于"语音习得关键期前后年龄对儿童学习能力影响"的研究问题。而像"男孩和女孩的发展阶段存在差异"这样的事实，可能促使研究者去调查不同性别或其他变量（如性格、学习风格以及动机等）之间的差异。

阅读文献时，研究者应该概括并记录以上所有信息。他们可以使用索引卡片，或者将这些信息保存在电脑文档中，并汇编出在撰写文献综述时可能用到的参考文献清单。

综上所述，研究现状分析有助于研究者提出并选择一个研究课题，增进对研究课题的了解，扩展研究视野，并得出可行、明确的研究问题。文献回顾还有助于研究者了解：他们感兴趣的研究问题是否可以归于一个更广的知识体系。文献回顾还可以表明：该研究领域是否已经得出重要结论，是否仍存在其他有待研究的领域，拟将实施的研究是否能给这一知识体系带来新的贡献。

我们已经论述了研究现状分析的目的与步骤，下面，我们将介绍查找文献综述资料的方法。接着，我们会详细地阐述阅读文献、组织和报告文献综述的过程。

2　查找文献资料

如前文所述，文献综述所需要的资料可以来源于二语习得领域，也可以来源于相邻领域，如语言学、教育学、心理学、社会学或其他任何与既定研究课题相关的学科。在描述这些文献资料的时候，我们有必要区分用作参考的资料（如索引、计算机检索、参考书目等）与具体的实体文献资料（如期刊文章、研究综述等）。本节将介绍这两类资料的来源。针对参考型资料，我们将探讨索引、计算机检索、参考书目、学术会议及"地下"文献等参考资料，而针对实体文献资料，我们则会探讨期刊文章、论文集、研究综述和著作等参考资料。

1）索引

索引，就是提供大量有关各种研究课题参考资料的出版物，有助于研究者了解某一领域中可供参考的资料，是获取参考资料的最常用来源。索引中的条目按照作者名字和主题的顺序排列，包含各种信息，比如出版年份、首次出版或公布的地点、获取方式以及出版形式（如学术论文、报刊文章或研究报告）等。大多数索引还包括摘要，或是概述资料内容的介绍性文字，这样就有助于研究者了解参考资料与研究课题的关系。索引可以是季刊、月刊、半年刊或年刊。图 4.1 以《教育资源》索引中的一条资料为例，描述了索引所能提供的各种信息。

搜索某一研究课题的参考资料时，研究者可以首先使用叙词表（*Thesaurus of Descriptors*），通过列出的关键词（也叫叙词），找到与选题相关的参考资料。例如，在查询有关年龄和二语习得课题的参考资料时，叙词表中的相关叙词可能包括年龄、二语学习、自然情境中的学习、双语现象、课堂学习以及认知等关键词。图 4.2 是科教资源信息中心（ERIC）汇编的《ERIC 叙词表》中的一张样页。

有关语言学、应用语言学、教育学、社会学和心理学研究文献的索引对于二语学习研究最为有用。此类索引信息，介绍如下：

《语言学与语言行为文摘》（LLBA）是由《社会学文摘》出版的季刊，概述 30 多种语言的期刊、论文、专著以及会议记录的内容，涵盖人类学、演讲、应用语言学、修辞学、心理语言学、教育学和交际学等众多领域。索引方式包括摘要、主题索引、来源索引以及作者

第二语言研究方法

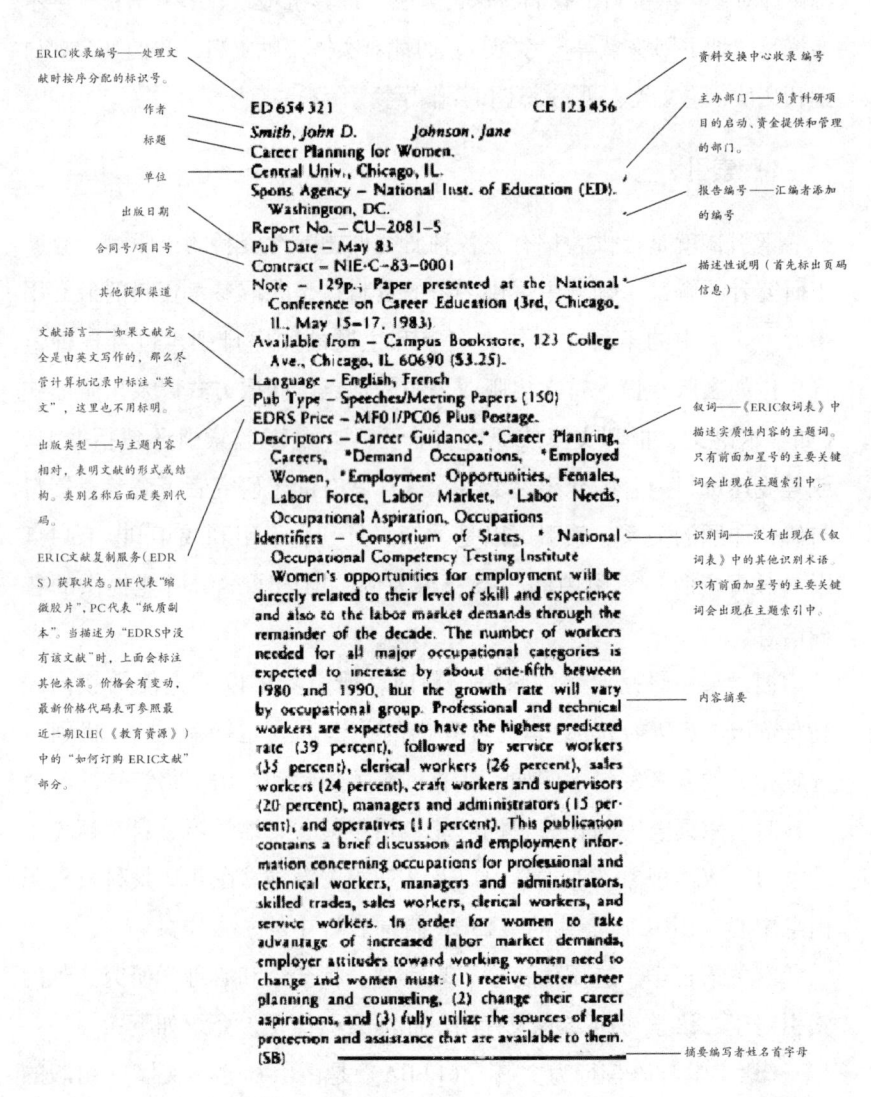

```
ERIC 收录编号——处理文              ED 654 321                              CE 123 456          资料交换中心收录编号
献时按序分配的标识号。
                      作者         Smith, John D.        Johnson, Jane                        主办部门——负责科研项
                      标题         Career Planning for Women.                                 目的启动、资金提供和管理
                      单位         Central Univ., Chicago, IL.                                的部门。
                                  Spons. Agency — National Inst. of Education (ED),
                                  Washington, DC.                                             报告编号——汇编者添加
                   出版日期         Report No. — CU-2081-S                                     的编号
                合同号/项目号       Pub Date — May 83
                                  Contract — NIE-C-83-0001                                    描述性说明（首先标出页码
                                  Note — 129p.; Paper presented at the National              信息）
                 其他获取渠道        Conference on Career Education (3rd, Chicago,
                                  Il., May 15-17, 1983)
文献语言——如果文献完                 Available from — Campus Bookstore, 123 College
全是由英文写作的，那么营               Ave., Chicago, IL 60590 ($3.25).
计算机记录中标注"英                   Language — English, French                                叙词——《ERIC 叙词表》中
文"，这里也不用标明。                  Pub Type — Speeches/Meeting Papers (150)                  描述实质性内容的主题词，
                                  EDRS Price — MF01/PC06 Plus Postage.                       只有前面加星号的主要关键
出版类型——与主题内容                 Descriptors — Career Guidance,* Career Planning,           词会出现在主题索引中。
相对，表明文献的形式或结               Careers, *Demand Occupations, *Employed
构。类别名称后面是类别代               Women, *Employment Opportunities, Females,
码。                                Labor Force, Labor Market, *Labor Needs,
                                  Occupational Aspiration, Occupations                       识别词——没有出现在《叙
                                  Identifiers — Consortium of States, * National             词表》中的他识别术语，
ERIC 文献复制服务（EDR               Occupational Competency Testing Institute                  只有前面加星号的主要关键
S）获取状态。MF 代表"缩              Women's opportunities for employment will be              词会出现在主题索引中。
微胶片"，PC 代表"纸质副              directly related to their level of skill and experience
本"。当描述为"EDRS 中没             and also to the labor market demands through the
有该文献"时，上面会标注               remainder of the decade. The number of workers
其他来源。价格会有变动，               needed for all major occupational categories is
最新价格代码表可参照最                expected to increase by about one-fifth between
近一期 RIE（《教育资源》）             1980 and 1990, but the growth rate will vary
中的"如何订购 ERIC 文献"            by occupational group. Professional and technical
部分。                              workers are expected to have the highest predicted
                                  rate (39 percent), followed by service workers
                                  (35 percent), clerical workers (26 percent), sales
                                  workers (24 percent), craft workers and supervisors
                                  (20 percent), managers and administrators (15 per-
                                  cent), and operatives (11 percent). This publication
                                  contains a brief discussion and employment infor-
                                  mation concerning occupations for professional and   —— 内容摘要
                                  technical workers, managers and administrators,
                                  skilled trades, sales workers, clerical workers, and
                                  service workers. In order for women to take
                                  advantage of increased labor market demands,
                                  employer attitudes toward working women need to
                                  change and women must: (1) receive better career
                                  planning and counseling, (2) change their career
                                  aspirations, and (3) fully utilize the sources of legal
                                  protection and assistance that are available to them.
                                  (SB)                                                  —— 摘要编写者姓名首字母
```

注：ERIC 代表"科教资源信息中心"，由《教育资源》出版。

图 4.1　《教育资源》参考条目示例

134/LANGUAGE ROLE

Speech Communication
Speech Habits
Speech Skills
Written Language

LANGUAGE ROLE *Jul. 1966*
CIJE: 528 RIE: 498 GC: 450
RT Cultural Influences
Language
Language Attitudes
Language Maintenance
Language Research
Social Dialects
Social Influences
Sociolinguistics

LANGUAGE SKILLS *Jul. 1966*
CIJE: 1,627 RIE: 2,405 GC: 450
NT Audiolingual Skills
Communicative Competence (Languages)
Reading Skills
Vocabulary Skills
Writing Skills
BT Skills
RT Basic Skills
Cloze Procedure
Communication Skills
English (Second Language)
Error Analysis (Language)
Expressive Language
Interpreters
Interpretive Skills
Language
Language Acquisition
Language Aptitude
Language Arts
Language Dominance
Language Fluency
Language Processing
Language Proficiency
Languages
Language Tests
Linguistic Competence
Linguistic Performance
Listening Comprehension
Monolingualism
Psycholinguistics
Receptive Language
Second Language Learning
Sentence Combining
Speech Skills
Translation
Verbal Ability
Word Study Skills

LANGUAGE STANDARDIZATION *Jul. 1966*
CIJE: 141 RIE: 135 GC: 450
SN The official acceptance by at least some groups within a speech community of certain general patterns of pronunciation, grammar, orthography, and/or vocabulary
BT Language Planning
RT Dialects
Diglossia
Languages
National Norms
National Programs
Native Language Instruction
Official Languages
Romanization
Sociolinguistics
Standard Spoken Usage

LANGUAGE STYLES *Jul. 1966*
CIJE: 562 RIE: 554 GC: 450
SN Optional variants in sounds, structures, and vocabulary of a language which are characteristic of different users, situations, or literary types
UF Linguistic Styles
BT Language Usage
Language Variation
RT Cliches
Editing
Expressive Language
Language
Language Classification
Language Patterns
Language Rhythm
Literary Devices
Native Speakers
Speech Skills
Standard Spoken Usage
Writing Skills

Language Tapes
USE AUDIOTAPE RECORDINGS

LANGUAGE TEACHERS *Jul. 1966*
CIJE: 545 RIE: 614 GC: 360
UF Fles Teachers (1967 1980) #
Foreign Language Teachers
Second Language Teachers
BT Teachers
RT English Instruction
Languages
Native Language Instruction
Second Language Instruction

LANGUAGE TESTS *Jul. 1966*
CIJE: 640 RIE: 909 GC: 830
SN Tests to measure proficiency, diagnose strengths and weaknesses, or predict future performance in a native or foreign language (note: for foreign language tests, coordinate this term with 'second language learning,' and, when appropriate, the language)
BT Verbal Tests
RT Achievement Tests
Cloze Procedure
Language
Language Dominance
Language Proficiency
Languages
Language Skills
Listening Comprehension Tests
Reading Tests
Second Language Learning
Speech Tests
Writing Evaluation
Writing Skills

LANGUAGE TYPOLOGY *Jul. 1966*
CIJE: 62 RIE: 97 GC: 450
SN Classification of languages on the basis of similarities and differences in their structural features – phonology, grammar, and vocabulary, including semantic meaning in specific contexts
BT Language Classification
RT Contrastive Linguistics
Descriptive Linguistics
Etymology
Language Patterns
Language Universals
Morphology (Languages)
Phonemes
Phonology
Syntax
Tone Languages

LANGUAGE UNIVERSALS *Aug. 1968*
CIJE: 188 RIE: 232 GC: 450
SN Characteristics assumed to be common to all languages
UF Linguistic Universals
BT Language
RT Artificial Languages
Behavioral Science Research
Case (Grammar)
Diachronic Linguistics
Distinctive Features (Language)
Language
Language Acquisition
Language Patterns
Language Research
Languages
Language Typology
Linguistic Difficulty (Inherent)
Linguistic Theory
Negative Forms (Language)
Structural Analysis (Linguistics)

LANGUAGE USAGE *Jul. 1966*
CIJE: 1,808 RIE: 1,608 GC: 450
UF Sexist Language #
NT Language Styles
Standard Spoken Usage
RT Business English
Code Switching (Language)
Cohesion (Written Composition)
Dialects
Error Analysis (Language)
Grammatical Acceptability
Language
Language Attitudes
Language Dominance
Language Maintenance
Language Of Instruction
Language Patterns
Language Planning
Language Processing
Languages
Language Variation
Linguistic Borrowing
Linguistics
Miscue Analysis
Native Language Instruction
Native Speakers
North American English
Pragmatics
Sociolinguistics
Speech Habits
Urban Language
Written Language

LANGUAGE VARIATION *Jun. 1975*
CIJE: 368 RIE: 410 GC: 450
SN Differences in systems of a language that result from historical, geographic, social, or functional changes
NT Creoles
Dialects
Language Styles
Linguistic Borrowing
Pidgins
BT Sociolinguistics
RT Code Switching (Language)
Contrastive Linguistics
Diachronic Linguistics
Dialect Studies
Diglossia
Grammatical Acceptability
Language
Language Usage
Urban Language

LANGUAGES *Jul. 1966*
CIJE: 106 RIE: 283 GC: 440
SN (note: use a more specific term if possible)
NT African Languages
Afro Asiatic Languages
American Indian Languages
Australian Aboriginal Languages
Austro Asiatic Languages
Basque
Burushaski
Caucasian Languages
Classical Languages
Creoles
Dialects
Dravidian Languages
Eskimo Aleut Languages
Indo European Languages
Japanese
Korean
Malayo Polynesian Languages
Modern Languages
Pidgins
Sino Tibetan Languages
Uralic Altaic Languages
Vietnamese
RT Bilingualism
Conversational Language Courses
Etymology
Fles
Foreign Language Books
Foreign Language Films
Foreign Language Periodicals
Glottochronology
Idioms
Intensive Language Courses
Language
Language Classification
Language Dominance
Language Enrichment
Language Enrollment
Language Fluency
Language Laboratories
Language Maintenance
Language Of Instruction
Language Patterns
Language Planning
Language Proficiency
Language Research
Languages for Special Purposes
Language Skills
Language Standardization
Language Teachers
Language Tests
Language Universals
Language Usage
Middle English
Monolingualism
Multilingualism
Mutual Intelligibility
Notional Functional Syllabi
Old English
Second Language Instruction
Word Frequency

LANGUAGES FOR SPECIAL PURPOSES *Apr 1975*
CIJE: 114 RIE: 113 GC: 440
SN Languages taught to or learned by non-native speakers who need a certain specialized foreign language capability in their studies, profession, or trade
NT English For Special Purposes
BT Language
RT Languages
Second Language Instruction
Second Language Learning

LAO *Jul. 1966*
CIJE: 0 RIE: 21 GC: 440
UF Laotian
BT Sino Tibetan Languages

Laotian
USE LAO

Laotian Americans
USE ASIAN AMERICANS; LAOTIANS

LAOTIANS *Mar. 1980*
CIJE: 3 RIE: 15 GC: 560
UF Laotian Americans #
BT Indochinese
RT Asian Americans
Cambodians
Vietnamese People

Laps
USE LEARNING MODULES

Large Cities
USE URBAN AREAS

LARGE GROUP INSTRUCTION *Jul. 1966*
CIJE: 65 RIE: 79 GC: 310
SN Teaching of students in large classroom situations (note: do not confuse with 'mass instruction')
BT Group Instruction
RT Mass Instruction
Small Group Instruction
Teaching Methods

图4.2 《ERIC叙词表》样页

索引。该索引对于查询二语习得领域的参考资料极有价值。

《语言教学》（旧称《语言教学与语言学文摘》）为季刊，列出了语言学及应用语言学领域的学术期刊文章、书籍和研究报告。其优点是收录了其他索引中没有的欧洲国家出版的参考资料。该索引还刊登与语言学习特定研究课题相关的综述性文章。

《教育资源》（RIE）（旧称《教育研究》）为科教资源信息中心（ERIC）出版的月刊（见图4.1），收录了大量与母语和二语学习领域课题相关的参考资料及摘要，在美国和欧洲的大部分图书馆都有收藏。该索引包含文章、研究报告摘要、会议陈述及其他类型研究的参考信息。索引条目按数字顺序排列，每期月刊都有主题索引和作者索引，并由此汇编成半年刊及年刊；其主题词来自《ERIC叙词表》。该索引中的信息往往是其他索引中没有的。在很多图书馆里，读者还能获取文档的缩微胶片。

《教育期刊现刊索引》（CIJE）是ERIC出版的月刊。该索引列出了近780种与教育学相关的期刊上的文章及其标题、作者及文献摘要等，并收录了大量有关母语和二语学习方面研究的参考文献。所使用的主题词来自《ERIC叙词表》。

最后两种索引是下面第二点中介绍的ERIC计算机数据库的印刷版。

《国际学位论文文摘》是美国大学缩微胶片公司（密歇根大学安娜堡分校）出版的月刊，该刊物的欧洲特刊为季刊。该索引列出了本年度完成的博士论文的摘要以及美国和欧洲400多所院校其他类型学位论文的摘要，有助于读者找到学术期刊上尚未刊发的文献资料。

《心理学文摘》和《社会学文摘》是综览大量心理学和社会学期刊的综合性索引，提供与这些学科相关的语言学习方面选题的重要文献资料。

2）计算机检索

计算机检索指通过现有的计算机数据库获取与特定主题相关的参考文献的方法。这是从特定数据库中获取参考文章、报告和论文的快速而有效的方式。因此，很多院校要求学生在做研究之前首先进行计算机检索。

二语习得领域最重要的数据库便是科教资源信息中心（ERIC）建立的数据库，收录了大量与教育学相关的不同选题的文献。ERIC 拥有若干不同领域的资料交换中心，其中，汇编语言类参考文献的为"语言及语言学资料交换中心"和"双语教学资料交换中心"。在用数据库生成检索条目之前，研究者需要从《ERIC 叙词表》中找出叙词，接着使用这些叙词来检索数据库，并打印出一份时间由近及远的相关参考文献清单。列出的每一个条目都包括文献的标题、作者、出版日期及地点、获取来源以及内容摘要。图 4.3 展示了使用 ERIC 数据库，通过计算机检索"外语认知风格"领域得出的一个示例。

示例中的第一个编号为文献在数据库中的参考编号，接着是文章的标题、作者姓名、发表地点和时间、获取来源、使用的语言以及文献类型。

在很多图书馆支付些许费用，或通过 ERIC "语言及语言学资料交换中心"（华盛顿特区西北 111822 号大街应用语言学中心，邮编：20037），读者即可使用 ERIC 系统的计算机检索。

3）参考书目

参考书目是获取参考文献的有效来源。带注解的参考书目侧重具体主题，通常由研究中心（如 ERIC "语言及语言学资料交换中心"和"双语教学资料交换中心"）出版，如克利福德（Clifford）和兰格

```
EJ:68450    FL514691
            Student-Teacher Cognitive Styles and Foreign
Language Achievement: A Preliminary Study.
            Mansen, Jacqueline; Stansfield, Charles
            Modern Language Journal, V.66, N.3, P.263–73,
            Fall, 1982
            Available from: Reprint: UMI
            Language: English
            Document Type: JOURNALS ARTICLE (080):
RESEARCH REPORT (143): NON-CLASSROOM MATERIAL
(055)
            Journal Announcement: CIJJAN83
            In terms of second-language learning, examines:
(1) What is the significance, educational and statistical, of
the performance difference between field-dependent and
field-independent students? and (2) Does the learner's
cognitive style interact with other factors in the learning
situation, such as the teacher's cognitive style, to affect
differentially? (EKN)
            Descriptors: *Cognitive Style: College Students;
Language Aptitude; Performance Factors; *Second Language
Learning; *Success; *Teaching Styles
            Identifiers: *Field Dependence Independence
```

图 4.3　计算机检索所得的示例项（使用 ERIC 系统）

（Lange）汇编并于 1981 年出版的关于语言测试的带注解的参考书目。现代语言协会（MLA）每年出版一期带注解的参考书目，大量收录有关语言各种主题的参考书籍和文章。

　　文章、综述或著作等所附的参考书目，通常有助于读者了解更多其他参考文献。不过，值得注意的是，参考书目是有选择性的，作者可能会忽略一些相关资料。此外，由于参考书目通常是基于一些已经出版的书刊，因此并不总能代表最新的参考文献。

4）学术会议

在学术会议上宣读的研究报告和论文也是获取参考文献的有效来源。已公布的会议日程安排通常会列出（并介绍）被宣读的论文，这有助于读者了解正在进行或新近完成但尚未发表的研究。这样的会议日程安排收录了论文宣读者的姓名、单位，论文的标题，通常还有论文摘要。小型学术会议的日程安排也会包含所宣读论文的会议记录。很多学术会议论文收录在《教育资源》索引中，读者可以在缩微胶片上阅读，也可以向论文宣读者写信索取论文副本。

5）"地下"文献

所谓"地下"文献，指的是同行之间传阅、往往尚未发表的论文或著作，具体包括：作者可能最近完成但尚未投稿的研究，仍在进行中的研究，限制传阅范围的研究报告以及学生的学位论文。

地下文献是有效获取最新参考资料的重要来源。值得注意的是，由于研究从完成到发表往往有一到三年的延迟期，已出版的研究文献可能都是基于一段时间之前的研究成果。获取"地下"文献的最佳途径，就是与相关研究领域的研究者私下沟通。

6）期刊文章

期刊就是定期出版的论文集。在期刊上发表的研究论文遵循的标准格式为：提出研究问题，综述相关文献，介绍数据收集和分析的方法和步骤，并汇报研究结果、研究结论以及研究意义。

不同的期刊服务于不同的读者。一些二语习得领域的期刊针对的是研究人员；另一些期刊注重探讨研究结论的实用意义，面向的是教学实践人员；还有一些期刊的目标读者群则涵盖这两类读者。

本书附录提供了二语习得领域以及语言学、教育学、心理学和社会学等相关领域的期刊目录。

7) 论文集和研究综述

这类参考资料通过专题来介绍研究。论文集就是选录特定主题研究文章的书籍。编者通过补充说明并探讨每篇文章对于该专题研究的贡献,力图为这些研究构建出一个概念框架。论文集有时选取小型研讨会、学术会议或专题研讨会上提交的论文。例如,《语言学习中的语言迁移》(Gass and Selinker 1983)便是基于同一专题研讨会而编撰的;《乔治城大学语言和语言学圆桌会议》每期刊物都收录他们的年会论文,每年的专题各不相同。期刊有时也会按专题刊载文章。例如,《应用语言学》有几期就是以词典学、语言理解和语篇分析为专题的特辑。

还有专门调查并回顾某些领域研究趋势的研究综述,以年卷的形式出版,如《应用语言学年评》,每一期都是一辑关于某个专题的论文集,每年的专题各不相同,通常以评论性期刊的形式出版,如《教育研究评论》或《教育评论》。

另一种专题类参考资料,便是元分析研究。元分析研究将有关同一研究问题的多种研究结果进行整合归纳,从而得出更加确凿的研究结论(Hedges and Olkins 1985)。例如,二语习得领域便有关于双语教育有效性的元分析研究(Willig 1985,Baker 1987,Willig 1987,Secada 1987)。元分析研究有助于研究者获取关于某个选题的全面信息。

值得注意的是,论文集、研究综述和元分析研究的编撰往往基于已在期刊上发表的文章,因此并不总能代表最新的研究。不过,这些资料有助于研究者构建研究课题的理论框架,全面了解研究课题,并完成"文献综述"部分。

综上所述,我们在本节讨论了查找参考文献并获取文献资料的各种渠道(如表 4.1 所示)。一旦获得了文献资料,研究者就需要对其进行回顾和整理。我们将在下节探讨回顾和整理文献的方法。

表 4.1 查找文献资料的来源

参考资料来源
(1) 索引
(2) 计算机检索
(3) 参考书目
(4) 学术会议
(5) "地下"文献
(6) 期刊文章
(7) 论文集、研究综述、著作

3 阅读文献

一旦找好了文献资料,研究者便需要对其进行筛选,确定这些资料与既定研究课题的关联程度。此时,研究者的重要任务是要确定:需要回顾多少资料?哪些参考资料更为重要?文献的哪些方面更有助于研究现状分析?研究者阅读了文献资料之后,就必须确定如何在文献综述部分组织、介绍并汇报这些文献资料。

确定参考资料的关联程度

很多文献是研究者在查阅资料的过程中发现的,因此,很难在阅读之前界定文献综述的范围。一种常见情形是：文献综述是一项无止境的工作，研究者很难确定是否已经了解和综述了足够的文献。一方面，如果文献阅读的范围过于宽泛，研究者会感到气馁，并可能会错失一个有效的研究视角；另一方面，如果文献阅读的范围过于狭窄，研究者可能又会漏掉一些含有重要相关信息的文献。不过，尽管文献综述确实没有止境——因为研究者在研究前、研究过程中、甚至研究完成后都会不断地阅读文献——设定一些界限还是很重要的。这些界限取决于参考资料与研究的关联程度。

首先，研究者需要确定所阅读的研究报告的内容是否与有待研究的问题相关。如果不相关，就可以剔除该文献；如果相关，就需要对其所含信息进行概述，或以某种形式保存，以供需要时使用。

研究者要确定某一资料是否与研究相关，最有效的方式是阅读文献资料的摘要部分。大多数索引和期刊文章都附有摘要。摘要的内容提供了该资料各方面的重要信息。

确定文献关联程度的一个标准，是该文献的内容与研究课题直接相关的程度；另一个标准，则是文献的来源。以研究人员为目标读者的期刊资料可能比以教学实践人员为目标读者的资料更为相关；就大多数资料来说，广为人知、评价较高的文献来源更胜一筹；原始资料——如研究人员直接根据研究撰写的文章，往往比二手资料——如另一位作者对该研究的报告，更具相关性。二手资料往往不太可靠，应该仅用于获取原始资料。确定文献关联程度还有一个标准：文献发表的时间——越是近期的研究文献，关联程度越高。

汇编并归纳信息

研究者一旦选定了相关资料并剔除了关联性不强的文献，便需要对每一份文献进行汇编整理。该阶段包括：a）汇编书目清单，b）

撰写文献摘要，记录文献中最重要的信息。

参考文献清单以字母顺序排列，每一条都应包括作者姓名、文献标题、出版信息、页码等。如果是期刊文章，应该包括期刊名称、卷号以及文章所在页码；如果是书籍，则应包括出版社信息以及出版地点和时间。

研究者在撰写每一份文献摘要时，都应该囊括关键信息以及自己的评论。撰写方式应该便于研究者在写作文献综述时检索，通常按字母顺序排列，或按与课题相关的小标题排列。我们建议将每一条摘要记录在一张 3×5 的卡片上，或者最好输入到计算机数据库中。如今，大多数文字处理程序都具备根据不同类别在数据库中汇编书目清单的功能。

摘要应该包括对研究要点的描述。研究者应当侧重以下几点：实施研究的原因，研究的基本假设，收集数据的过程和方法，研究的主要发现，研究对该领域的贡献以及作者对该研究的批判性观点。

表4.2提供了一份问题清单，可帮助研究者阅读、归纳和评论研究文献。文献摘要应该简洁，同时又要尽可能为文献综述的撰写提供便利。

表4.2 阅读、归纳和评论文献的问题

A 关于研究课题

（1）主要研究领域？
（2）研究论题？
（3）主要研究问题或研究假设？

B 关于研究背景

续表:

(1) 同一研究领域内已有哪些研究?
(2) 这些研究的主要结论?
(3) 该研究的理论依据?
(4) 为何有必要进行这样的研究?

C 关于研究方法

(1) 该研究的主要变量?
(2) 该研究运用了哪种研究设计?(例如:实验性研究、相关性研究、描述性研究、多变量研究、民族志研究等)
(3) 受试者总体、样本及其选取方法
(4) 数据收集方法——研究工具的开发、信度、效度、预测等信息
(5) 所收集数据的情况

D 关于数据分析

(1) 具体数据分析方法?
(2) 数据分析方法是定量研究、质性研究还是两者兼备?

E 关于研究结果

(1) 主要研究结果有哪些?
(2) 研究者从研究结果中得出了什么结论?
(3) 研究结果与研究背景和理论基础有何联系?
(4) 研究结果的意义?
(5) 根据研究结果,研究者提出了哪些建议?
(6) 根据研究结果,我们可以汲取哪些建议?

F 针对研究的评论

续表:

思考上述问题 A-E,特别是:
(1) 研究问题的陈述
(2) 研究假设的界定
(3) 研究变量的阐释和定义
(4) 研究设计的恰当性
(5) 研究工具的恰当性
(6) 数据分析方法的恰当性
(7) 研究结果与结果分析的一致性
(8) 研究结果是否支持研究结论、研究意义和作者建议。

注:并非所有问题都适用于各种研究文献的综述

4 整理并撰写文献综述

一旦完成文献综述所需资料的收集、审阅和归纳,研究者就需要对其进行整合,并撰写文献综述,决定如何组织文献信息以及如何编写相关文献的摘要。

研究问题的性质通常决定文献综述的结构。我们可以根据与研究问题直接相关的信息来组织文献综述,即确保每一个研究问题或研究假设都有相关文献的支持。例如,关于年龄和二语学习之间关系的研究,包含"年龄和学习者的性别""年龄和语言学习环境"以及"年龄和学习风格"等方面的研究假设。我们在提出每一条研究假设之前,都可以先对相关文献进行综述。

或者,我们也可以根据研究中的具体变量来安排文献综述的内容。上例中,我们对不同变量——如(儿童和成人)年龄或(课堂和自然)学习环境——都可以进行单独探讨;融合所有变量,最后得出有关课堂环境中年龄和二语学习关系的一组研究变量。

还有一种方法则是按时间顺序或历时的角度来介绍文献。研究者可以先介绍最早的相关文献，再介绍该领域内较为近期的文献；也可先介绍最新的文献，再追溯以前的文献。对于有争议的研究论题，我们可以在文献综述部分描述不同观点或不同思想流派，重点讨论其代表性研究。

报告文献综述

无论研究者如何组织文献资料，通常都在科研文章或学位论文中以"文献综述"为标题的部分对相关文献资料进行整合（参见第10章中关于报告研究的讨论）。

文献综述之前一般都有一节内容描述研究问题的背景。该节中，研究者需要介绍研究课题的大致现状、主要理论以及相关的学界争议，以便读者了解该研究领域的主要论题。在文献综述部分，研究者需要按照摘要记录和整理顺序，来描述并整合与研究课题相关的主要研究文献，简明扼要地介绍这些研究的主要结论、时间和作者。直接相关的研究则需要更加详细的介绍，包括其研究方法、数据收集方法和数据分析等信息。

通过对若干研究的描述和整合，我们最终可以得出研究的理论依据。具体而言，研究的理论依据就是研究的理由，用来解释实施该项研究的原因和方法，以及该研究和其他研究之间的差异。研究者会着重强调进行该项研究的必要性及其研究意义和价值。文献综述的最后，研究者往往会介绍该项研究的目的和总体研究思路。

我们建议研究者在进行文献综述时，重点关注以下几点：

——与研究问题相关的具有主导性和前沿性的理论

——与研究课题及研究问题相关的主要争议
——该领域的主要研究结论、研究者和研究成果发表的时间
——该领域的重大研究及其意义
——可为当前理论和争议提供依据的各类研究情况
——针对该领域研究的评论
——该项研究的理论依据和目标。

  研究报告的类型不同,其文献综述的长度也不同(参见第 10 章的相关讨论)。在学术期刊文章中,文献综述部分通常限于两到三页,大致介绍研究问题的背景,可能只包括五到十条文献;而在学位论文中,作者就需要做全面的综述,参考引用更多的文献资料。事实上,文献综述是学位论文的主要组成部分,其中涉及较多的标题和副标题,每条文献都有较为详细的论述。
  无论文献综述部分列出多少参考文献,重要的是,这些都应是最新的文献。
  我们以两篇期刊文章的"文献综述"为例,结束本章内容:

研究示例 1

  在一项关于运用"回忆任务"的研究中(Lee 1986),研究者首先通过描述"回忆任务"在二语习得研究中的广泛运用以及任务的类型,介绍了该课题的研究背景;接着,研究者进行文献综述,主要概述了结论不尽相同的若干研究。通过介绍"回忆任务"在二语研究中的广泛运用及其在运用中存在的差异,作者阐述了自己的研究依据和研究目标:"考虑到不同研究设计的差异,本研究的目的是调查研究设计差异的影响。本研究探究了以下几个方面的问题:(1)有计划的回忆和无计划的回忆的对比;(2)用母语回忆和用二语回忆的对比。到目前为止,学术界尚且没有将母语回忆和二语回忆进行直接比较的研究,而且,

二语阅读领域也缺乏此类研究。"（204 页）

研究示例 2

研究者丹凯尔（Dunkel 1988）针对母语学习者和二语学习者的课堂笔记内容和考试成绩之间的关系进行了研究。她的研究现状分析包括：学习过程中记笔记的促进作用，传授这类技巧的各种课程，有关笔记内容和考试成绩之间关系的实证研究的匮乏，以及"有效笔记"构成因素研究的匮乏。

接着，她在文献综述部分汇报了涉及上述部分问题的若干研究。

作者按照不同主题来组织文献综述：调查笔记内容和考试成绩之间关系的研究；试图确定"笔记质量"和课后回忆关联性的研究；调查大学生在某些课程中的笔记和考试分数的研究；调查与课堂笔记相关的学习者变量的研究。

根据文献综述，特别是根据有关笔记记录者性别差异的研究结论，该研究者拟定了自己的研究范围："假如记录者的性别差异对记录内容有影响，那么，来自不同地区的笔记记录者的民族文化背景或语言水平可能也会导致其他差异。""这样的差异有助于我们了解学习者记笔记的策略，母语和二语学习者笔记内容的关系，以及他们对英语课程材料的理解与记忆程度等。由于目前缺乏有关学生笔记的跨文化差异研究，二语学习者笔记内容方面的研究仍属空白，而教学实践中，学生英语听力和笔记能力的训练越来越受到重视，因此，该研究旨在……"（263 页）。接着，作者继续介绍自己的研究目的和研究计划。

可见，该研究者从介绍研究问题的背景入手，接着按主题顺序综述了相关的文献，并明确了自己的研究范围和研究目的。之后，研究者提出更为具体的研究问题，并介绍了研究设计和研究方法。

关于研究设计和研究方法，我们将在本书的后面章节进行探讨。

5 本章小结

本章中，我们首先讨论了研究现状分析的作用：有助于研究者选题，拓展研究视野，了解现有的相关文献，形成研究的理论依据以及聚焦研究问题的范围，从而为研究的实施做准备。

此外，我们还介绍了查阅文献的不同渠道，包括索引、计算机检索和参考书目等介绍现有文献的参考资料，以及期刊文章和研究综述等实体资料。在本章结尾，我们阐述了文献和研究课题关联程度的确定标准，介绍了文献阅读方法，并针对整理和报告文献综述的方法提出了建议。

本章练习

1. 就"阅读理解策略的作用和运用"这一选题，从索引中找出六条参考文献：两条来自语言类索引，两条来自教育学索引，另外两条来自心理学和（或）社会学索引。在查询这些文献时，你认为哪些叙词最为有用？

2. 从你感兴趣的领域选择一个研究课题，从索引、带注解的书目等不同类型的参考资料中，找出与该课题相关的十篇文章。试从各种不同渠道获取文章（如期刊、著作、论文集、研究综述、学术会议论文等）。

3. 判断哪些文章与研究课题最为相关，你的判断标准是什么？

4. 概述与研究课题相关的文献，并形成研究问题或研究假设。

参考文献

Aiken, E. G., Thomas, G. S., and Shennum, W. A. 1975. 'Memory for a lecture: Effects of notes, lecture rate, and information density.' *Journal of Educational Psychology* 67: 439–444.

Baker, K. 1987. 'Comments on Willig's "A meta-analysis of selected studies on the effectiveness of bilingual education."' *Review of Educational Research* 57/3: 351-362.

Baker, L. and **Lombardi, B. R.** 1985. 'Students' lecture notes and their relation to test performance.' *Teaching of Psychology* 12: 28-32.

Gass, S. and **Selinker, L.** 1983. *Language Transfer in Language Learning.* Rowley, Mass.: Newbury House.

Dunkel, P. 1988. 'The content of L1 and L2 students' lecture notes and its relation to test performance.' *TESOL Quarterly* 22/2: 259-281.

Hedges, L. V. and **Olkin, I.** 1985. *Statistical Methods for Meta-analysis.* Orlando, FA.: Academic Press.

Lee, J. 1986. 'On the use of recall task to measure L2 reading comprehension.' *Studies in Second Language Acquisition* 8/2: 201-212.

Secada, W. G. 'This is 1987, not 1980: A comment on a comment.' *Review of Educational Research* 57/3: 377-384.

Willig, A. C. 1985. 'A meta-analysis of selected studies on the effectiveness of bilingual education.' *Review of Educational Research* 55/3: 269-317.

Willig, A. C. 1987. 'Examining bilingual education research through meta-analysis and narrative review: A response to Baker.' *Review of Educational Research* 57/3: 363-376.

第 5 章

研究要素

> 如果一种现象发生某种变化，另一种现象也随之发生某种特定的变化，那么，这两种现象之间要么存在因果关系，要么通过某种因果关系而产生关联。
>
> 约翰·斯图尔特·米尔（John Stuart Mill）：
> 《逻辑系统》

1 研究计划的必要性

研究设计可以描述为对研究要素进行计划与组织的过程。从一开始，研究就必须有计划性。如果缺乏严密的研究计划，研究者就不可能清楚地表述由一般性研究问题形成的研究假设，也不可能给出一般性研究问题的答案。

在第 1 章，我们提到，"科研"就是进行严格的调查，其特点可以用"结构化""组织化""方法化""系统化"等术语来概括。缺乏清晰的研究计划，可能是因为研究者关注的重点不明确，也可能是因为对研究目标和研究问题的界定不够清晰（参见第 3 章）。第 5、6、7 章的编写目的是在确定研究问题后，帮助研究者形成清晰的研究计划。

对任何一项研究来说，研究方案都不是唯一的。研究计划可以有许多种，研究模式也各有不同。研究方法和研究目标的合理性取决于研究问题或研究假设的性质。有时，研究者似乎更倾向于某一特定的研究模式。例如，民族志研究者相信，研究语言问题唯一有效的方法就是在自然环境下研究语言现象。而实验主义者可能更相信，只有在某一现象被完全隔离而不受任何因素干扰的情况下，研究者才能对该现象进行充分的研究。这两种方法可以互为补充。根据第2章对二语研究四项参数的讨论，我们认为，不同的研究方法都是有效的，但是，不同的研究方法关注的是二语习得过程的不同层面。

2 研究计划和研究类型

在前面几章，我们介绍了二语研究中使用的几种不同的研究模式或范式。正如本章开篇的引言所示，一种观点认为，研究就是探究和解释现象之间的因果关系。如米尔（Mill）所言，如果某一因素与另一因素共存时发生有规律的变化，那么，这两种因素之间可能存在非因即果的关系。值得注意的是，我们并不知道孰因孰果；我们看到的只是两种现象的"共现"。当然，另一种可能的情况是，这些"共现"因素之间也许没有任何联系，"共现"纯属巧合。正如第9章将要讨论的，研究中统计检验的功能之一就是确定研究中不同因素之间的关系是非常显著还是纯属巧合。

除了关注不同现象的"共现性"以外，我们需要重点描述这些现象，而非纠结于究竟是A现象导致B现象还是B现象导致A现象。换言之，我们不应该试图预测A与B之间的因果关系，而应该注重描述这些现象及其共现模式。

我们在第2章和第3章提到，研究目标可以是启发性或演绎性的。在启发性研究中，我们对研究现象还不够了解；或者由于研究现象的性质，演绎法并不适合该类研究（关于研究类型和研究现象特点的匹配性问题，参见 Smith and Heshusius 1986）。因此，我们试图通过描述研究现象来探寻不同现象之间潜在的模式或关系。

在启发性研究中（我们将在第 6 章进行详细讨论），研究者按一定步骤来收集数据，再根据研究中出现的某种模型或结构来组织数据。因此，启发性研究更具有归纳性，而且，针对所研究的现象，启发性研究也更容易获得新的发现。制定启发性研究方案，研究者需确定收集数据或获取数据的方法。在描述二语学习者中介语语法中某一句型的形成过程时，研究人员通常不会对数据情况进行预测。相反，研究人员应该首先确定数据的最佳收集方法和条件，并检测研究数据是否包含目标句型。

与启发性研究不同，在演绎性研究中，我们建立研究假设，并试图预测不同现象之间的因果关系或"共现"情况。此外，我们还试图通过研究设计、数据收集、统计分析来检验研究假设。但是，由于此类研究的目的是证明不同现象之间存在清晰的因果关系或共现关系，这就要求我们在做研究设计时必须非常严谨，避免研究场景中的其他因素对研究现象之间的因果关系产生影响。为了准确无误地证明不同研究现象之间的因果关系，演绎性研究关注的是对这些因素和变量的有效控制及其内部效度和外部效度问题。

3 预测及变量控制

自变量和因变量

在最简单直接的案例中，某独立变量（或米尔所称的"现象"）

可以被称作"预测变量"。该变量将预测出相关的另一独立变量将要发生的变化。预测变量称为自变量,而被预测的变量称为因变量。换言之,自变量的变化能预测出因变量(被预测变量)的相应变化。另一种描述自变量和因变量之间关系的方法是:规定自变量为研究人员操控或控制的因素或现象,目的是观察自变量的变化所产生的影响;而因变量是用于衡量所有变化的手段。

以下内容选自一篇公开发表的研究论文摘要。方括号中的是自变量,粗体字部分是因变量:

> 本研究验证了以下研究假设:重视[习得者希望从目标语群体中获得的动机支持]有助于提高对二语学习者的成绩和语言运用能力的预测水平。检验假设的方法如下:以母语为英语的加拿大青少年学生为受试者,询问他们学习法语作为二语的原因以及以法语为母语的加拿大人想让他们学习法语的原因,并使用回归分析统计方法来探究动机预测因素与**受试者二语水平和二语的使用情况**之间的关系。
>
> 杰纳西等(Genesee *et al.*)1983

在下面的例子中,如果我们猜测,智力水平与在学校环境中的语言学习成绩相关。换言之,该项研究的假设是:智力水平(自变量)将预测二语学习成绩,学习成绩的衡量标准包括语言测试(因变量)等。必须记住的是,某一现象究竟属于自变量还是因变量,取决于该现象在研究中扮演的角色。如果研究关注的是双语水平对孩子智力测试成绩的预测作用,智力水平就成为因变量。

其他变量

某些类型的研究允许研究者同时考察多个变量，并有可能对研究中变量之间的关系进行多种预测（参见第 6 章中多变量研究以及第 7 章中因子设计方面的讨论）。但是，研究者面对的主要问题之一，就是要对可能影响研究的所有现象或变量进行解释。尽管研究者可能认为，研究涉及的自变量只有一个，但是事实上，可能还有其他未识别的变量也能解释研究结果。因此，许多研究设计和研究方法都注重控制并解释一些对研究可能产生影响的变量，尽管这些变量也许不是研究的重点，但仍可能干扰或影响研究结果。

研究假设：智力水平和语言测试成绩相关。

假定我们要验证的研究假设涉及儿童在学校环境中的二语学习情况。哪些因素（变量）会影响研究结果呢？我们假设，受试儿童的母语和文化背景都相同。在这种文化背景下，由于性别不同，女性和男性在教育情景中应该扮演不同的角色。例如，通常认为，男性应该更加大胆、开朗或外向，而女性应该更内向和顺从。

语言能力可以通过语言测试来衡量。该测试内容全面，但需要两小时完成。研究持续时间约一学年。而且，参加研究的孩子们需要从三位不同任课教师的三个班级中挑选。

还需要明确一点：此类研究绝非是简单地将智商得分与期末语言测试成绩进行比较。即便研究结果表明智商得分与测试成绩之间存在某种联系，研究者仍需要考虑可能会影响研究结果的其他因素。影响研究结果的因素或变量可能包括：

表 5.1　可能影响"智商预测二语学习成绩假设"的其他变量

(1) 受试者的母语
(2) 母语文化中的性别角色及受试班级中男女学生的比例
(3) 受试儿童的年龄
(4) 教师的个性、教学风格等
(5) 不同班级使用的教学方法
(6) 测试实施环境
(7) 测试实施方法
(8) 测试实施者
(9) 测试时长
(10) 时间因素对受试者的影响
(11) 研究完成前学生转班或离校的问题

表 5.1 中所列变量可分为下面四种基本类型（如表 5.2 所示）。

表 5.2　四种变量类型

(1) 自变量：IQ 得分
(2) 因变量：语言测试得分
(3) 受试者变量：性别角色、年龄、对测试的反应、男女生比例
(4) 无关变量：教师、语言教学法、时间因素对受试者的影响、受试者的流失等等

对研究者而言，前两种变量（即自变量和因变量）是研究的重点。研究者必须控制受试者变量和无关变量，以使这两种变量不能用

来解释自变量和因变量之间的关系。

在一些对研究变量的描述中，第三类和第四类变量被统称为无关变量。但在语言研究中，由于以人作为受试者的特殊性和重要性以及受试者个体特点的影响，受试者变量应该单独归类。

某一变量应归为上述四大类别中的哪一个，取决于研究的侧重点。例如，性别角色特点可能成为另一项研究中的自变量，而智商可能成为受试者变量。下一节中，我们将讨论如何将第三类和第四类变量的负面影响控制在可接受的范围内。

4 使研究更有效

研究正式开始之前，研究者要做许多准备工作，以确保相关的研究假设得到有效的检验，或确保启发性研究中数据的真实性以及数据收集方法的可靠性。研究者必须在研究之前和数据收集之前采取这些措施。

在非实验性研究、案例研究和质性研究中，研究者只有在数据收集之后才能了解数据的性质。例如，在儿童二语习得的研究案例中，研究者就无法预测儿童说出哪些类别的语言。但在其他类型的研究中，研究者可能会通过前人的研究来了解所要收集的数据特点及问题类型。在后面这类研究中，研究者必须考虑增强数据可靠性的办法。我们将在下面几节中继续讨论这个问题。

5 数据和变量的类型

不同类型的变量通常提供不同类型的研究数据。在第 2 章，我们从如何定义二语习得"数据"这一概念的视角，讨论了数据的性质。本章，我们将关注数据的操作性定义，因为数据的分类方法将决定数据的分析方法。例如，一些数据（如测试成绩）能够进行数学运算，而其他数据（如学习者输出的句子或受试者的国籍）则不能进行数学运算。

从定性的角度考虑，数据可分为三种类型——称名型、定序型和数值型（或等距型）。我们必须考虑数据类型问题，因为所有的研究过程（包括数据收集、数据分析和研究结论等）都与不同数据类型的作用息息相关。

称名数据指名称或现象类型，它们无法进行均值计算等方面的数值处理。称名数据分类的目的，是根据受试者或数据的某一属性对它们进行归类。不同类别本身并无特定的关系，也不能合并成一组新的数据。例如，假如一个语言课堂包括男女学生，或包括来自日本、韩国、法国和瑞士的学生，我们无法得出班级学生性别的平均值或国籍的平均值。如果受试群组偏向某一种语言或某一国籍，这些称名数据就会产生显著影响。在二语研究中，典型的称名数据还包括过去时、进行时、冠词等语法范畴以及受试者的学习态度类型（如工具型或综合型动机）等特征。

事实上，称名型数据并不适合数学运算，这对采用何种研究方法（综合性/整体性或分析性）、拟定什么研究目标（启发性或演绎性）等方面的决定十分重要。下一章将继续讨论这个论题。

定序数据是指根据某一等级系统进行排序或分级的数据。常见的等级系统包括测试成绩，某一特性出现的频率，一组受试者所使用的某些句型出现的相对频率等。另外，尽管不同等级可通过多种不同的统计方法进行比较，等级本身并没有任何数值意义。只有相对于其他等级，某种等级才有定序数值意义。但是，二分的称名数据（如态度类型），则不能作为定序数据，因为这两类数据不能进行有效排序。在定序数据中，不论分值高低，最高等级的数据总是"1"。不论分值差别多大，第一等级和第二等级之间的差别总是恰好一个等级。

如果我们将过去时、进行时、冠词和所有格等不同的称名范畴归为相同类型，并创建"语法词素"的单独类别，那么，称名数据可以作为定序数据进行处理。具体做法是：根据不同的词素在学习者语言输出中出现的频率，对词素依次进行排序处理。这样的处理方法是可行的，因为当不同的语法词素达到一定数量时，研究者就可以对它们进行排序。

在创建一类定序数据时，我们必须假定这些数据都可以归属于同一种有效的范畴类别。母语和二语习得中的某些研究（Brown 1973，Dulay and Burt 1974，Bailey, Madden and Krashen 1974）一直试图阐明"语法词素"的出现顺序是语言习得"自然顺序"的一种反映。但是，值得注意的是，"语法词素"这一类别本身就是研究中的一个"假设概念"，它是通过重组称名型数据而创建的一个新的类别。

数值或区间数据是指具有数字值、可以进行数学运算的数据。如果要考察受试者的实际测试成绩或完成某项学习任务的次数，此类数据可以求得平均值，并进行数学运算，以便回答"与平均值的差距有多大？"和"分值的中位数是多少？"等问题。尽管我们无法计算出一个语言班级的平均学习态度，但研究者可以把所有语言测试的得分相加，再将总数除以测试人数，从而得到一个平均分。

如果数据可以作为数值来进行处理，那么，实际数值无疑是很重要的。例如，如果在某项实验中，受试者的成绩作为定序数据进行处理，由高到低进行排列，那么，相邻等级之间的分数差异将不会成为重要的考虑因素。但是，如果分数被视作数值，并进行数值化处理，那么，分数之间的差异则需重点考虑。

6 内部和外部效度

任何研究均可能受到各种因素的影响，尽管这些因素与研究目的无关,但会使研究结果无效。例如,在第3章,我们讨论了将研究问题转换为概念上一致的定义、并使概念具有可操作性以实现研究目的的重要性。如果相关术语的定义在使用过程中不一致,研究结果的效度和信度就会受到质疑。

有时,研究结果缺乏内部效度,原因可能是研究结果受到一些意外因素的影响,或者是因为研究者对数据的解释并没有得到明确的数据支持。有时,研究结果缺乏外部效度,原因是研究结果无法解释研究场景之外的现象。

影响内部效度的因素

有时,研究计划或实验设计可能会影响研究结果的效度。当某些内部要素的设计和操作出现误差,出现研究结果缺乏效度的情况时,那么,研究就出现了内部效度问题。下面,我们继续讨论影响研究内部效度的一些主要因素(见表5.3)。

表5.3 影响内部效度的因素

(1) 受试者差异
(2) 研究样本大小
(3) 数据收集或实验处理的时间分配
(4) 受试者的可比性①
(5) 历史、中途减员、成熟
(6) 研究工具/任务敏感度

---

① 原书作者在下文中并未对该因素展开讨论。——译者注

受试者差异

为了使研究具有代表性（即研究结果适用于研究场景之外的环境），研究者就必须假定，受试者能够代表该研究可能适用的总体人群。确保研究代表性的方法包括随机抽样：研究者需要从一个更大的潜在受试群中对受试者进行随机抽取，并将受试者进行随机分布（即将受试者随机分配到不同的研究组）。通过上述方法，我们可以说，任何无关受试变量均被随机分配，或者说，研究选用的受试者在受变量的影响方面具有随机性。

但是，也可能出现这样的情况：即使研究者采用了随机抽样，研究结果仍然不具有代表性。受试者数量很少时尤其如此。虽然对受试者的数量并没有硬性规定，但是，研究样本越小，研究就越容易出现偏差，这些偏差的主要原因是过分夸大了部分受试者的代表性。当受试者数量较小时，每位受试者给整个受试群组产生的影响就会更大。

研究示例

在二语教学实验中，两组学生被随机分配，每组包含十名受试者。在使用两种不同的语言教学法进行实验处理后，对两组学生进行语言测试。A组的平均分是9.3，B组的平均分为11.3。

每组学生的个人得分如表5.4所示。

原始分数表明，A组中某些受试者得分远低于该组平均分。衡量一个组的同质性或差异性的标准是标准差（详见第9章）。标准差能告诉我们小组成员得分和平均分之间的差异大小。标准差或平均差越大，小组成员之间的差异就越大。在上述例子中，从两个小组的标准差中，我们看到，尽管A、B两组的平均值似乎相当接近，但是，两组的标准差分别为4.15和1.56。A组的标准差超过B组的两倍半。

鉴于两组标准差的不同，我们不得不考虑，测试分值的差异可能是由于分组造成的，而不是由于其他不确定因素造成的。

表 5.4　A 组和 B 组的语言测试得分

	A 组	B 组
	3	10
	10	12
	12	12
	2	9
	10	10
	6	11
	13	10
	14	13
	12	12
	11	14
合　计：	93	113
平均值：	9.3	11.3
标准差：	4.15	1.56

在上述例子中，测试分值似乎表明两组受试者选自不同的群体。此类研究的一个基本假设（即两组受试者样本代表同一群体）无法得到支持。两组测试成绩的标准差的巨大差异表明，几位受试者的极低测试成绩可以推翻上述假设。

对研究者而言，有两个方案可以解决这类问题。一是在研究的初始阶段，对受试者重新分组，而且尽量使那些低分受试者平均分布在两个组里。这种解决方案并非最佳选择，原因有很多。比如，一旦受试者参与研究，受到了实验处理，这些受试者将不能再次使用。另外，如果在研究实施前就采取措施，按照预设标准（如前测表现或平均分数）来选择受试者，那么，各组间的同质性可能会提高。

如何提高组间的可比性取决于研究的具体细节。但是，值得注意的是，研究者应该避免以错误的原因推翻或验证研究假设。在上述例子里，B组所使用的教学方法似乎更好一些，但标准差分析表明，该结论是没有根据的。A组受试者的差异性表明，A、B两组之间的差异，不仅源于不同的教学方法，可能还存在其他方面的原因。

有时，分析—演绎性研究比较两个不同小组的表现，这两个小组匹配了可识别的无关变量（如语言水平）。在检验结果时，我们能够指出，研究结果不会受到A组中存在而B组中不存在的特点的影响。不同群体的受试者的特征变量应该尽可能一致。

性别和智商是两个经常用于匹配受试者的标准。在第二语言研究中，智商不是一个可靠的标准，因为成人学习者的（智商测试）分数通常不太容易获得；由于文化和语言背景的偏见，儿童智商测试也存在效度问题。其他可用于匹配小组或受试者的标准包括母语、二语接触的年限、正式的二语教学时数以及所有受试者的语言测试分数等。

研究样本大小

从上述例子可以看出，研究样本过小，将放大个体差异，可能致使研究结果失真。在分析—演绎性研究中，对受试者样本的最佳数量并没有严格规则，但是，通过增加研究样本的总量，研究者可以最大限度地控制研究样本的问题，使研究样本更具代表性。研究样本的数量越大，个体差异或其他与样本相关的变量对研究结果的影响就越小。表 5.5 说明了研究样本数量加倍后对 A 组平均值和标准差的影响。

表 5.5 研究样本数量加倍对 A 组平均值和标准差的影响

得分	受试者数量	合计
2	1	2
3	1	3
6	1	6
8	1	8
9	1	9
10	4	40
11	3	33
12	3	36
13	3	39
14	2	28
合 计：	20	204
平均值：	10.2	
标准差：	3.3	

可以看出，通过加倍 A 组的受试者总量，我们缩小了离散趋势的范围。该例说明，研究中样本的数量对于小组统计标准（诸如平均值或标准差）十分重要。A 组中，几项极低分数的影响仍然明显，并可能影响实验结果。通过增加原始样本数量，上述问题可以得到缓解，而且，在选择 A、B 组受试者时采用其他标准，可以更好地保证

原始假设得到合理的验证。

对研究样本数量的关注并不适用于启发性研究，启发性研究的重点在个体差异上（例如，对二语学习者中介语的描述）。在综合—启发性研究中，研究样本可能会少到只有一位受试者，但是，研究者会对这位受试者的中介语语法进行详细的描述。一项分析—启发性研究可能只关注中介语语法形成过程中的某个语言方面，并在一段时间内持续跟踪一位受试者或一个小组的受试者在这方面的发展。在语言习得研究中，研究样本数量并不总是一个相关因素，它取决于研究设计、研究课题，甚至取决于重点关注的研究数据类型。

数据收集或实验处理的时间分配

所有研究都是实时进行的。由于二语习得也是随着时间的推移而产生的，因此语言行为的变化往往很微妙。不论是在课堂上还是实验中对语言习得现象进行非结构化观察，研究者都需要分配时间来收集数据或让受试者接受实验处理。因此，研究者面对的一个问题就是要了解：找到目标数据需要多少时间，或某种实验处理（如某实验教学方法）的效果需要多少时间才能显现。

约翰逊（Johnson 1983）研究了二语学习儿童和母语为英语的儿童在参加日间夏令营活动中的同伴互动效应。五周之后，二语学习者接受了语言水平测试，目的是了解二语学习者测试成绩及其与母语者的互动交流之间的关系，并进一步探究互动交流情况是否影响习得速度及水平。该研究并未发现与母语者的互动对二语习得速度及水平产生显著性影响。为了解释该项研究结果，约翰逊仔细考察了可能存在的多种原因，如研究工具不够灵敏，无法识别学习效果（请参阅下文）。然而，另一个原因可能是，五周的研究时间太短，互动交流对语言水平的影响还没有显现出来。

研究示例

在一项有关听力理解策略培训效果的研究中，研究者对第一组受试者进行有意识的策略培训，训练他们有意识地从磁带或口头讲座中获取信息的听力方法。但是，研究者只安排第二组受试者去听这些讲座。培训两周后，两组受试者均接受有关讲座内容方面的测试。

在这项研究中，研究者须确定需要多少时间才能充分体现培训效果。如果小组测试实施过早，组间差异可能难以显现，或者未受训练小组的后测成绩可能会更好。这样，研究结论可能是：听力理解的策略训练是没有价值的，对学习者进行听力策略培训是无效的。

研究示例

针对课堂语言的使用情况，分析-启发性研究的目的是：收集观察数据，了解教学场景和教师性格方面的差异对不同"请求"类型出现频率的影响。

某一特定的"请求"形式是否出现，可能与适用该形式的社会语言情境有关，也可能与观察时间的长短有关，因为如果观察的时间太短，受试者还没有足够的机会来使用目标形式。

显然，究竟应该花多长时间来收集有效的数据样本，或花多长时间进行实验处理才能产生某种效果，在这些方面并没有严格的规定。此类决定与以下因素相关：数据收集的场景，进行实验处理或数据收集的时长，用于观察或收集数据的仪器灵敏度①，以及判断某种语言形式的运用是否恰当的标准。

---

① "灵敏度"是指研究工具能否识别相应的实验处理效果。——译者注

历史、中途减员、成熟

不论是实验处理产生效果,还是在自然环境下收集语言行为的有效样本,都需要耗费时间,但是,研究者必须了解研究结果可能会受到哪些负面影响;因为随着时间的推移,研究过程通常会出现负面影响。历史是指时间推移对研究可能产生的负面影响。在一项耗时较长的纵向研究中,受试者除了接触那些由因变量测量的输入材料以外,可能还会接触到其他形式的语言输入材料。在二语环境中,学习者可以在课堂外接触语言输入材料,这一点是难以控制的。在外语环境中,课外语言输入量比较有限,研究者更容易解释外部输入材料的影响。

较长研究时间导致的另一问题就是中途减员。中途减员是指研究进行的时间太长,研究样本的构成可能会发生变化。比如,受试者可能会因为对参加研究失去兴趣而退出研究,或是在定期收集数据那些天出现生病的情况。针对上述情况,如果研究持续时间较长,研究者最好在研究初期就选择数量充足有余的受试者。

成熟因素应该是一个重要的控制变量。相对于年龄大的受试群体,成熟因素对年纪小的受试群体的影响更为显著。我们知道,儿童语言习得受认知发展变化的影响。因此,长期跟踪的语言发展研究必然受到许多其他因素的影响,如短期记忆能力的增强等(Berman 1987)。

由于一些非语言因素的影响,儿童在某一实验任务(如句子重复实验)中的两次表现可能会有所不同。而成人受这些因素的影响相对较小,因为成人在认知方面是成熟的。由于成熟因素的影响,比较分析成人和儿童的二语习得的情况是十分困难的。斯诺和赫夫纳格尔-霍勒(Snow and Hoefnagel-Hohle 1978)对四个不同年龄组的受试者进行了关键期影响方面的研究。这四个年龄组分别是:成人组、

12–15岁组、8–10岁组、3–5岁组。每组接受 1.5 小时的测试。鉴于测试时长和正式测试环境本身的特性，各受试组成熟度方面的差异很可能会对测试结果产生影响。这种情况下，年长组也许比低年龄组中的受试者更"善于应对考试"。

研究工具/任务敏感度

上文提到，数据收集的方法可能敏感度不够，无法识别细微的语言习得变化。下面，我们将讨论数据收集方法或测试对受试者的影响。在第 7 章，我们介绍了一种实验设计，即在实验处理或实验实施之前对受试者进行测试。这里，"研究工具"或"任务"两个术语是指在研究开始前，研究者为获得受试者相关信息而使用的任何一种研究工具。这样的前测目的是为了建立信息基准线，以此来与有关因变量的研究结果进行比较；后测通常会使用和前测同一类型的另一次测试，或是同样的研究工具或任务。在非实验性研究中（如案例研究），测试或其他研究工具同样可用于建立基准线或标准。

以下几种情况可能会使前测影响研究的内部效度，并影响最终研究结果的代表性：

——学习者变得"善于应对测试"。"善于应对测试"是由考试经验得来的。因为参与实验，受试者或学习者熟悉了测试模式。"善于应对测试"与熟悉测试内容不同，它并不一定是消极的。事实上，研究者有时希望受试者变得"善于应对测试"，以确保（对测试、研究工具或数据提取方法的）"陌生感"不会成为无关变量，影响最终的研究结果。

——前测可能会产生某种"练习效果"。一些研究者认为，这是在研究中使用前测的最大隐患。"练习效果"是指，参加测试行为本身将给受试者提供一次练习机会，练习内容将成为实验处理因素。因此，通过因变量检测的结果可能会（但也可能不会）归因于实验处理本身。

研究示例

某项研究的主要目的是检测如下假设：在练习前介绍一条语法规则，比练习前不介绍语法规则或练习后才介绍语法规则，更有助于长期记忆。为了确保接受三项实验处理的受试者先前没有接触过该语言材料，研究者对受试者进行了前测，以确定他们的知识水平。

也许有人会说，因为所有受试组均接受相同的前测，他们在参加研究的初期都受到了同一前测的影响。虽然事实确实如此，但真正的问题仍然是，我们并不能确定前测的经历是否会间接地影响最终的研究结果。

——前测这一研究工具可能会影响受试者的态度。二语研究关注的领域之一便是所谓的"情感"因素。情感因素是指可能影响二语习得类型和习得速度的感情和态度，其中包括对二语群体（Genesee et al. 1983）和二语本身的态度、学习者的性格因素和学习风格等。如果作为研究工具，前测的目的是了解学习者在"情感"方面的情况，那么，前测就可能会使受试者对以前从未关注的因素变得敏感起来。如果在研究的后期，研究者要求受试者对这些情感因素做出反应，他们的反应可能就不再属于"自然"反应。这种情况也属于"练习效果"。但是，对研究结果的影响主要是学习者对态度或学习行为的敏感度提高了，而对特定的二语语言形式并没有产生影响。避免前测"练习效果"的一个方法就是间接考察某个目标领域。当然，有一些语言行为不太可能从"练习"中获益。例如，对语法正确性的判断取决于内隐知识，此类知识无法直接教授，只能是语言熟练使用后的间接结果。因此，检测认知能力或元语言能力的研究工具不太可能从"练习"中获益。

启发性研究的内部效度

分析-演绎性研究的效度，就是证明实验处理效果和研究结果之间具有明确的关联性。综合-启发性研究和分析-启发性研究，关注的则是上述讨论中影响内部效度的诸多因素，同时也确凿地证明：研究现象得到了充分的观察，而且，对研究数据的解释并非依赖于研究者个体的主观判断。

在这个意义上，效度涉及三个层面：数据的代表性、数据的可提取性和数据的可验证性。

代表性

观察到的数据在何种程度上代表二语学习者的正常行为，是一个可以影响行为描述效度的因素。由于研究活动和研究者的存在，数据在一定程度上会出现"失真"现象，这一点可视为判定数据无效性的标准。因此，"自然的"或"质性的"研究必须能够表明，研究行为或观察者的在场对所收集的数据真实性没有根本性的影响。

雅各布（Jacob 1987）对不同的质性研究的传统方法写了长篇综述。他强调，不同的启发性研究方法会采取各种措施，以保证所收集的数据能够真正代表受试组的自然行为。例如，观察者可以参与研究活动，或采用不易被受试者察觉、对研究干扰较少的数据收集方法。

可提取性

数据的可提取性，是指研究者可以提取受试者的反应、成绩档案或数据协议,并可以核查受试者相同的反应或行为。这一点非常重要,它使研究者可以对受试者的成绩档案以及数据协议反复进行核查分析。研究者也可以通过视频或音频记录等技术手段增强数据的可提取性。通过这些方式收集的数据,也便于与该项研究无关的其他研究者对原始数据进行核查。但是,研究者为了增强数据的代表性而采取的措施,可能与增强数据可提取性方面的措施发生冲突。例如,在语言课堂里,摄像机的使用可能会对学生、甚至教师的行为产生影响。

可验证性

在启发性研究中,数据的可验证性与其代表性及可提取性有关。如果所收集到的数据能够代表二语行为,而且在后期检查中可以提取这些数据,那么,数据的可验证性指研究者能够对研究结果进行重新核查,或能够通过不同渠道的数据来证实研究发现。

研究的后期过程可以称为"三角验证"(Long 1983)。理论上,三角验证似乎是可行的,但有时,尤其是需要收集学习者自我报告数据以进行学习策略和元认知研究时,研究者无法从不同的渠道收集到相同的二语数据。例如,学习者在发生语言错误行为后,研究者可以立即要求学习者进行自我报告或"回顾",也可以在一段时间后,要求学习者再进行陈述或"回顾",这两次的数据来源并不相同。但是,通过观察或手工转写获取的数据,可以依据观察现场录制的视频或音频数据来验证。

外部效度

内部效度强调自变量和因变量之间的关系是明确的,是无关变量无法解释的。如果研究结果可以适用于研究以外的环境,或对研究以外的环境也具有普遍性,那么,研究就具有外部效度。

二语研究的外部效度问题与第 1 章中划分的研究类型有关。这些研究类型包括基础研究、应用研究及实用研究。通常,如果将一种研究类型的研究结果应用到另一种研究类型时,会导致一些问题。但是,当同一类研究的两项研究结果发生冲突时,也同样会出现问题。

1) 从基础研究或应用研究到实用研究

"从基础研究或应用研究到实用研究"泛指研究和语言教学之间的关系。课堂教学人员总是期望语言习得研究对他们的教学有直接的帮助,换言之,语言习得研究被看成应用科学而非基础科学。

2) 从基础研究到应用研究

"从基础研究到应用研究"涉及某一具体理论的发展与某一特定的语言学习方面的相关性。例如,理论语言学的最新发展表明,普遍语法的诸多方面可能决定母语习得的顺序。近年来,二语研究试图运用这些理论成果来理解二语习得过程。在某种意义上,此类研究的目的是验证相应观点的外部效度。(有关语言学"应用"方面的研究案例,请参见 Flynn 1987。)

3) 从基础研究到基础研究或从应用研究到应用研究

"从基础研究到基础研究或从应用研究到应用研究"的目的,是验证同一假设在不同条件下实施,使用不同的研究设计,得出的研究结果是否具有可比性的问题。例如,根据二语习得关键期的假设,在二语语音习得方面,青春期后的成年人将无法获得与母语使用者相当的习得水平。在一项研究中,研究者通过让母语使用者对非母语者的访谈对话录音进行判断,来验证这一假说(Oyama 1976)。而在另一项研究中，研究者通过让非母语使用者在严格控制的实验室条件下产出语音段来对这一假说进行验证（Olson and Samuels 1973）。

上述两项研究对同一假说的验证程度以及研究结论的可比性和普遍性，都涉及研究的外部效度问题。如果一项研究使用了自由谈话形式的访谈法，另一项研究在实验室里录制了"受到限制的"语音反应，那么，这两项研究验证的是同一个研究假设吗？一项研究的结果可以用于推翻或支持另一项研究的结果吗？表5.6总结了影响外部效度的因素。

表5.6　影响外部效度的因素

(1) 样本总体特征
(2) 受试者选取和研究之间的相互作用
(3) 自变量的描述明晰度
(4) 研究环境的影响
(5) 研究者或实验者的影响
(6) 数据收集方法
(7) 时间影响

1) 样本总体特征

在有关内部效度的讨论里，我们提到，研究样本应该能够代表具有相同特征的更大的群体。在阐述外部效度时，我们强调的是研究样本与研究结论适用的样本总体在特征方面的相似度。研究样本是否是样本总体中的一个子集？

如果研究的受试者是成年人，那么，研究发现能否同样适用于儿童？在实验性研究中，完成"实验任务"的能力可能依赖于受试者的成熟程度或教育水平。如果研究设计要求成年学习者凭借他们的认知能力作出某种回应，那么，这样的研究就不适用于儿童语言学习者的研究样本。如果研究的受试者是大学生，那么，当该项研究应用于外籍劳工时，尽管两种研究样本均为成年人，这样的研究应用也是无效的。

2）受试者选取和研究之间的相互作用

所有研究人员都需面对的一个问题就是，要找到足够数量的受试者。当受试者需要接受不同的实验处理或需要参与一项历时较长的纵向研究时，这一问题尤为突出。大多数情况下，实验要求受试者从正常日程安排中抽空参与研究。因此，研究者可能给受试者支付酬金，或者请受试者志愿参与研究。就外部效度而言，有偿参与研究或志愿参加研究的受试者，在多大程度上能够代表或适用于一般的样本总体？

可以说，研究者对研究样本的选择是随机的。如果受试者为志愿者，就会出现自我挑选的问题。或许，志愿受试者是出于某种原因而参加实验，而其他受试者并非如此。在进行有关学习者情感变量（例如：学习风格、态度、动机和元认知等）方面的二语研究中，研究者尤其需要注意受试者的选取问题。

3）自变量的描述明晰度

我们在本章和第 3 章中指出，对术语进行清晰的界定并使之具有可操作性，对于内、外部效度都很重要。为了使研究结果具有可复制性或适用于更广泛的群体，对自变量的描述必须尽可能清晰。例如，如果自变量是某种语言教学方法，研究者不仅要描述教学方法的构成，还要描述教学方法的使用条件、采用该教学方法的教师特点、班级的规模和性质等。

如果自变量是一个语言变量，情况也是如此。如果研究关系从句的习得情况，那么，研究者应该考虑采用什么标准来判定学习者输出的是关系从句、近似关系从句还是类似关系从句的句子结构（实则要表达的是其他内容）。遗憾的是，如果研究者无法获取这些细节信息，研究成果的复制和应用将变得十分困难。

4）研究环境的影响

事实上，如果学习者知道自己正在参与某项研究，他们的行为可能会不同于未参与该项研究的人的行为。研究结果可能会受到所谓的"霍桑效应"的影响。该效应以一家制造厂的厂名来命名。在对该厂进行的一项研究中发现，不论工作条件改善或恶化，工人的产量都会增加。于是，研究者对工人进行了访谈。工人报告说，他们增加产量是为了能留下来想继续参与研究，因为参与研究能增加他们在同事中的威望。

二语学习者的学习动机有所提高，可能仅仅是因为他们得知自己正在参与一项研究，而且，他们的参与有助于研究者了解语言学习过程。

研究示例

在一项关于语言课堂参与模式的研究中，观察者坐在教室后面，使用编码系统来记录学生使用话轮转换的不同类型。研究者并没有告知学生课堂观察的目的。一位机警的学生注意到，每当有人开口说话，观察者便会在纸上作记录。在不知道记录内容的情况下，这位学生开始增加他的话轮转换次数。当他发现观察者记录他的话轮转换之后，他又进一步增加了自己的话轮转换次数。

上例中，学习者一旦知道研究者在观察自己的行为，就可能对这一事实做出反应。如果观察者在较长一段时期内在教室进行观察，观察者的存在和记录行为可能会变得不那么引人注意，对学习者的干扰也就较小；即便有干扰，干扰也会随着时间的推移而被忽略。如果研究环境可能导致数据在某种程度上失真，那么，历时较长的纵向研究要优于横向研究，因为在横向研究中，研究者一次性完成数据收集工作，而这些数据却被视为代表了一定时间跨度的数据。

5) 研究者或实验者的影响

外部效度的潜在风险通常来自研究的实施过程，或者来自研究者在收集和评估数据时对受试者行为的解释过程。

例如，研究者会无意间向受试者暗示自己预期的反应。在研究环境影响的研究示例中，我们提到，当受试者意识到自己正在参与研究时，他们可能会改变行为方式。研究者的声调变化、扬眉或其他体态语，也会不经意地为受试者提供线索。

6) 数据收集方法

在评价研究的外部效度时，我们必须考虑获取研究结果的方式。例如，本节讨论了研究的外部效度问题，我们还介绍了有关关键期假设的研究，该研究通过结构化访谈获取数据，这些数据可能与通过测试获取的数据质量不同。在大山（Oyama 1976）的研究中，数据包括受试者一些趣闻逸事的录音，而在奥尔森和塞缪尔斯（Olson and Samuels 1973）的研究中，数据是通过语音测试获取的。

我们很难对这些研究结果进行比较，因为每一种研究都以不同的方式探讨研究问题。也许，针对同一个研究问题，我们可以比较研究者使用的不同的研究方法和途径对不同的方法论和研究结果的影响。通过此类比较，我们可以了解针对同一个研究问题，不同的研究方法是如何互为补充的。但是，很难说每一种方法都在验证相同的研究假设。

虽然不能直接比较使用不同方法获取的研究结果，但这并不一定意味着一种研究方法要比另一种更好。正如我们在第 2 章所指出的，二语研究问题的多样性是指在探讨某个研究问题时，不同的研究方法可能同样有效。研究者需要注意的是，每一种数据收集方法对数据的性质都会有基本的理论假设。

7）时间影响

在讨论内部效度时，我们讨论了时间对研究的影响。我们强调，实验处理的效果或目标数据可能并不总是在研究计划限定的时间内出现，因此，可能出现研究者由于错误的判断而推翻研究假设的情况。

在将上述概念应用于外部效度时，我们关注的是，研究设定的时间范围在何种程度上可以延伸到现实世界中，从而使研究结果具有普遍性。换言之，当研究结果应用于没有时间条件控制的情形时，或是应用于关注长期变化的研究时（如二语习得研究），研究结果是否还具有效度？

当研究者将后测作为因变量时，上述问题显得尤为重要。后测可能会显示，参加实验的受试小组之间存在显著性差异。事实上，后测可能仅仅显示了实验处理后的短期记忆方面的差异。在现实生活中，从长期来看，这些看似显著性的组间差异可能会消失，并不会保留在长期记忆里。因此，在考虑外部效度时，对由因变量来测量的学习类型进行准确的界定，是十分重要的。

研究的时间分配问题，对于研究的复制（应遵守相同时限）和研究结果在非研究环境下的应用（如语言课堂）具有重要影响。鉴于二语习得是一个长期过程，而且语言教学更关注长期效应，实验处理和测试时间的间隔对外部效度的评估具有重要意义。换言之，能否成功地将研究结果应用到非研究环境，会受到研究时限的影响。

7　本章小结

本章主要涉及研究问题或研究假设形成之后的研究情况（见第3章）。研究人员在确定了研究重点或研究目的之后，便可以开始拟定研究计划。在综合或分析-演绎性研究中，研究者需要做出细致的研究计划，并明确需要进行控制或操纵的因素——自变量、因变量、受试者变量和无关变量。在内部或外部效度一节中，我们讨论了可能影响研究结果或观点的若干因素。

虽然侧重变量的研究多为演绎性的，本章也讨论了一些有关启发性研究设计方面的问题。由于启发性研究是用不同的方法从不同的角度来进行研究，而非试图控制或操纵变量，用来检测启发性研究效度的方法也必然不同。在这类研究中，效度关系到数据质量问题，与数据的代表性、可提取性及可验证性有关。

本章练习

1. 阅读下列论文摘要，确定该项研究中的自变量和因变量。

　　本文介绍了一项并行实证性效度研究结果。该研究使用受试者的音乐能力（音高、音量和节奏）、听觉辨别、记忆等衡量标准来说明二语学习者在口语水平方面的差异。

　　　　　　　　　　　　　布鲁提姆等（Brutten *et al.*）1985

2. 从该领域期刊中选择一篇运用综合或分析-演绎性研究方法的论文。你可能需要查阅第 4 章引用的期刊资料。只读摘要，不读正文。你能预测出哪些有关内、外部效度的问题？如何减少或避免这些问题？列出你确认的变量。

3. 阅读正文。研究者是否对你列出的变量进行了控制？是如何控制的？你所列出的变量中，有哪些没有得到控制？

4. 该项研究是如何控制内部和外部效度的？如何增强研究本身的灵敏度？

5. 选取一篇使用综合-启发性或分析-启发性研究的论文。这类研究需控制哪些内部效度或外部效度的问题？研究者是怎样实施控制的？

参考文献

Bailey, N. C., **Madden**, C., and **Krashen**, S. 1974. 'Is there a natural sequence in adult second language acquisition?' *Language Learning* 24/2: 235–243.

Berman, R. 1987. 'Cognitive components of language development' in C. Pfaff (ed.): *First and Second Language Acquisition Processes*. Cambridge, Mass.: Newbury House.

Brown, R. 1973. *A First Language*. Cambridge, Mass.: Harvard University Press.

Brutten, S., **Angelis**, P. and **Perkins**, K. 1985. 'Music and memory: Predictors for attained ESL oral proficiency.' *Language Learning* 35/2: 269–286.

Dulay, H. C. and **Burt**, M. K. 1974. 'Natural sequences in child second language acquisition.' *Language Learning* 24/1: 37 – 53.

Flynn, S. 1987. *A Parameter Setting Model of L2 Acquisition*. Dordrecht: D. Reidel.

Genesee, F., **Rogers**, P., and **Holobow**, N. 1983. 'The social psychology of second language learning: Another point of view.' *Language Learning* 33/2: 209 – 224.

Jacob, E. 1987. 'Qualitative research traditions: A review.' *Review of Educational Research* 57/1: 1 – 50.

Johnson, D. M. 1983. 'Natural language learning by design: A classroom experiment in social interaction and second language acquisition.' *TESOL Quarterly* 17/1: 55 – 68.

Long, M. H. 1983. 'Inside the black box: Methodological issues in classroom research on language learning' in H. W. Seliger and M. Long (eds.): *Classroom Oriented Research in Second Language Acquisition*. Rowley, Mass.: Newbury House.

Olson, L. and **Samuels**, S. J. 1973. 'The relationship between age and accuracy in foreign language pronunciation.' *Journal of Educational Research* 66: 263 – 267.

Oyama, S. 1976. 'A sensitive period for the acquisition of non-native phonological system.' *Journal of Psycholinguistic Research* 5: 261 – 285.

Smith, J. K. and **Heshusius**, L., 1986. 'Closing down the conversation: The end of the quantitative-qualitative debate among educational inquirers.' *Educational Researcher* 15/1: 4 – 12.

Snow, C. and **Hoefnagel-Hohle**, M. 1978. 'The critical period for language acquisition: Evidence from second language learning.' *Child Development* 49: 1114 – 1128.

第6章

研究设计：质性研究和描述性研究

> 如你所知，柏格森①曾指出，根本没有所谓的无序，只存在两种对立的规则而已：几何规则和生命规则。显然，我要探索的是生命规则。
>
> 让·皮亚杰（Jean Piaget）：
> 《访谈语录》，1980

1 引言

本章和下一章将讨论如何综合各种研究要素，以制定研究设计或研究计划。本章中，我们将首先对各种研究设计进行粗略的比较，然后重点介绍质性研究、描述性研究、相关性研究和多变量研究等研究方法。这些研究方法主要用来描述自然发生的二语现象。第7章将介绍实验性和准实验性研究设计，此类设计要求研究者对研究环境施加控制。

正如第5章所述，任何研究课题都需要计划和设计，至少需要制

---

① 亨利·柏格森：（Henri Bergson，1859－1941），法国哲学家，倡导"生命哲学"。他把"几何规则"定义为与无生命、无意志的东西相关的规则，可以是物理规律、空间规律等。而"生命规则"是指与生命体相关的规则，是不断变化的、整体性的。柏格森认为要探索生命规则，研究者需整体把握事物的运动变化。这和本章所介绍的质性研究相似。——译者注

订一份粗略的研究计划。另外，我们也讨论了研究设计的要素、研究变量的特点以及各种因素对研究的内部效度和外部效度的影响。

所有二语研究方法都需要符合科学规范，但是一些范式所使用的研究方法明晰度较高，而另一些范式则不然。例如，一种研究范式注重描述自然环境下的二语习得情况，研究者对研究环境不会施加控制或进行人为的干预。而采用另一种范式的研究者认为，因为要控制众多变量，所以在自然环境中开展调查十分困难。

本章将质性研究方法和描述性研究方法归为一类，进行重点的介绍。文献中，"质性研究方法"名目繁多，如"民族志"、"'参与'或'非参与'观察"、"构成性民族志"、"互动分析"（Long 1983）、"整体论民族志"、"认知人类学"、"沟通民族志"和"符号互动论"（Jacob 1987）等。由于本章篇幅有限，我们把上述研究方法统称为"质性研究"和"描述性研究"。这种划分虽然简单，却可以使新手研究者对这类研究设计形成一个初步的了解。

质性研究设计和定量研究设计

显然，从上文的讨论中可以得知，"制订研究计划"并不能简单地等同于"决定开展一项研究"，而是要审慎确定合理的研究思路（综合法或分析法）和研究目的（启发性或演绎性）（参见第 3 章）。当然，我们可以把上述研究方法结合起来，以综合-启发式研究提出的研究假设为基础，用分析-演绎式研究进行检验。

我们还应该考虑研究设计的兼容性问题，即研究者在多大程度上可以自由选取不同研究方法中的要素？二语习得的质性研究和定量研究仅存在程度上的差异，还是两者所依据的哲学本质截然不同？参数一（综合性或分析性研究方法）和参数二（启发性或演绎性研究目的）的二分法仅在研究思路和研究目的上有所不同，还是认识二语现象的原则不同？

　　用二分法看待事物，通常过于简单，比如，质性研究和定量研究之分。因此，我们试图以连续体的方式呈现研究范式的差异，而不是把它们看作"非此即彼"的选择。但另一个问题是：研究范式的区别仅仅是探究研究问题的方法不同，还是研究二语习得现象的视角截然不同？如果是视角方面的差异，那么，研究者需要注意以下基本问题：

　　社会现状和教育现状的本质是什么？调查者和调查对象之间的关系如何？如何界定研究的"真实性"？

　　　　　　　　　史密斯和赫舒修斯（Smith and Heshusius）1986

　　根据上述观点，我们应考虑以下几个根本性的问题：如何看待研究课题的本质？研究者和调查对象的关系如何？"真实性"是体现在客观现实中，还是存在于主观认识里？例如，一项研究让学习者反思自己的语言习得策略，然后口述反思的内容（Cohen and Hosenfeld 1981）；另一项研究属于控制性实验研究：研究者让学习者进行元语言判断测试，并收集量化的小组测试成绩（参见 White 1985）。这两项研究所反映的"真实"是否存在差异？第一项研究的数据是学习者对自己行为内省之后的口头描述，而第二项研究的数据是二语学习者有关语法准确性的元语言能力测试的量化成绩。针对第一项研究，读者可能存在以下疑问：如果把口述文字进行量化，我们会有何发现？该项研究的量化数据是否会妨碍我们深入了解学习过程？尽管质性分析可以深入地调查个体的表现，但研究结果可能无法代表其他学习者的行为，所以质性研究结论的普适性备受质疑。另一方面，如果我们的研究兴趣是某个群体的规范性语言习得行为，那么量化数据代表该群体的实际情况。而且，如果抽样方法科学严谨，研究结果也可能适用于其他人群（Shulman 1981）。

上述两种研究范式的区别十分重要。而且，也许在今后一段时间内，学术界还将继续争论哪种研究方法更加合理有效。我们在这里讨论这个问题，是因为新手研究者在选择二语研究方法时，也应该了解不同方法之间的区别。

研究方法：相似点和区别

第2章中，我们介绍了由四项参数构成的研究框架，每项参数都界定了二语研究的不同维度。这里，我们将重点讨论前三项参数，涉及研究设计和研究方法在意识层面和操作层面上的问题（我们将在第8章和第9章介绍参数四——数据收集和分析）。图6.1显示了不同研究设计在前三项参数连续体中的位置，我们将在本章和下一章进行讨论。

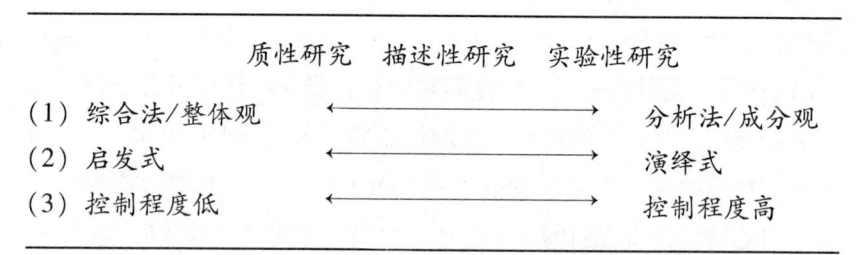

	质性研究	描述性研究	实验性研究
（1）	综合法/整体观	←——————→	分析法/成分观
（2）	启发式	←——————→	演绎式
（3）	控制程度低	←——————→	控制程度高

图6.1　研究设计类型和研究参数

我们已经讨论了质性研究和定量研究的关系：它们之间的关系互为补充，还是从对立的哲学视角进行二语习得研究？图6.1简要地表示了各类研究设计在参数框架（见第2章）中的位置。但是，这并不意味着我们不能灵活运用不同的研究设计方法。

质性研究、描述性研究、实验性研究之间的区别

质性研究和描述性研究

质性研究和描述性研究均注重描述自然发生的现象，而不会通过实验手段或人为方式对研究过程实施干预。尽管这两类研究都具备描述性特征，但研究视角却不相同。

质性研究是启发性的，而不是演绎性的，因为在研究开始之前，研究者基本不会确定研究问题或界定研究数据类型。另外，认知人类学、沟通民族志（Jacob 1987）、构成性民族志（Long 1983）等人类学方法论及其相关的研究方法（Green and Wallatt 1981）要求研究者从整体/综合的视角看待研究问题，收集大量信息，并避免对研究环境进行控制或干预。随着研究的不断深入，一些质性研究会缩小研究范围，但这是研究自然发展的结果，而不是预设的研究重点或研究假设所设计的结果。

描述性研究具有启发性或演绎性特点。严格意义上讲，尽管质性研究和描述性研究均注重描述自然发生的现象，但描述性研究通常利用现有数据进行调查或在拟定研究假设后开展非实验性研究，因此可以作为一种独立的研究类型。一项描述性研究可以从综合性视角描述二语习得的某个层面，也可以重点描述习得过程中的某个要素。比如，研究者可以描述学习者习得某种特定语言结构的过程或描述某种具体的语言学习行为。换言之，在描述性研究中，针对有待调查的现象，研究者既可以事先拟定几个宽泛的研究问题，也可以确定几个重点明确的具体问题。因为研究问题是提前设定的，所以研究者只需要关注学习场景中的相关数据。

一些研究方法论的学者（Kamil *et al.* 1985）指出，我们可以通过不同的数据分析方法区分描述性研究和质性研究。换言之，描述性

研究可以是定量的，而质性研究则不进行量化分析。然而，这种方式并不适用于区分语言习得方面的质性研究，因为该领域的质性研究可能同时使用质性研究和定量研究方法。在质性研究中，研究者通常需要对所收集的同质数据进行分类，然后再对分类数据做进一步的量化处理。布朗的研究（Brown 1973）是混合研究法的经典案例。首先，这项研究使用了典型的质性研究方法来收集数据，如观察、录音、人工转写等。数据收集完毕后，研究者首先对数据进行了质性分析，然后采用量化手段，对特定话语出现的频数和平均长度进行了统计。布朗的这项研究，以三名儿童为调查对象，为有关成人和儿童二语学习者在语素习得方面的研究奠定了基础。如果描述性个案研究可以针对二语学习者语法能力的发展进行深入的语言学分析，那么，民族志研究也可以针对所观察的二语现象的发生频数进行量化分析。

描述性研究和实验性研究

描述性研究和实验性研究的根本区别是：在调查二语现象时，描述性研究既可以使用综合法，又可以使用分析法，而实验性研究只能采用分析法。此外，描述性研究的目的可能具有启发性，比如，深入地了解某个特定二语现象，或检验一项尚未经证明的研究假设。因为研究者在初始阶段通常会从某种理论或具体的研究问题着手，所以描述性研究和实验性研究都受研究假设的驱动。

描述性研究和实验性研究的另一个重要区别是：描述性研究不会对自然发生的现象施加人为的控制，而在实验性研究中，对研究过程的控制是提高研究的内部效度和外部效度的重要手段（有关效度概念的具体介绍，参见第 5 章）。

从严格意义上讲，相关性分析和多变量分析不是对数据实施调控的研究方法，而是用以探究二语数据构成的分析方法，处理现有数据，所以可以被列为描述性研究。第 9 章将会重点讨论这两种数据分析方法。

2 质性研究

质性研究方法是从人类学和社会学的调查方法中发展而来的。人类学和社会学的调查方法注重在自然发生的场景中研究人类行为，而且，研究者不会影响受试者的正常行为。另外，研究者应该从调查对象（或被观察的群体）的角度来呈现数据，避免因为研究者在文化背景和学科知识方面的偏见而导致数据在收集、解释和报告过程中的"失真"（Jacob 1987）。人类学家和社会学家研发"民族志"的主要目的是完整、全面地描述研究者在自然环境下观察到的人类行为和活动。研究者不会选择性地描述某个行为的某些特定方面，因为他们认为这种选择本身就是对自然现象的扭曲。与描述性研究不同，质性研究不会在研究前设定研究问题或研究假设，也不会事先确定重点考察的变量。

近年来，二语研究不断引入质性研究方法。研究者选择质性研究方法，有以下几方面的原因：

——很多二语习得研究都与课堂学习有关，很难实施实验性研究所必需的控制。最初，二语研究的重点是比较不同二语（或外语）教学法的有效性。例如，20 世纪 60 年代，多项研究都试图证明听说法比语法翻译法的教学效果更好（参见 Scherer and Wertheimer 1964）。这些研究采用实验或准实验的设计方法（参见第 7 章），规模宏大，却复杂低效，而最终结果也并未证明一种方法优于另一种方法。研究者逐渐对这些"教学法比较"的研究感到失望，并意识到授课效果所涵盖的内容远不止教学法这么简单,于是开始寻求更为有效的研究方法调查课堂环境下的二语习得。

——在心理学、教育学、交际学、语篇分析等领域中,质性研究或民族志研究的数量越来越多(Jacob 1987)。研究者逐步意识到应该使用更加严谨的方法收集和分析质性数据,所以更精确的质性研究方法也就应运而生(参见 Ericsson and Simon 1984)。虽然质性研究不控制研究变量,但随着数据收集方法和数据分析方法的不断发展,质性研究结果是实验性研究结果所无法取代的。

——二语研究愈发关注研究环境对有待收集的数据所造成的"失真"影响(Tarone 1982)。从人为控制的实验环境下收集的数据和从自然环境中收集的数据不尽相同。

就第二章介绍的各项参数而言(参见图6.1),质性研究属于整体性或综合性研究(参数一),目的具有启发性(参数二),研究者几乎不对研究环境实施控制(参数三),而且,数据收集方法的明晰度低(参数四)。因此,质性研究方法可以避免在实验环境中进行语言研究的一些"隐患"。

在第2章,我们介绍了检验假设和产生假设这两种研究的区别。质性研究是典型的产生假设的研究。一旦所有数据收集完毕,我们即可从数据中得到新的研究假设。

质性研究的最终目标是揭示现象(例如,未经描述的二语学习行为的模式),并以研究对象的视角来理解这些现象。研究者可以作为参与者进行观察,即亲自参与有待描述的每项活动。参与性观察的一个典型实例是研究者的日记。日记不仅可以记录研究者自己的外语学习经历,还可以同时记录他们对外语学习经历的观察(Bailey 1983)。质性研究的另一种观察方法是非参与观察法——研究者作为旁观者，记录观察到的活动，但不受问卷或其他观察工具的限制或引导（Long 1983）。然而，非参与观察的目的是尽可能准确地描述受试者的经历，这意味着二语习得研究者应该尽力从二语学习者的角度（而非研究者的角度）理解二语现象。

二语研究中非参与观察法的问题

研究者在进行二语习得方面的质性研究时，面临一个独特的挑战：语言本身会成为一个变量。这类研究不仅要描述正在发生的现象，还要描述语言习得活动对于参与者的意义。语言习得活动的参与者到底有何体验？回答这一问题并不容易。因为观察者和学习者通常使用不同的语言，所以探究学习者的体验并不是询问"在想什么"那么简单。如果研究者让学习者用二语来描述自己的行为，学习者可能还存在语言障碍。因此，与其他领域相比，二语习得领域的质性研究更需要研究者对研究现象进行审慎的推断，从而尽可能准确地描述研究现象。质性研究在这方面的局限性使研究者很难验证观察结论的有效性（有关质性研究效度的讨论，参见第5章）。

鉴于上述局限性，二语习得领域的质性研究主要用于描述能被外界观察到的语言习得行为，而非大脑内部的语言信息处理过程。质性研究似乎更适合描述二语的社会环境，例如：双向言语交互情况（例如：何人在何时向谁说了何事），特定语言使用环境下（例如语言课堂）某些言语行为出现的频数及其描述，课堂中教师与学生的语言使用情况（参见 Schinke-Llano 1983）。

质性研究过程

我们可以从前文的讨论中看出，质性研究和实验性研究不同，它没有固定的标准设计或调查程序。雅各布（Jacob 1987）指出，质性研究的设计是在研究进行过程中"涌现出来的"。有的研究者把质性研究过程比作"漏斗"或"倒金字塔",因为质性研究问题总是"从宽泛到具体"。也有研究者把质性研究比作"螺旋体",因为数据收集过程除了"从宽泛到具体"这一特征外,往往需要多次重复"观察与分析"的周期。随着研究的不断深入,每一个阶段的数据分析都可能使研究问题越来越清晰,研究者也可以重点观察现象的不同方面。

因此,与描述性研究或实验性研究相比,质性研究过程更具开放性,这一特点主要取决于特定的研究环境。因此,从严格意义上讲,质性研究没有固定的程序,只有几条指导性原则。我们将在第8章讨论质性研究的数据收集工具。表6.1总结了质性研究的过程。

表6.1 质性研究过程

(1) 界定所要描述的二语现象。
(2) 使用质性研究方法收集数据。
(3) 寻找数据中的规律。
(4) 重审数据或收集更多的数据,以检验初步结论的有效性。
(5) 如果需要,以初步结论为基础,调整研究范围,回到第一步,再做一遍研究。

1)界定所要描述的现象

因为质性研究采用的是综合法,所以研究者需要在研究的某个阶段,缩小观察范围。在研究初期,研究者有时并未拟定明确的研究问题就进入研究场景,并试图以开放的态度接纳研究场景中的一切现象。之后,研究者需要聚焦研究范围。然而,各种研究现象和行为都是分层次的，由"大单位"和"小单位"构成。例如，如果研究涉及语言课堂，那么，研究者不仅要决定如何缩小观察范围，还要决定关注哪类课堂行为。

2) 使用质性研究方法收集数据

质性研究可以使用多种数据收集方法。通常，在一项研究中，为了全面地揭示有待研究的活动或事件，研究者会同时使用几种不同的方法。由于数据来源多样，数据收集方法也多种多样（如观察、录音、问卷、访谈、个案历史、现场记录等），所以此类研究所获得的信息和启示往往多于一次性实验或测试研究。数据收集的多样化也有利于对研究结果进行三角验证，提高研究结果的效度（参见第111页）。

3) 寻找数据中的规律

质性研究不从特定的研究问题或研究假设出发，也未对数据进行初步筛选，所以，质性研究所收集的数据属于原始数据。数据收集完毕后，研究者需要仔细审查数据，从原始数据中找到反复出现的"主题"。

例如，要研究外语课堂上的话轮转换，研究者可以先录制几堂课，然后观看录像，找出话轮转换的规律：哪一类言语请求行为出现的频数较高？教师在课堂上询问信息的方式与日常生活中的方式是否有区别？学生如何询问信息或请求教师澄清某个问题？研究者根据反复出现的规律性现象，提出假设，甚至通过设计模型来解释研究发现。

4) 重审数据或收集更多的数据，以检验初步结论的有效性

一旦确定了数据的分布规律，质性研究者就要检验结论的有效性。因为研究者使用了多种方法收集数据，所以可以通过三角验证来检验研究结果的效度。在三角验证中，研究者要考察来源不同的数据是否出现了同样的规律或行为模式。对研究结论进行三角验证可以增强结论的信度（参见第 5 章第 111 页的讨论）。

以下两种情况，可能导致此类研究"无效"。

——研究者在非自然环境中开展研究，或者，所收集的数据无法代表语言学习者在非研究环境中的正常行为。这可能是由于在数据收集的过程中，出现了某种干扰因素，使观察到的行为"失真"。这也是其他描述性研究面临的问题。解决这一问题的办法是再进行一遍研究，再次观察所收集的数据。重复研究有助于研究者发现第一次调查过程中是否出现了一些问题，致使学习者改变了日常语言学习行为。

——研究者在对质性数据的分析过程中，没有控制主观因素的干扰。但事实上，我们可以通过三角验证来降低研究者的主观因素。在第 5 章，我们曾指出，数据必须具有可提取性和可验证性。换言之，我们应该确保研究计划或原始数据资料的完整性，以便能够重新审核原始数据。在有关话轮转换的研究中，研究者应该保留课堂录像，而不仅是经过筛选的、带有主观性的听课记录。验证研究结果的一种有效方法是：请其他研究者对录像内容做出评判，以考察不同研究者在解释数据时是否能够得到相似的结论。如果进行现场观察，研究者则有必要安排多名观察者，以确保观察的可信度。

5）循环研究过程或补充新数据

在第一轮数据分析后，研究者有必要重新界定研究课题，并缩小研究范围。我们曾在前文中把这种研究过程比喻为"漏斗"，含义是研究者需要在研究中逐步缩小研究范围。针对有待调查的现象，研究问题会不断聚焦，这个过程通常需要研究者重新审核数据或补充新的数据。

例如，在话轮转换的研究中，研究者可能从数据中发现男生比女生的话轮次数多，或者一组学生更依赖教师的启发。如果想要深入地研究这些现象，研究者就可能需要重新审核现有的数据，或者采用与原来相似却更加聚焦的方法以补充新的数据。

质性研究的应用

质性研究适用的情况是：研究者注重揭示或描述自然状态下（或自然场景中）的二语习得现象；针对该现象的构成及其在二语习得中的作用，研究者没有事先拟定研究假设。

质性研究的任何结论都源于数据以及从数据中归纳推断出来的行为模式。因为数据呈现的行为模式通常会引发新的研究问题，所以质性研究又被称为产生假设的研究。我们将在第8章具体介绍质性研究的数据收集方法，在第9章，我们将介绍适合质性研究的数据分析方法和统计方法。

3 描述性研究

描述性研究在对研究过程不施加任何实验控制的情况下，采用多种方法来说明、揭示或描述自然发生的现象。我们在比较质性研究、描述性研究和实验性研究时曾指出，描述性研究、质性研究和实验性研究具有相似之处（参见图6.1）。描述性研究使用第一手数据或现有数据（例如：来自其他研究、学生记录等数据）来描述自然发生的现象，这一点与质性研究相似。而描述性研究与质性研究的区别在于：描述性研究常常是演绎性的，非启发性的；而且，描述性研究通常带有预先设定的研究假设，研究范围也相对较小。在这些方面，描述性研究与实验性研究相似。此外，描述性研究也通常是定量研究。

描述性研究通过对现象进行清晰的描述来证明某种现象的存在。例如，描述性研究可以通过检验假设来证明学习者所使用的学习策略。描述性研究也有多种测量频数的方法，比如，测量二语学习者在口语发展的不同阶段使用某一个特定句式的频数。需要强调的是：尽管描述性研究从研究问题或研究假设入手，但是此类研究不会对所描述的现象施加控制或人为地诱导某些现象。

以下两种描述性研究方法可以用来调查二语习得现象：

个案研究

如果研究者试图描述二语行为的某个方面或一位（或几位）学习者的二语发展状况，即可使用个案研究的方法。许多研究者认为，学习者的个体表现比群体表现更具启发性。例如，如果我们想对学习者某种特定语言形式的发展进行跟踪调查，个案研究法能更深入、更具体地描述个体学习者习得该种语言形式的过程。因为每位学习者的语言发展路径都各具特色，所以个案研究能够揭示个体语言发展和群体语言发展之间的差异。

小组研究

描述性研究和实验性研究都可以把受试小组作为研究对象。两者的根本区别在于：描述性研究使用的是已存在的自然组，而实验性研究使用的是经过审慎挑选的受试小组，目的是确保受试小组能够代表二语学习者的样本总体（参见第 7 章，第 154 页）。

下面，我们将举例说明如何利用小组研究进行描述性研究。某项研究试图描述一组二语学习者学习动机的种类，探究学习动机是否和语言程度具有相关性。研究者可以采用多种收集数据方法，比如调查、问卷、访谈等。由于研究者从特定研究问题或研究假设出发，所以限定了有待收集的数据范围。但在质性研究中，因为研究目的并不清晰，所以有待收集的数据也较为宽泛。

描述性研究的数据收集

在此，我们将介绍与描述性研究设计相关的几种数据收集方法。根据数据收集工具要求受试者回答问题的明晰度，描述性研究的数据收集方法可被分为如下几类（参见第2章有关参数四的讨论）：

测试

描述性研究可以使用多种语言测试方法，既有正规的语言测试，也包括类似测试的活动，比如在课堂上开展的写作任务或交际活动都可以成为数据的来源。研究者还可以专门设计一些活动来收集目标数据，比如，调查学习者在双向互动场景下"询问方位和方向"的能力。此外，研究者也可以使用现有的测试数据或数据库中的测试数据。

调查与问卷

调查和问卷适用于需要从大量受试者中收集数据的研究。调查与问卷题项的明晰度不同，所收集数据的明晰度自然也不同。题项可以以问题的形式出现，也可以是其他数据诱导形式。数据诱导形式或者把受试者的答案限制在一定的范围内，或者给受试者更多的自由发挥空间。如果受试者无法亲自完成问卷或不方便填写问卷，研究者可以直接与受试者进行面谈。一般情况下，在进行问卷调查时，研究者可以在调查现场，也可以通过邮件或电话的方式进行调查。

自我报告和访谈

在二语研究中，自我报告和访谈的使用频率愈来愈高。如果研究的直接目的是描述特定语言活动中学习者的情况，研究者则更倾向于使用这两种研究工具。质性研究也使用自我报告和访谈，但是，描述性研究会事先确定研究目的，而且只收集客观、具体的数据。根据参数四有关数据收集方法的讨论（参见第 2 章），自我报告和访谈属于明晰度较低的数据收集工具。

有时，研究者在一项研究中会兼合使用结构化程度不同的研究方法。例如，在一项调查双语使用者（希伯来语-英语）如何使用被动语态的研究中，在受试者完成一项具体的学习任务之后，研究者首先用母语对受试者进行访谈，要求他们解释用母语谈论某特定话题时不使用被动语态的原因（Seliger 1988）。该访谈的目的是收集数据，以了解访谈对象在使用英语和希伯来语被动语态方面的直觉。研究者很难预测受试者的回答，但无论是怎样的答案，都不会超出研究范围。

观察

研究者在收集描述性研究数据时，可以观察有待研究的语言习得活动或习得行为，并记录与研究目的相关的内容。研究者所使用的观察工具不同，得到的观察记录自然也不同。观察记录既可能是精确的数据（例如，某一特定的言语行为或具体的语言形式），也可能是比较宽泛的语言学习活动（例如，语言课堂上话轮转换的总体情况，而不是某类特定的话轮转换形式）。

在描述性研究中，观察法通常用于收集研究开始前已确定的数据。而在类似民族志的质性研究中，研究者在实施观察后，方可确定研究重点。从这个意义上看,质性研究在第二个阶段(或研究目的更加明确的阶段)和描述性研究相似,但两者的根本区别是:描述性研究以演绎推理为前提,观察的目的性较强。为了增强观察结果的效度,研究者需要审慎思考以下问题:如何进行观察?如何对观察的过程施加必要的控制,以确保观察的信度?如何改进观察工具,重点收集有效的研究数据?

我们将在第 8 章详细介绍二语习得研究中的数据收集工具的使用以及研发情况。

表 6.2 总结了开展描述性研究的基本步骤。

表 6.2　描述性研究的步骤

(1) 确定研究问题。
(2) 选择受试者。
(3) 确定数据收集方法。
(4) 收集数据。
(5) 整理和分析数据。

(1) 确定研究问题

描述性研究事先设有研究问题或研究假设,这点和实验性研究相似。一项研究是由研究问题驱动还是由研究假设驱动取决于该研究的属性(有关研究问题和研究假设的区别,详见第 3 章)。多数情况下,描述性研究的目的仅是描述某个特定的现象,以获得对该现象的深入理解。

(2) 选择受试者

在不同类型的描述性研究中,受试者的数量差异明显。例如,个案研究可能只涉及一位或两位参与者,有几项经典的母语习得研究只调查了两位或三位受试者（Brown 1973）。

(3) 确定数据收集方法

在这一阶段,研究者需要界定有待收集的数据种类以及数据收集方法。确定要收集何种数据既是实际操作性问题,又涉及理论问题。研究者的理论视角是描述性研究的依据,需要收集的数据种类也不同。

研究示例

一项研究旨在描述二语习得中母语迁移的作用。研究者决定重点关注成人二语学习者在访谈中所犯的语言表达错误。研究者安排受试者和母语使用者进行交谈,并记录访谈内容,之后再转写访谈录音。转写时,研究者会发现,语言学习者会对自己谈话中出现的许多语言错误进行修正或更改。然而,学习者的"修改"并不一定都是正确的。在此情况下,研究者应该转写访谈对象修改前的错误,还是同时转写修改后的错误,或者仅仅记录所有修改完成后的语言?

在上述例子中,如何界定数据,对语言错误的认定有直接的影响。因此,界定数据既是操作问题,又是理论问题。

(4) 收集数据

只要遵循一定的步骤,数据收集工作通常是描述性研究中最简单的部分。如果研究者事先拟定好数据收集的方法和工具,并进行了现场测试，就可以自然地进入数据收集环节。

(5) 整理和分析数据

研究者在收集完描述性研究数据后，应该立即将数据整理为可处理的"单元"，然后进行分析并得出有效结论。与质性研究和民族志研究不同，在描述性研究中，研究者不是随机、毫无重点地进行数据收集工作。比如，在描述学习者语言发展的研究中，研究者可以首先从数据中选取有代表性的句型，再针对这些句型进行更为详尽的语言分析。如果数据来源于多组受试，研究者可以先把数据分类，然后计算各类数据出现的频数和百分比。研究者也可采用其他统计方法，例如，把某类数据出现的频数和比例与其他类数据进行相关性分析。我们将在第9章具体讨论这些数据的分析方法。

小结：描述性研究的应用

二语习得的描述性研究旨在描述自然状态下出现的语言发展和语言处理现象，因此，研究者不会采用干预和控制措施来收集研究数据。描述性研究中的具体的研究问题或研究假设通常源自二语习得或相关领域的理论。

描述性研究适用于描述与二语发展相关的各种因素，这些描述既可以为控制程度较高的研究提供基准数据，又可以为没有施加外在控制的研究提供推理基础。例如，尽管一项描述性个案研究仅调查了两位学习者的二语习得情况，但是我们可以由此推断出更大群体（与上述两位受试者的语言背景、年龄或教育水平相同）在二语习得方面的重要普遍性特征。

4　多变量研究和相关性研究

质性研究、描述性研究和实验性研究均属于研究方法或研究设计，但在严格意义上，多变量研究和相关性研究却并非如此。我们在本章中把多变量研究和相关性研究当作描述性研究来介绍，但更确切地说，它们是数据分析方法，而不是研究方法。事实上，多变量研究和相关性研究可以分析任何研究方法所收集的数据。

多变量研究和相关性研究对数据收集环境并不挑剔，因此，不论描述性研究环境还是实验性研究环境均可使用这两种方法。多变量研究和相关性研究的主要目的是发现不同类别数据之间的各种关系。第9章中，我们将介绍揭示这些数据关系的统计方法。同时，我们会把多变量研究和相关性研究界定为数据分析方法，而非研究设计方法。

在多变量研究和相关性研究中，研究者的研究兴趣在于调查各组变量之间可能出现的各种关系。与描述性研究类似，研究者既可以重新收集数据，也可以使用现有数据（比如，来自档案、数据库或前人研究的数据）。例如，通过相关性分析和多变量分析，珀塞尔和苏特（Purcell and Suter 1980）调查了12个因素中与发音准确性最相关、对发音准确度预测力最强的因素。

在实验性研究中，我们一次只能处理几个变量，描述性研究也有此局限性。但与实验性研究不同，描述性研究中的变量不受实验环境的控制。相关性研究通常一次调查两个变量之间的相关关系，而多变量研究可以借助统计软件同时调查多个变量之间的相关关系。

多变量研究方法愈发受到二语研究者的青睐，因为它能够兼顾二语研究的独特性和复杂性。实验性研究仅适用于调查为数不多的自变量与一个（或几个）因变量之间的相互关系（参见第7章），而多变量研究可以让研究者一次调查多种变量,控制变量和非控制变量都涵括在内。

实验性研究

因变量:发音能力
↕
自变量:实验室练习类型

多变量研究

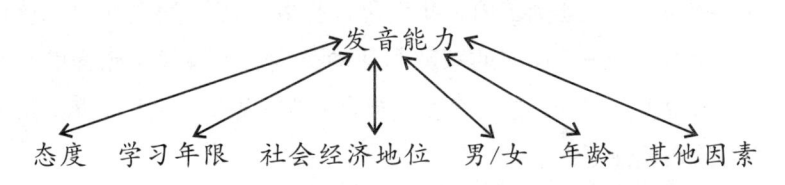

发音能力

态度　学习年限　社会经济地位　男/女　年龄　其他因素

图6.2　多变量研究和实验性研究的比较

研究示例

某项研究调查接近母语水平的二语发音能力和其他变量之间的关系,例如,智力、对二语的态度、动机类型、性别、社会经济地位、职业、学业理想、民族优越感、学校教育水平、其他二语学习经历、在二语国家居住的年限、语言教学方法、语音授课方式、婚姻状况、家庭或工作使用的语言、观看二语电视节目的数量、听力敏锐度测试的成绩等。这项研究的目的是调查这些自变量对因变量(二语发音能力)的影响。

如果我们想逐一调查上述变量和发音能力之间的关系,整个研究过程将冗长乏味。而且,上面所列的因素尚未穷尽。从逻辑上讲,我们还可以加入影响二语语音习得的很多其他变量。值得注意的是:根据第 5 章的介绍，上述各组数据还可分为三类（称名数据、定序数据和数值型数据）。多变量研究可以混合使用不同类型的数据，并对这些数据进行比较。珀塞尔和苏特（Purcell and Suter 1980）的论文里引用的研究调查了 20 个变量和发音准确性之间的相关关系。

多变量研究的另一个优势是：我们可以利用统计方法来控制变量，将变量重新组合，并进一步探究是否某一组变量比其他组变量对因变量的影响更大。这就是多元回归分析。从根本上讲，多元回归分析可以让我们同时探究多个相关关系。换言之，多元回归分析通过合并变量，缩减变量类型，比较哪种变量组合方式可以加强变量间的相关性。例如，在上述例子中，我们可以把其中三个变量（对二语的态度、使用二语进行社交的频数和活动类别、民族优越感程度）合并为一组变量。也许，这三个变量被合并为一组变量之后，与二语发音能力的相关性更强。

但是，需要注意的是：多变量研究并不能证明上述因素和发音水平之间具有因果关系，只能说明如果一个因素存在，另一个因素也可能存在。在第 9 章，我们将介绍如何利用统计方法说明变量之间的相关关系。

小结：多变量研究和相关性研究

从严格意义上讲，虽然多变量研究和相关性研究（不同于实验性研究和描述性研究）不属于研究方法，却有助于我们同时调查多个变量之间的相关关系。多变量研究的数据可以有不同的来源。比如，研究者可以使用前人的描述性研究或实验性研究的数据，也可以通过测试、问卷、观察等方法专门为本项研究收集数据。研究者收集数据后，要进行统计分析，揭示数据间的相互关系以及不同因素对因变量的影响程度。研究者也可以组合自变量，形成子集，以探究与因变量相关性更强的因素。这种数据分析方法有时也被称为多元回归分析。

5 本章小结

本章介绍了一组主要的研究设计，这组设计能够对现象进行多样化的描述。质性研究通常避免先入为主的观念，不预设研究重点，采用综合或整体性研究方法来探究二语现象，而且，研究目的具有启发性。

描述性研究既可以是综合性的，也可以是分析性的；研究目的可以是启发式的，也可以是演绎式的。描述性研究通常带有事先拟定的研究重点或研究问题，也可以使用其他研究的现有数据来检验假设。

上述方法的共同之处在于：研究者试图描述自然发生的现象，对研究环境中的因素不施加控制。描述性研究可以使用现有数据来检验假设，也可以重点调查自然环境下二语习得过程中的某些特定方面。相关性研究和多变量研究不同于质性研究和描述性研究，它们不属于研究方法，而是数据分析手段，用来调查变量间的相互关系以及不同因素可能对因变量产生的影响。

本章练习

1. 从《语言学习》（*Language Learning*）、《对外英语教学季刊》（*TESOL Quarterly*）和《二语研究》（*Second Language Research*）等二语研究期刊中，分别选取一例质性研究、描述性研究、多变量研究和相关性研究。试分析研究者选择特定研究范式的原因。

2. 在你感兴趣的研究领域中选定一个研究问题。分别使用本章介绍的三种研究类型，讨论实施这项研究的步骤。

3. 列举质性研究和描述性研究在调查儿童二语习得方面的相对优势和弊端。举例说明：不同的研究方法，在提供有关儿童二语习得信息方面会有何不同？

4. 质性研究（如学习者日记研究）会存在哪些效度问题？如何克服这些问题？如何把这些问题的负面影响降到最低？

参考文献

Bailey, K. M. 1981. 'Competitiveness and anxiety in adult second language learning: Looking at and through the diary studies' in H. W. Seliger, and M. H. Long (eds.): *Classroom Oriented Research in Second Language Acquisition*. Rowley, Mass.: Newbury House.

Brown, R. 1973. A First Language. Cambridge, Mass.: MIT Press.

Cohen, A. and **Hosenfeld, C.**, 1981. 'Some uses of mentalistic data in second language research.' *Language Learning* 31/2: 285 – 314.

Ericsson, K. A. and **Simon, H. A.** 1984. Protocol Analysis: *Verbal Reports as Data*. Cambridge, Mass.: MIT Press.

Green, J. L. and **Wallatt C.** (eds.) 1981. *Ethnography and Language in Educational Settings*. Norwood, N. J.: Ablex.

Jacob, E. 1987. 'Qualitative research traditions: A review.' *Review of Educational Research* 57/1: 1 – 50.

Kamil, M. L., Langer, J. A., and **Shanahan, T.** 1985. *Understanding Reading and Writing Research*. Boston: Allyn and Bacon.

Long, M. H. 1983. 'Inside the "black box": Methodological issues in classroom research on language learning' in H. W. Seliger and M. Long (eds.) *Classroom Oriented Research in Second Language Acquisition*. Rowley, Mass.: Newbury House.

Purcell, E. T. and **Suter, R. W.** 1980. 'Predictors of pronunciation accuracy: A reexamination.' *Language Learning* 30/2: 271–287.

Scherer, A. C. and **Wertheimer, M.** 1964. *A Psycholinguistic Experiment in Foreign Language Teaching*. New York: McGraw-Hill.

Schinke-Llano, L. A. 1983. 'Foreigner talk in content classrooms' in H. W. Seliger and M. Long: *op. cit.*

Seliger H. W. 1989. 'Semantic transfer constraints on the production of English passive by Hebrew-English bilinguals' in H. Dechert and M. Raupach (eds.) *Transfer in Language Production*. Norwood, N. J.: Ablex.

Shulman, L. S. 1981. 'Disciplines of inquiry in education: an overview.' *Educational Researcher* June/July: 5–12.

Smith, J. K. and **Heshusius, L.** 1986. 'Closing down the conversation: The end of the quantitative-qualitative debate among educational inquirers.' *Educational Researcher* 15/1: 4–12.

Tarone, E. 1982. 'Systematicity and attention in interlanguage.' *Language Learning* 32: 69–84.

White, L. 1985. 'The acquisition of parameterized grammars: subjacency in second language acquisition.' *Second Language Research* 1/1: 1–17.

第 7 章

研究设计：实验性研究

> 归根结底，科学是探索发展的全过程。科学的核心任务是探究事物的起因及其发展过程。任何人都不能因为偏爱整齐的模型，而放弃寻找事物发生的原因。为了探索更深刻的问题，我们必须敢于冒险，面对不确定性的挑战，而不是安于现状，无所创新。
>
> 史蒂芬·杰伊·古尔德[1]（Stephen Jay Gould）：
> "定义达尔文主义：事实和理论的区别"《发现》，1987

1 引言

在第 6 章，我们讨论了二语习得领域中质性研究和描述性研究的方法和步骤，而本章将介绍实验性研究的设计方法。我们从这样的编排顺序可以看出，当前，描述性研究备受二语研究者的关注，而且，这个顺序也是一种"自然顺序"或是研究发展的顺序。换言之，质

---

[1] 史蒂芬·杰伊·古尔德：美国著名古生物学家、科学史学家与科普作家，在哈佛大学任教。史蒂芬认为，尽管描述可以记录事实，而且比较"安全"，但科学的根本任务不是描述当前的现象，科学的本质是追本溯源，寻求现象发生的原因，以建立理论。——译者注

性研究和描述性研究具有"提出研究假设"的特征,最后,它们通常会采用实验的方法,检验所提出的假设。第 2 章和第 3 章也讨论了研究过程中研究思路的形成和发展情况。

我们曾在第 3 章中指出,研究者可以通过多种途径提出研究问题和研究假设,比如,观察就是可行的方法之一。一项理论通常由一系列相关假设所构成,研究者可以通过控制研究环境(例如,进行实验性研究)来检验该理论中的相关假设。

本章将主要介绍如何有效安排实验性研究的基本要素,以保证研究结果的内部效度和外部效度。在第 5 章,我们已经详细讨论了有关效度的相关知识。本章将重点介绍与实验性研究相关的设计。第 6 章介绍了非实验性研究的设计方法(质性研究和描述性研究),并从研究参数的角度(参见第 2 章),把实验性研究和它们进行了对比。

实验性研究中,研究者需要经过缜密的设计,才能对变量实施有效的控制。如果从研究参数(参见第 2 章)的角度进行分析,实验性研究采用的是分析-演绎法。图 7.1 说明了实验性研究在参数连续体中的位置。

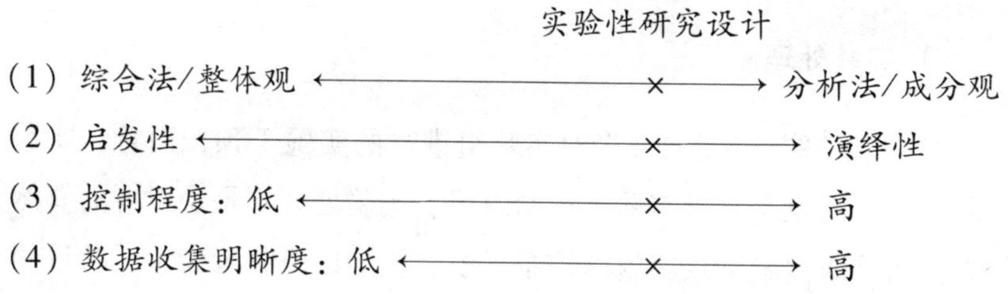

实验性研究设计

(1) 综合法/整体观 ←————————×————→ 分析法/成分观
(2) 启发性 ←————————————×————→ 演绎性
(3) 控制程度:低 ←————————×————→ 高
(4) 数据收集明晰度:低 ←————×————→ 高

图 7.1　实验性研究和研究参数

2 实验性研究要素

所有的实验方法都需要对以下三个基本实验要素进行控制：样本总体、实验处理和实验处理效果的测量。本章将主要介绍这三个要素中与研究设计相关的内容，而与统计分析相关的内容，将在第 9 章进行讨论。

1）小组的类别和数量

实验性研究通常将受试者分成小组，并对小组进行实验处理，调查特定实验处理的效果。研究者既可以出于实验的目的将受试者专门分组，也可以使用实验前已经存在的"自然组"。"自然组"往往与第 5 章所讨论的"称名"数据相对应，比如，母语为西班牙语的二语学习者、男性、至少有 5 年语言学习经历的受试者、在 405 教室上课的班级等，都可以是"称名"数据。研究者必须决定是否使用现有的自然组，还是为了实验目的而创建新的小组。真正的实验设计通常对受试者进行"重组"，而准实验设计往往使用"自然组"，这是两者的重要区别之一。

2）实验处理

"实验处理"是指研究者对实验组进行的实验干预，而且，实验性研究的目的就是测量实验干预的效果。实验处理不是受试者的偶然行为，而是研究者刻意实施的控制手段。比如，研究者为了实验目的而特意使用某种教学法，或让受试者在受控环境下（如语言实验室）使用特定的学习材料，这些都属于实验处理。实验处理通常为研究的自变量。

3) 测量或观察

测量或观察是指如何衡量或观察实验处理的效果。我们可以用语言测试、正误判断或交际任务来测量实验处理的效果；我们也可以利用物理测量工具，比如，使用电子仪器测量受试者做出回应的时间，或者绘制受试者语音回答的声谱图。

根据坎贝尔和史丹利（Campbell and Stanley 1963）确立的研究惯例，我们可以用以下三种符号来代表实验设计的要素：

X = 实验处理，例如，特定的教学方法，或让受试者使用专门研发的学习材料等。

O = 对实验处理效果的观察或测量。

R = 随机性，为控制无关变量而对受试者进行随机分组。

实验性研究设计主要由实验处理（X）、观察或测量（O）等多方面构成。下面，我们将介绍几种具有代表性的设计方案，并探讨它们的优势和劣势。

实验性研究设计包括几种类型，但每种设计都会根据实际情况做出一些调整。本章仅介绍四类实验设计：单组设计（实验中仅有一组受试者）；控制组设计（实验组进行实验处理，而控制组不进行实验处理，因为控制组代表和实验组相同的受试者总体）；因子设计（同时调查多个自变量）和准实验设计（研究在无法完全控制实验环境的情况下进行）。

本章介绍的所有研究设计均需要根据具体情况进行适当调整。因此，读者有必要了解实验设计的总体原则，并以此为依据，结合不同的研究条件和研究问题，适度调整研究设计。

3 单组实验设计

1）一次性实验设计：实验处理＋观测（预测研究设计）

一次性实验设计是最基本的实验性研究设计。在一次性实验设计中，研究者对一组受试者或个体受试者进行一次实验处理，然后再对实验处理的效果进行观察、测试或测量。

因为一次性实验设计未对任何无关变量施加控制（参见第5章），所以它也被称为"预测"研究设计。这种设计问题较多，很多研究者并不认为它是一种有效的实验设计。一次性实验设计的主要缺陷在于：在实验处理前，我们无法了解调查对象（一位或一组受试者）的特征。然而，一次性实验设计也有优势，它有助于研究者准确找出实验性研究中应避免的问题。此外，一次性实验设计也可以用于对研究工具进行初步测试，或对实验步骤进行初步演练。

研究示例

一位二语教师使用了一种新的教学方法，侧重于培养学生使用目标语进行交际的能力。教师在实施新的教学方法三周后，进行了一次测试，全班学生的测试成绩良好。

显然，上述示例在研究设计方面存在严重的缺陷，因此，研究者应该慎重对待此类研究结论的归因。第5章有关"无关变量"的讨论曾指出，一次性实验设计无法控制众多的无关变量。

有时，因为我们并不具备实验条件，也无法控制无关变量，"一次性实验设计"成为研究者不得已的唯一选择。比如，也许因为样本数量太小，我们无法对受试者进行随机分组；或者因为条件限制，我们无法调查实验处理前的情况。例如，在一项有关暂住人口的二语习得情况的调查中，研究者无从获知调查对象的教育经历。在这种情况下，研究者只能采用一次性实验设计。

由于一次性实验设计存在上述局限，研究者必须考虑会影响研究的内部效度和外部效度的因素，审慎对待"一次性"研究设计的结论。一次性实验设计更适合作为大规模研究实施前的"预测"；研究者通常利用"预测"来调试研究工具或实验处理的方法。

2）单组"前测+后测"设计：观测1、实验处理、观测2

这种设计将受试者兼作控制组，这样，研究者就不必创建平行控制组。此类设计有时也被称为"重复测量"设计，因为研究者会针对因变量，对受试者进行两次观察或测量。

单组"前测+后测"设计是一种有效的设计，因为它可以控制一些无关变量。如果实验涉及多组受试者，无关变量会影响受试者的同质性。而且，该类设计也在一定程度上控制了受试者的流失。此外，由于同一组受试者参与前测和后测，研究者无需再把这组受试者和另一组受试者进行匹配处理。

然而，研究者也需要了解单组"前测+后测"设计的一些弊端。其中，一个主要问题是：研究者无法保证第二次观测（O2）中出现的变化就是实验处理（X）的结果。也许，无论研究者进行实验处理与否，第二次观测都可能会出现新的变化（有关"历史""实验损伤"和"成熟"等内部效度的讨论，参见第5章）。例如，某项有关课堂研究的自变量是一套教材或一种语言教学法，而且实验处理前后出现了变化，但是，研究者无法确定这是由于受试者无意中接触了课外语言材料，还是源自受试者其他的语言体验？在二语环境下，学习者在课外接触目的语的机会较多,这会影响他们的语言水平。而在外语环境下,这个因素的影响相对较小,因为研究者更容易控制受试者的课外语言接触量。

单组"前测+后测"设计还有一个弊端:前测(O1)可能使受试者特别注意与实验处理(X)相关的一些信息,以至影响后测(O2)的结果。

研究示例

在一项有关二语教学效果的研究中,研究者希望证明在"实验处理"前,受试者并不了解待讲解的语法结构。为了验证这一点,研究者专门设计了两次测试,一次测试为前测,另一次为后测。测试内容涉及有待讲解的语法结构,并采用分离式测试法。

在上述研究中,接受了前测的受试者可能会特别关注目标语的语法结构。因为前测可以增加受试者对目标语语法结构的敏感度,因此,与没有接受前测的学生相比,参与了前测的受试者在学习目标上会有所不同。这时,前测不仅测量了受试者的初始语言水平,还预先透露了实验处理(X)的内容。其实,研究者可以采用更为间接的方式来测量受试者语言知识的初始水平,从而尽量避免上述问题。例如,研究者可以把受试者在接受实验处理前的口语或写作材料当作前测,这样既可以测出受试者的知识水平,也不会让他们特别关注实验处理阶段要讲解的语言结构。

3)时间-抽样设计:观测1、观测2、观测3、观测n……实验处理、观测n+1、观测n+2……

"时间-抽样设计"又称"时间序列设计",因为研究者需要在一段时间内进行多次采样或观察。"时间-抽样设计"不同于非实验性纵向研究，因为"时间-抽样设计"在进行几次观察或测量后，还要求研究者实施控制性的实验处理。此类研究设计可以有效地解决单组"前测+后测"设计中存在的问题。

在实验处理前后，对受试者进行多次观察或测量，这有助于研究者确定实验处理对受试者行为变化的影响，也有助于研究者为样本总体构建一种"发展常模"，以减弱"历史"因素的影响。研究者在进行一系列观察后，通常会发现某种变化模式，并由此揭示出时间、受试者所接触的其他语言材料、成熟等因素对受试者行为变化的影响程度。在相近的（观测 n 和观测 n + 1）两次观察中，如果突然出现了明显的变化，研究者即可自信地指出，此变化是实验处理的结果。"时间-抽样设计"的变体包括：在一个时间序列内，研究者多次进行实验处理，并多次进行相应的观察。

在"时间-抽样设计"中，研究者并未创建控制组，所以只能获得单组实验的结果。因为我们也可以在真实场景中使用这种设计，而且不必为了研究而专门设定控制组，所以，"时间-抽样设计"也被看作是一种"准实验"设计。我们将在下文介绍"准实验"的设计方式。

我们已经多次提到，"历史"是影响研究内部效度的重要因素之一。所以，在二语习得中，学习者语言水平的变化可能是自然发展的结果，与特定的实验处理并无关系。

研究示例

某项研究试图调查有关英语关系从句使用方面的教学效果。该研究的"实验处理"包括：设计课程，向学生讲解英语关系从句的构成特点；布置口语和写作任务，让学生练习使用关系从句。在实验处理前，研究者在几周内布置多项课堂写作任务（观测 1、观测 2、观测 3），然后统计学习者在每次写作任务中使用关系从句的总数，并将这些关系从句进行分类。实验处理后，研究者布置几次类似的写作任务（观测 n+1、观测 n+2、观测 n+3），同样计算关系从句的使用量，并将从句进行分类。

总之，研究者可以在实验处理前后，延长数据收集的时间，以建立一个有关受试者语言水平或习得行为的"发展常模"。研究者可以借助这种方法排除其他因素（比如，受试者在课外可能接触到的语言材料，或受试者语言能力自然发展等与教学效果无关的因素）的干扰。

4 设定控制组的实验设计

实验性研究的含义是：研究者至少需要控制一个自变量，并通过观测因变量的变化，测量自变量的效应。实验中，研究者也需要采用多种方法，对无关变量施加控制。在单组实验设计中，实验组兼作控制组，研究者需要比较单组受试者在实验处理前后的变化。而在下文将讨论的研究设计中，研究者将对两个或多个平行组进行比较，以确定实验处理的效果。设定控制组的一个重要前提假设是：控制组和实验组能够代表相同的样本总体；这样的研究设计就像在比较相同的个体在实验处理前后的变化。因此，多组设计注重使用多种方法来保证实验组和控制组的同质性，以确保有关因变量变化的研究结论同时具有内部效度和外部效度。

1）静态组或"前实验"设计

实验处理	观测 1
	观测 1

静态组设计可以利用现有的小组，例如学校的自然班，所以这似乎是一种"经济高效"的研究设计。这类设计使用两个同质组，一个小组接受实验处理，另一个小组不接受实验处理，然后比较两组之间的差异。静态组设计的缺陷是：研究者并不能确定实验组和控制组在实验处理前的同质性。换言之，因变量的变化可能是两组受试者本身的差异造成的。比如，两组受试者的母语、性别、所处的二语环境、课堂教学时间、学习动机和教师的授课效果等因素都会造成因变量的变化。

静态组设计也是一种"准实验"设计（参见下文的讨论），非常适合在学校环境下开展二语实验性研究，因为设计本身对正常教学秩序的干扰最少。研究者不必为了实验而调整班级，也不需要调整原有的教学计划，或重新安排教师的工作。尽管静态组设计具有明显的优势，但是，如果我们对变量没有进行有效的控制，静态组设计的优势反而可能成为影响结论有效性的因素。例如，如果实验组和控制组由同一位教师任教，教师变量就会得到较好的控制；如果两组受试每天上课时间也一样，则会在一定程度上降低疲劳变量的影响。

为了避免上述问题的出现，研究者在进行静态组实验设计时，可以根据受试者的分班考试成绩、性别、母语和教师授课水平等因素对两组受试者进行匹配处理。这样，当研究者无法对受试者进行随机抽样时，可以把实验组和控制组进行匹配，以增强不同受试组之间的可比性。因此，没有对受试者进行随机分组的静态组设计的变体和"前测/后测设计"十分相似。我们将在下文中讨论这些内容。当然，尽管匹配措施并不能完全解决上述问题，但仍然可以在一定程度上说明静态组之间的可比性。

A 组：　　　　　　实验处理　观测 1
　　　　匹配处理　─────────────
B 组：　　　　　　　─────　观测 1

控制组匹配设计的变体

莱特鲍恩和利本（Lightbown and Libben 1984）的研究反映了控制组匹配设计这一变体。这项研究试图比较母语为法语语系的英语学习者和母语为英语的学习者在同源词使用方面的差异。这项研究设置了控制组和实验组。"实验处理"包括以下几步：首先，研究者让控制组和实验组的受试者观看电影，然后，要求两组受试者参加一项经过改编的完型填空测试：受试者填写有待调查的同源词。完型填空测试之后，受试者还要完成"正误判断"的任务。"正误判断"和"完型填空"两项测试使用同样的文章。而且，在"正误判断"中，"完型填空"中之前所缺单词已被填好，而在所填的词中，有些同源词是正确的，有些则是错误的。最后，研究者将英语为二语的学习者和英语为母语的学习者的答案进行比较。在这项研究中，完形填空测试起到了前测的作用，证明英语为二语的学习者确实具备一些同源词方面的知识，可以进行随后的正误判断任务。因此，我们可以用下面的图示，说明这项实验的设计。

```
观看电影      ┌─ 英语学习者 完型填空测试（观测1）正误判断（观测2）─┐
（实验处理） ─┤                                                      ├→ 比较
              └─ 母语使用者 完型填空测试（观测1）正误判断（观测2）─┘
```

2）随机分组的前测/后测设计

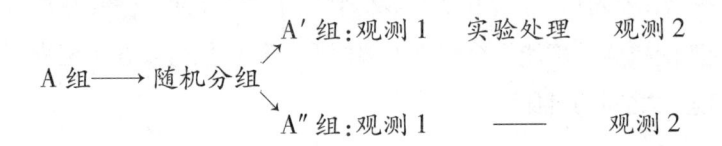

```
                        ┌─ A'组：观测1    实验处理    观测2
A 组 ──→ 随机分组 ──┤
                        └─ A"组：观测1      ──       观测2
```

随机分组可以减少一些因受试者分组偏差而出现的系统误差。随机分组也可以对影响实验内部效度的变量施加更为严格的控制。如果研究采用了随机分组的方式，我们就可以确定：任何无关变量的影响都是偶然的，而且这种偶然的影响在两组发生的概率一样。

随机分组的另一个优势在于：研究者不必使用前测即可保证两组间的可比性。在对受试者进行随机分组的情况下，我们可以合理地预测，许多受试者变量的影响在两组中出现的概率相同。参加实验的受试者样本越大，情况愈是如此。换言之，如果实验中各组受试者的数量越多，研究者就越有可能通过随机取样的过程，排除受试者变量的相互影响（有关"受试样本总体大小"的讨论，参见第5章）。

从下例中可以看出，对受试者进行随机分组还有助于解决另一个影响内部效度的问题。

研究示例

在一项有关计算机辅助教学对二语水平影响的研究中，受试者均为报名参加研究的志愿者。研究者把先报名的志愿者分配到实验组，接受计算机辅助教学；把后报名的志愿者分到控制组，不接受计算机辅助教学。（如果调换分组的先后顺序，也不会影响实验效果。）

上述分组方式看似是随机分组，但可能早来的志愿者与后来的志愿者会有所不同：也许后来的志愿者是经人劝说后参加实验的。所以，参加实验的先后顺序可能在一定程度上反映了动机的差异，因而可能会影响实验结果。

有时，研究者并不能解决对受试者进行分组时出现的所有问题。比如，在尤班克（Eubank 1987）进行的有关德语否定形式习得方面的研究中，尽管研究者承诺支付志愿者参与研究的费用，但是，在大约300名注册参加初级德语课程的学生中，只有六位学生自愿参加研究。考虑到有限的受试者数量以及六位受试者参加研究的强烈意愿，研究者必须审慎对待这项研究的结果。

只有受试者的数量满足研究设计的要求时，研究者才可通过随机分组的方式来控制动机水平或其他因素的影响，以增强研究的内部效度。统计学书籍后面一般附有随机数表。研究者可以根据随机数表给每位受试者编号，或者使用其他方法，确保分组过程中不会出现有意或无意的偏差。

在随机分组前测/后测设计中，我们假定所有受试者都属于 A 组，而 A 组可以代表二语学习者的总体样本。换言之，A 组本身具有代表性，而且，我们可以从 A 组中分离出实验组 A′和控制组 A″。在随机取样过程（R）中，A 组代表一个总体，然后再被随机地分为 A′组或 A″组。在两组确立之后，研究者就可以对两组受试者进行前测。

设计 2 也可以有一些变体，例如：

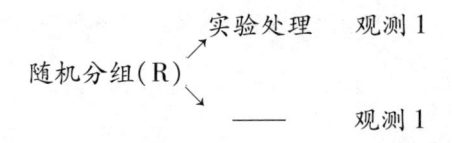

$$
\text{随机分组(R)}\begin{cases}\nearrow \text{实验处理} \quad \text{观测 1}\\ \searrow \quad \text{———} \quad \text{观测 1}\end{cases}
$$

上图表明，随机抽样能够解决前测中的问题。尽管上述研究设计不包括前测，我们也可以推测受试者所代表的总体人群的基本状况。

例如，如果要验证在语言实验室进行二语发音培训的效果，我们可以从初学者这一总体样本中进行抽样，把他们随机地分成实验组和控制组。通过这种方式，我们就可以不用对各组受试者的语音能力进行前测，因为前测可能会提高受试者对实验处理内容的敏感度。

5 因子设计

因子设计和上文介绍的真正的实验性研究设计相似，包括研究设计的所有特征，如随机分组、前测、后测、实验处理等。但与真正的实验性研究不同的是：因子设计可以同时测量几个自变量的影响。

在简单的实验设计中，附加变量又被称为无关变量（参见第5章）。如果研究需要证明是由某个自变量引起的实验变化，研究者就必须控制无关变量。然而，因子设计却可以处理多个自变量。

研究示例

在验证语言实验室培训对学生发音影响的研究中，研究者不仅可以调查语言实验室培训对不同语言水平的学习者的影响，还可以同时调查不同类型的语言实验室培训的效果。

在上述例子中，我们假设实验室培训效果不仅与学习者的语言水平有关，也和实验室培训的类型有一定关系。

也许，因为语言水平较高的学习者能够更清楚地意识到自己在发音方面的问题，他们会更注意语音的特征；而初学者需要全面地关注语言学习任务，所以，他们无法意识到自己的发音与地道发音之间的差异。

我们可以进一步设想，语言实验室培训的类型也是影响实验室发音练习效果的因素之一。这里，培训类型主要是指"有情境"和"无情境"的语音练习。"有情境"是指在交际场景下的语音练习，"无情境"是指少量的（或者缺乏）交际使用中的对"最小对立体"[①] 的辨音练

[①] 最小对立体：语音学术语，指除了出现在同一位置上的一个音之外其余都相同的两个语音组合，如 pen［pen］和 ben［ben］。——译者注

习。如果我们在因子设计中加入所有这些变量，最后的设计是：

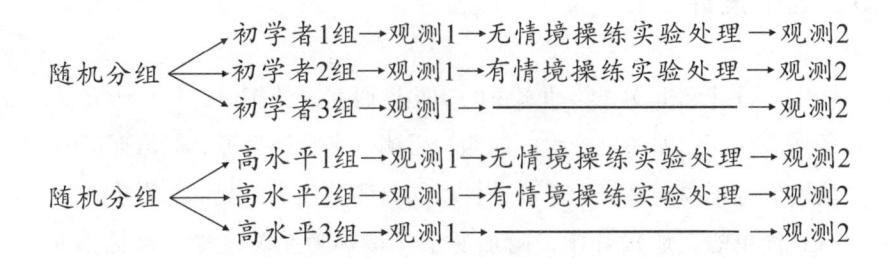

```
                  ┌─ 初学者1组 → 观测1 → 无情境操练实验处理 → 观测2
      随机分组 ───┼─ 初学者2组 → 观测1 → 有情境操练实验处理 → 观测2
                  └─ 初学者3组 → 观测1 ─────────────────── → 观测2

                  ┌─ 高水平1组 → 观测1 → 无情境操练实验处理 → 观测2
      随机分组 ───┼─ 高水平2组 → 观测1 → 有情境操练实验处理 → 观测2
                  └─ 高水平3组 → 观测1 ─────────────────── → 观测2
```

由于上述设计把语言水平当作一个自变量，研究者可以分别对初学者和高水平学习者进行随机分组。我们可以设想，在随机抽样之前，研究者会根据某种测量标准，把学生分为初学者和高水平学习者，然后再把他们随机分为三组：

第1组在实验室，进行无情境发音操练；
第2组在实验室，进行有情境发音操练；
第3组不在实验室进行发音操练。

所有组别的受试者都在实验处理前后，进行了相同的前测和后测。

当然，研究者还需要考虑培训时间的长短和学生提高发音水平的动机等其他变量的影响。在上述设计中，每增加一个变量，就要增加一个实验组，而且，在条件许可的情况下，最好同时增加一个相应的控制组。如果实验中没有引入语言水平这个变量，现有的控制组就可以满足设计的要求。

二语研究中因子设计的变体

在上文中，我们介绍了经典的因子设计方法，研究者经常对它略加调整，用于二语研究。许多二语研究并没有正式的"实验处理"

阶段（即对受试者采取具体的实验措施的阶段）。虽然如此，研究者通常会设计某项和语言相关的任务让受试者完成。这项任务具有"双重目的"：它既可以作为"实验处理"，又可以作为实验设计中的后测。研究者把受试者分成小组，让他们进行正误判断，或者进行模仿练习。之后，研究者会考察受试者对语言刺激（如句子和语音等）的反应，并以此为数据来检验实验假设。

弗林（Flynn 1984）的研究对传统的因子设计进行了调整。这项研究旨在调查母语为日语和西班牙语的学生在准确模仿英语中"右向分支"或"左向分支"[①] 状语短语时的差异。弗林的研究假设是：母语短语的"基本分支走向"会影响学习者模仿目标语（如英语）中类似短语的能力。

这项研究的受试者并不是经过真正的实验设计所要求的随机抽样选取的。研究者对受试者进行了前测，以确定他们的语言能力，并将他们分为初级、中级、高级三个水平组。然后，研究者根据不同的母语背景，再次对受试者进行分组。实验设计并不包括实验处理阶段，但研究者设计了一项让受试者模仿造句的任务。

吉尔伯恩等人（Kilborn et al. 1987）的研究也采用了类似的设计。这项研究的目的是探究双语使用者（荷兰语-英语）的英语语法判断能力。研究者要求受试者辨别几组句子中的主语或动作的施动者成分。在受试者进行该项任务之前，研究者根据他们的语言水平对他们进行了分组。该项研究和上述弗林的研究一样，实验处理阶段都要求受试者对研究者所出示的句子进行语法判断。

可以说，在此类研究中，实验之前的"实验处理"指的是受试

[①] 左向分支是指修饰语的位置在中心词前，而右向分支是指修饰结构在中心词后。中文和日语是左向分支结构，而英语和西班牙语是右向分支结构。——译者注

者对第二语言的接触。这些研究中前测的主要目的是在实施语言任务前确定受试者的外语水平。而且，研究者没有对受试者进行随机分组，因为实验组的学生就是母语为荷兰语、日语、西班牙语的"自然班级"中的学生。但是，此类研究也可以使用随机取样的办法。比如，在吉尔伯恩等人的研究中，实验任务涉及几组不同的句子。研究者随机将这些句子发给受试者，调查受试者的语言处理情况。此类研究设计兼备了因子设计和我们下文即将讨论的准实验设计的特点。

6 准实验设计

准实验设计（Campbell and Stanley 1963）是指利用现有的客观条件进行研究的设计方式。准实验设计更能反映教育场景的真实情况。我们在上文中把一些研究设计归类为"准实验"设计的原因是：受现实条件所限，研究者无法控制所有的变量，也无法根据研究目的对受试者进行重新分组。

齐科（Cziko 1980）的研究是在正常教学条件下进行实验性研究的典型实例。这项研究旨在调查在加拿大学习法语（第二语言）的学习者所使用的阅读策略。在该项研究中，作者将母语为法语的小组作为控制组，比较分析了中级学习者和高级学习者在使用"以语境为基础的"与"以图形为基础的"有声阅读策略方面的差异。参与调查的三个实验组均为加拿大一所中学的现有班级。

在现实情况下，由于学校和班级的存在，研究者会受到诸多限制，不可能自由地控制研究变量。通常，语言课程的管理者不愿妨碍现有的课程，或为了满足随机抽样要求，把受试者分到不同的实验组。参与实验班级的任课教师会面临提升学生语言水平的压力，也不愿意损失课堂教学时间来进行实验，除非他们认为研究会带来立竿见影的效果，比如，学生的学业有进步，或授课效果更好。

通常情况下，学生（尤其是成人学生）不大愿意参与实验或研究。他们认为，这会干扰自己正常的学习或工作。这也解释了我们在前文中提到的为何只有少量受试者自愿参加尤班克（Eubank 1987）的研究。很多二语课程都是为移民或外来务工人员而设置的；因为工作变化或家庭需要，他们的流动性很大。

上文介绍了一种单组设计（即等值时间抽样设计），该设计试图克服在真实的教学环境中实施研究的局限。尽管"等值时间抽样设计"不是真正的实验设计，因为它无法进行随机分组，而且只能考察一组受试者，但研究者仍可以采取多种措施，尽量控制影响研究内部效度的无关变量。

准实验设计更可能保证研究的外部效度，因为它更接近真实的教育环境。因此，研究结果的应用者（如语言教师）对准实验设计的抵触情绪较小。而且，由于准实验设计对受试者的干扰程度较低，所以研究者更容易接近受试群体，也更容易开展研究工作。鉴于此，准实验设计既适合教师本人开展研究，也适合作为前期研究来确定研究思路。总之，研究者应该了解真正的实验性研究设计和准实验性研究设计的相对优势。这里，需要再次强调的是，研究的最大的问题是控制影响研究内部效度的因素。

7 分离样本设计

分离样本的前测/后测设计

在研究者一次只能接触到一组受试者的情况下，最适合采用分离样本的前测/后测实验设计。

研究示例

在上述例子中，研究目的是调查语言实验室培训对高水平学习者发音的影响。然而，每隔三周，这个项目才有一个"高水平"班级的课程。

如果要使受试者的数量达到研究设计的要求，研究者需要至少调查三个班的学生，并获得相关实验结果。研究者可以重复使用本章前文介绍的单组"前测+后测"设计来进行调查，但是需要把不同组的受试者看作是"时间序列设计"的同一组受试者。换言之，我们每次用不同的研究对象进行相同的实验，但研究对象所代表的群体特征是一样的。

第 1 期班级：（第一周）观测 1　　实验处理　　观测 2
第 2 期班级：　　　　（第三周）观测 3　实验处理　　观测 4
第 3 期班级：　　　　　　　　（第六周）观测 5　实验处理　　观测 6

分离样本设计具有多种优势。首先，它可以接触更大的受试者样本，解决一次实验中受试者人数短缺的问题。而且，分离样本设计适用于调查多组受试者的研究，也适用于历时较长的研究。此外，分离样本设计有助于研究者控制"历史"因素的影响。从这个意义上看，分离样本设计更像单组时间序列设计。在单组实验设计中，如果观测 2 的结果优于观测 1 的结果，这可能是实验以外的偶然因素引起的。然而，如果我们进行组间比较，发现在连续几个学期之内，每个组的后测成绩（观测 2、观测 4 和观测 6）都高于前测成绩，我们就可以推断：不可能在连续三个学期里都出现了同一个偶然因素。

在使用分离样本设计时，控制"历史"因素影响的另一个办法就是把后测分数和前测分数进行组间比较。读者可能认为，受试者发音水平的变化不是由实验室培训引起的，而是因为受试者经过一段时间的语言接触，发音水平自然而然地得到了提高。针对这一问题，研究者可以再次通过组间比较来控制变量。在比较了观测 2 和观察 3、观测 4 和观测 5 之后，如果研究者发现后测成绩都高于前测成绩，则可以指出，每次实验前，所有组的语言发音水平是一样的，受试者的语音变化确实是由语言实验室培训引起的。

可能影响研究内部效度的另一个因素是前测的"敏感效应"问题。研究者需要使用前测设计来确保各组受试者在实验前的同质性，同时，研究者还应该注意避免前测增加受试者对实验中使用的语言材料的敏感度。

8 本章小结

本章介绍的内容并不是实验性研究设计的行动指南，而是二语研究中实验和准实验性研究设计的范例。研究者应该熟悉实验性研究的基本要素（受试者、实验处理和实验处理效果的测量）以及可能影响实验效度的各种因素，并根据本章介绍的基本设计类型，对研究课题的设计进行适当的调整。

本章介绍了控制或处理研究变量的一些方法，具体包括单组设计、控制组设计、因子设计和准实验设计，但是，我们并没有讨论这些设计中可能出现的其他多种变体。有关这些变体的讨论，可以查阅相关的研究文献和本章后面列出的参考文献。

本章练习

1. 从二语研究期刊中选取实验性研究的论文，说明论文中出现的设计类型。从研究问题的角度来看，你认为作者所使用的设计存在哪些优点和缺陷？你认为还可以采用什么不同的设计来调查研究假设？

2. 教育学研究的一些文献介绍了一系列"追溯性"实验性研究的设计方法。为什么使用"追溯性研究"这个术语？从参数一（研究思路）和参数二（研究目的）的角度来看，为什么"追溯性研究"更适合被归类于第6章所介绍的研究设计类型？

3. 二语习得领域的关键期假设认为，人们在青春期后，第二语言的一些方面是无法习得的。里德·诺伊费尔德（Read Neufeld 1987）利用实验性研究的方法，检验了这个假设。请使用与诺伊费尔德不同的设计来检验关键期假说。描述有待调查的二语特征和受试者的特征。哪些因素可能会影响研究的内部效度和外部效度？如何对这些因素进行控制？

参考文献

Campbell, D. J. and **Stanley**, J. C. 1963.'Experimental and quasi-experimental designs for research on teaching' in N. L. Gage（ed.）: *Handbook of Research on Teaching*. Chicago: Rand McNally.

Cziko, G. A. 1980.'Language competence and reading strategies: A comparison of first and second language reading errors.' *Language Learning* 30/1: 101–116.

Eubank, L. 1987.'The acquisition of German negation by formal language learners' in B. Van Patten, T. R. Dvorak, and J. F. Lee (eds.): *Foreign Language Learning: A Research Perspective*. Cambridge, Mass.: Newbury House.

Ferguson, G. A. 1971. *Statistical Analysis in Psychology and Education* (third edition). New York: McGraw-Hill.

Flynn, S. 1984. 'A universal in L2 acquisition based on a PBD typology' in F. R. Eckman, L. H. Bell, and D. Nelson (eds.): *Universals of Second Language Acquisition*. Rowley, Mass.: Newbury House.

Hatch, E. and **Farhady, H.** 1982. *Research Design and Statistics for Applied Linguistics*. Rowley, Mass.: Newbury House.

Kamil, M. L., **Langer, J. A.**, and **Shanahan, T.** 1985. *Understanding Reading and Writing Research*. Boston: Allyn and Bacon.

Kilborn, K. and **Cooreman, A.** 1987. 'Sentence interpretation strategies in adult Dutch-English bilinguals.' *Applied Psycholinguistics* 8/4: 415–431.

Lightbown, P. and **Libben, G.** 1984. 'The recognition and use of cognates by L2 learners' in R. Andersen (ed.): *Second Languages: A Cross-Linguistic Perspective*. Rowley, Mass.: Newbury House.

Neufeld, G. 1987. 'On the acquisition of prosodic and articulatory features in adult language learning' in G. Loup and S. H. Weinberger (eds.): *Interlanguage Phonology: The Acquisition of a Second Language Sound System*. Cambridge, Mass.: Newbury House.

Sax, G. 1979. *Foundations of Educational Research*. Englewood Cliffs, N. J.: Prentice-Hall.

Siegel, S. 1956. *Nonparametric Statistics for the Behavioral Sciences*. New York: McGraw-Hill.

第 8 章

数据和数据收集方法

我编制了一张"捕月网"
今晚,我要去捕捉月亮
我要一边跑
一边在头上挥动着"捕月网"
捕捉那个大大的光球

明天
当你仰望天空
发现月亮踪影全无
你便知道
我所说属实
我寻觅到了我的所求
月亮终于进了我的"捕月网"

西尔弗斯坦(S. Silverstein):
"捕月网",载于《阁楼的亮光》,1981

1 引言

在前面的章节中，我们主要讨论研究者如何根据研究目标确定研究计划。研究计划确定后，接下来就是研究数据的收集工作。研究质量的高低在很大程度上取决于数据质量的好坏，而数据的质量又与数据收集的方法有直接关系。因此，研究者应注意使用科学的数据收集方法，获取高质量的数据。考虑周全的数据收集方法通常会产生高质量的数据，更好地保证研究发现和研究结论的有效性，反之则经常会导致无效的研究结论。

在第 2 章中，我们介绍了二语研究的范式及四项参数，其中第 4 项参数主要涉及数据与数据的收集。我们知道，数据收集参数由两部分组成：一是二语习得研究中数据构成的确定，二是数据收集方法的确定。

数据构成的确定

关于数据收集参数的第一项内容（即确定数据的构成），我们从第 2 章中得知，二语习得研究数据可以是与二语习得过程有关的任何行为，也可以是各种二语学习现象，如学习者的发音、对话、语言输出和解决语言问题的策略，对待二语学习及其母语使用者的态度，课堂教学中的师生对话，以及学习者在完成评价、翻译、模仿等元语言任务时的表现。

但是，要确定一项具体的二语习得研究中的数据构成，主要取决于研究目的以及具体的研究变量。因此，数据收集的第一步是对研究变量进行清晰、准确和严格的界定。大部分变量具有抽象性，研究者需要使变量具有可操作性，即：确定能够为变量的描述提供有效证据的具体的学习行为。而且，这些学习行为必须是被应用语言学及相关学科理论认可的抽象变量，才能作为研究数据。

我们假设要对"语言能力"这一变量进行研究。如上所述，首先，研究者需要使这个抽象变量具有可操作性，以便确定相关数据的构成。该项研究探讨的语言行为将为检测习得者是否具备语言能力提供有力的依据。这些语言行为包括发音的准确程度，口语的流利程度，词汇的掌握情况，与特定阶层的母语使用者会话时语体的恰当性，某些语法结构的掌握情况，或是与其他语言能力理论相关的语言习得行为。上述任何一种语言行为，任何通过不同的数据收集方法获得的语言行为，都可以视为研究数据，因为这些语言行为都能说明学习者所具备的语言能力。显然，我们现在用来衡量语言能力的行为表现与20年前有所不同，因为当时的语言能力理论与现在的不同。

我们再假设要对"教师效能"这一抽象变量进行研究。同样，我们首先要使变量具有可操作性。这就需要根据目前有关教师效能的理论，来确定该变量的具体表现行为。相关理论提出，具备教师效能的教师必须掌握某一门学科知识，熟悉最新的教学方法和教学理念，能够建立良好的师生关系。这些行为将被视为研究数据。这里，我们假设，具备教师效能的教师应该有这些行为表现，而不具备教师效能的教师则没有。这些行为可以通过一系列数据收集方法进行调查，如问卷、测试及观察等。关于这些数据的收集方法，我们将在下一节进行详细阐述。

上述两项研究示例表明，为确定数据构成，我们需要采取一系列步骤。第一步是对某一研究中的变量进行准确、清晰的定义，即：研究者需要根据现有理论，确定与变量有关的行为，使研究变量具有可操作性。在行为评估过程中，收集到的数据多种多样，如测试分数、描述、会话、问卷反馈、访谈、言语描述、课堂语言行为观察等。

数据收集方法

研究者确定了要收集的数据类型之后，接下来就是确定数据收集的方法。这时，研究者需要从大量可用的数据收集方法中选择恰当的一种方法。不同的数据收集方法适合不同的数据类型，但是，对于同类数据，研究者可以采用多种收集方法。

因此，如果"准确的单词发音能力"是研究者选择调查的一种语言能力行为，那么，研究者应选择适当的研究步骤，对这项语言能力进行研究。如果已经确定具体音素，研究者可以通过测试的方式来收集数据：研究人员在语言实验室录制受试者的发音情况。或者，如果研究者希望获取受试者在日常会话中的发音情况，就需要对受试者在自然语境中的话语进行观察和录音。除了上述两种数据收集方法以外，研究人员还可以采用其他数据收集方法，如问卷调查（要求学习者对语言能力进行自评）或访谈（要求学习者对其他同伴的语言能力进行评价）。同样，在"教师效能"研究中，"师生关系"方面的数据收集方法可以包括访谈（访谈教师和学生）、问卷（调查对象为教师和学生）或观察（课堂教学中师生的具体行为）等。"教师对学科知识的掌握情况"及"教师使用的教学方法"方面的数据，可以通过测试和（或）观察（实际课堂教学）的方法获取。有时，在同一项研究中还可以运用多种数据收集方法，同时从多个渠道获得数据信息。

下面，我们将讨论数据收集方法的选择标准。选择标准根据不同的研究设计（前面章节中已作讨论）而定。

选择标准

有关选择数据收集方法标准的讨论，我们将参照第 2 章及参数四

(即"数据和数据收集")的内容。我们前面提到,参数四体现了研究意识和研究可操作性之间的关系。因此,研究方法、研究目的和研究设计将通过数据构成、数据收集和数据分析的方法体现出来。可见,数据收集方法经常取决于研究性质(例如:综合性或启发性、分析性或演绎性),因为数据类型通常与研究设计和研究问题的性质有关。

2　数据收集参数

参数四的主要特征是数据收集方法的明晰度。这一点,我们可以通过连续体概念来理解。我们通常会发现,在连续体的一端,有一些常见的、普通的、研究目的不甚明确的数据收集方法;而另一端的数据收集方法则更加具体、结构更明晰,且通常是预先设定的。宽泛的、普通的收集方法具有较低的明晰度,而结构明晰的收集方法具有较高的明晰度。图8.1呈现了数据收集方法明晰度的连续体。

低明晰度◄──────────────────────────────►高明晰度

启发性/综合性　　　　　　　　　　　　　　分析性/演绎性
　研究　　　　　　　　　　　　　　　　　　　研究

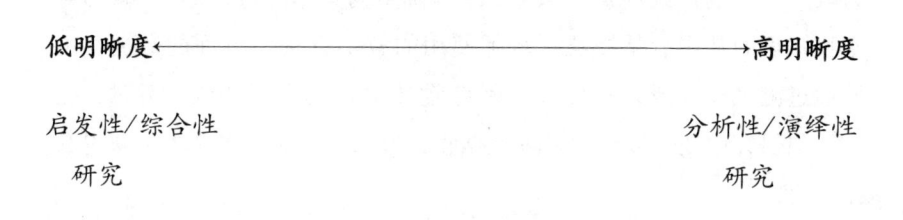

图8.1　参数四:体现数据收集方法明晰度的连续体

使用低明晰度的数据收集方法通常是通过公开、非正式的方式进行,而且通常需要几种方法同时使用。常见的方法有田野调查笔记、录音、日记、观察以及对受试者进行公开、非正式的访谈或会话。大多数情况下，启发性/综合性研究（详见第 6 章）采用这些数据收集方法。启发性/综合性研究强调交互性语境中对语言现象的理解。在这类研究中，研究者不用将变量从语境中分离出来，也不用在数据收集之前预设精确的数据收集方法。

高明晰度的数据收集方法包括使用"正式的"、结构明晰的数据收集方法，即在研究前就确定了目标数据的主要类型。这类数据收集方法包括结构化问卷、分立式测试、正式访谈及元语言判断测试。无论使用哪种数据收集方法，受试者通常只需要回答指定的问题或对预先设计好的具体问题或"刺激"做出反应，无需针对问题做进一步说明。这些数据收集方法常常运用于分析性或演绎性研究（如第 7 章所述）。在这两类研究中，研究者通常设计具体的研究假设或研究问题，并预先确定收集研究数据的渠道。

因此，使用高明晰度还是低明晰度的数据收集方法，通常（虽然也有例外的情况）取决于研究设计。需要注意的是，同一种数据收集方法的明晰度可能也会有所不同：有时候明晰度高，有时候明晰度低。例如，当研究人员使用宽泛的问题提问，而又未预设准确、具体的访谈问题时，访谈是开放式的（明晰度低）。而在其他研究中（如实验性研究），访谈则更加结构化（明晰度高）。在这类研究中，访谈包括预设的具体问题，受试者将按具体要求作答。

同样，在一些研究设计中，"观察"法的明晰度可能较低。在没有预先确定研究重点的情况下，研究者通常会观察和记录研究过程中出现的所有信息。另一种情况是：研究者借助研究工具（如"研究问题清单"）进行结构化观察。"研究问题清单"能引导研究者有目的地观察和记录受试者的具体的行为。有时，研究者也可能在一项研究中使用多种数据收集方法来获取不同渠道的数据资料（Denzin

1978，Mathison 1988）。

这里，读者应该了解第 6 章详细论述的有关数据收集方法和研究范式关系方面的争议，弗尔斯通（Firestone 1987）及其他学者对此做过深入的探讨。比如，"纯粹主义者"和"实用主义者"对待研究方法的立场泾渭分明。"纯粹主义者"认为，研究者不能混用定量和质性研究方法，因为这两种方法基于不同的研究范式，对世界的看法和对数据构成的假设也不同；另一方面，"实用主义者"认为，研究方法仅是一些技巧的集合，与研究范式无关。他们通常认为，理论上，所有数据收集方法都是合理的，适用于绝大多数研究设计（质性研究、相关性研究、实验性研究等）。但是，某些数据收集方法可能更适合于某一类研究设计。

下面，我们将介绍二语习得研究中几种常见的数据收集方法。下一节将讨论确保数据收集方法质量的具体标准以及设计、调整、使用这些数据收集方法的一些准则。

3 数据收集方法的种类及其问题

在本节中，我们将根据前面讨论过的"数据收集参数"的框架，介绍二语习得研究中可以使用的数据收集方法。图 8.2 列出了本节将要讨论的数据收集方法。该图反映了这些数据收集方法的连续体形式：左侧的收集方法明晰度低（通常适用于启发性/综合性研究），右侧的收集方法明晰度高（通常适用于分析性/演绎性研究），中间部分的收集方法适用于两种研究类型。

我们将按照明晰度由低到高逐渐过渡的顺序，介绍不同的数据收集方法。

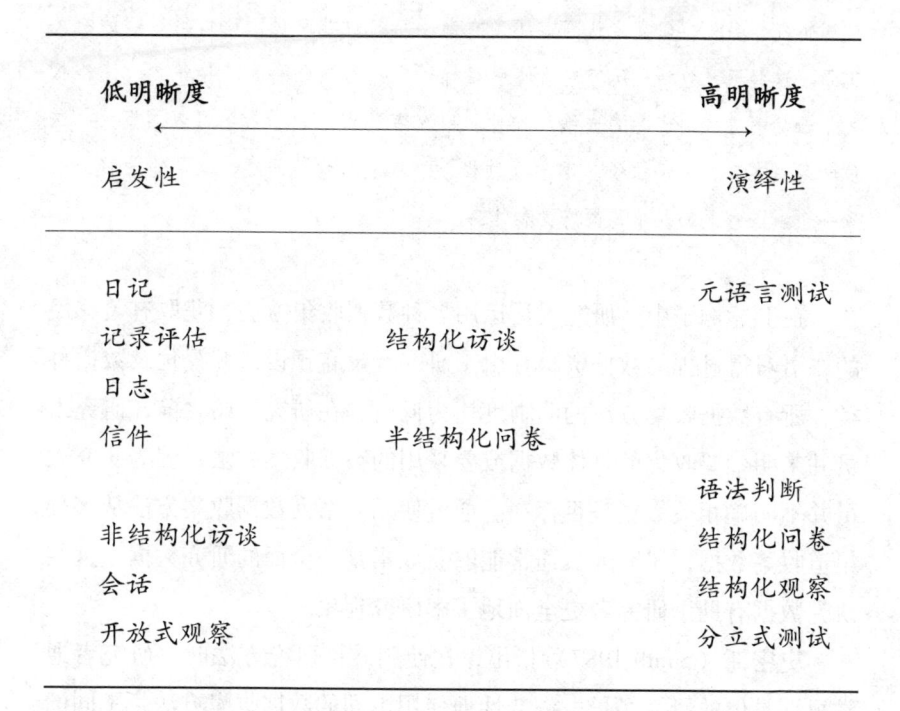

低明晰度	高明晰度
启发性	演绎性
日记	元语言测试
记录评估　　　结构化访谈	
日志	
信件　　　　　半结构化问卷	
	语法判断
非结构化访谈	结构化问卷
会话	结构化观察
开放式观察	分立式测试

图 8.2　不同类型研究的数据收集方法示例

质性研究中的数据收集方法

在质性研究（如第 6 章讨论的启发性或综合性研究）中，研究对象通常是自然语境中的某一现象，研究者通常同时使用多种数据收集方法，并且不同数据之间具有推导性。

研究示例

某项研究试图调查一组移民是如何习得所居住国语言的。研究者访谈了数位移民，让他们陈述自己的学习经历并反思一些有益的学习过程。研究人员还观察了这些移民在工作中与同事交流，以及在家里与配偶、子女交流时的二语使用情况。另外，研究者认真审阅了有助于了解这些移民二语习得过程的有关记录。这些记录包括：研究对象使用目标语言所写的信件、工作笔记、工作报告、参加语言培训班时的成绩和作业。研究者还审阅了一名学习者的日记。这位学习者在日记中记录了二语学习过程、学习中遇到的问题，以及作为移民初到一个新国家最初几个月的感受和体会。

在上述例子中，研究人员运用多种数据收集方法，获取有关移民的二语习得过程的数据资料。由于研究者没有预设研究视角及数据种类，所有数据收集方法的明晰度均为低值。在研究开始之前，研究人员并未明确要收集的具体数据或要采用的数据收集方法，因为研究人员并不明确相关数据是否存在。通过使用一系列数据收集方法从多种渠道收集数据，研究人员通常能够获取丰富、全面的研究数据。这些研究数据有助于研究者更全面地了解研究现象。

史密斯（Smith 1987）指出，在使用质性研究方法时，研究者通常根据具体的研究场景，创造性地使用不同的数据收集方法，不同的数据收集方法又各有利弊。因此，并不存在真正"合格"的数据收集方法大全。实际上，许多方法都有其合理性。

在质性研究中，典型的数据收集方法包括访谈研究对象、编制访谈对象的简历、实施开放式问卷调查、获取排序和排名等信息，还包括使用"不干扰学习者"的研究数据，如学生的笔记、教师的讲义和行政文件等。

下面，在对上述数据收集方法进行简要的举例说明之后，我们还将对这些数据收集方法进行更详细的阐述。

访谈。多种访谈形式适用于二语习得研究。但是，在质性研究中，最典型的访谈形式包括开放式、非正式、非结构化的访谈。根据访谈者所需的信息和受试者的回答，访谈可分多种情况。受访者的回答通常包括大量的阐述和说明，这种访谈更像是聊天。为避免受访者察觉到正在参与一项研究，研究者要尽量使受访者感觉不到研究者正从他们那里获取信息，或者他们被要求回答某些问题（参见本章下文所阐述的"开放式访谈"部分）。

开放式观察。观察是质性研究中常用的研究方法。在质性研究中，研究人员通常对访谈对象在同一时间进行的一系列行为进行观察，而不预设观察重点。观察者可以是参与到被观察项目中的一位成员，而其他成员并不知情；观察者也可以是非成员，以局外人的身份，详细地记录所有发生的行为（参见第6章对"参与观察法和非参与观察法"的论述以及本章对"非结构化或开放式观察"的论述）。

记录评估。记录评估是质性研究中的另一种数据收集方法。研究人员对所收集的文件及其他材料的内容进行评估和分析（即内容分析）。此类记录和文件包括：会议记录、成绩单、函件、笔记簿、历时记录、文件、通信、测试、作业及教师的评语等。

日记。日记指的是受试者或研究人员对某一过程和现象不同方面的书面记录。这一方法广泛运用于二语习得研究中，尤其适用于收集有关二语学习者或二语教师经历的数据（Bailey 1983，Schumann and Schumann 1977）。

通过采用上述方法所收集的数据有多种形式，如基于研究者记录的口头描述、卡带（录音或录像），甚至"个人印象"或"趣闻轶事"。研究者会收录这些数据并进行后期记录。通常，研究者会转写这类数据，加强数据的可操作性。例如，音频和视频材料经常需要转写或概述。研究者在转写数据时，音视频材料中的每一个字都将被记录。但是，转写数据时也会遗漏一些信息，如说话人的口音、音调、重音或其他非言语信息，而这些信息对研究现象的理解或许是有用的。此类数据的具体分析方法参见第 9 章。

下面，我们按照明晰度的递进顺序，介绍其他二语习得数据的收集方法。

观察

在前面的章节中，我们已经简要介绍了在质性研究中如何运用观察法来收集数据。在这一节里，我们将按照明晰度由低到高的顺序，介绍几种不同的观察方法。

"观察"一直是质性研究中的一种主要的数据收集方法。但是，近来，结构化更强的观察方法也被运用于定量研究中。在二语习得研究中，观察法最常用于收集习得者在不同语境中的语言使用情况，研究课堂教学过程及师生行为。

观察法主要用于研究某个现象和某个正在进行的行为。观察可以在多种环境下进行，例如，需要收集语码转换数据的研究人员可以观察学习者在家中、工作场所、学校或教室里的语言使用情况。

观察法的主要优势在于：研究者可以近距离地观察研究现象以及许多语境中的变量，这一优势对于语言行为研究十分重要。但是，优势也可能成为劣势，因为近距离观察也可能使观察者产生偏见，从而影响研究者的客观性。另外，观察者在研究场景的出现，可能会影响受试者的表现。这一点，我们在第 6 章中已进行了阐述。

观察者可以是被观察小组中的成员，也可以是被观察小组以外的研究人员。观察对象可以是一位小组成员，也可以是几位小组成员，甚至是整组成员（如一个班级）。观察时间可以是一堂课、几堂课，或者中途可以停顿，如每隔三秒停顿一次。

不同观察类型的明晰度也不尽相同。明晰度高的观察方法为"结构化"观察：研究者通常会针对所观察的环境预设观察目标。明晰度低的观察方法为"非结构化"或"开放式"观察，这类观察所记录的数据比较宽泛。在结构化观察中，研究者通常会借助研究工具，明确观察重点和所要收集的具体数据。互动分析就是一种高明晰度的观察方法。在观察课堂活动时，研究人员往往借助工具，使数据收集方法以及观察重点更加规范。这种工具可以预设观察重点。近年来，研究人员已经开发出大量的研究工具用于调查不同的课堂活动（Flanders 1970, Fanselow 1977, Bialystok 1979, Allwright 1983）。这些研究工具包括可供专业观察者进行查看、记录（通常以评分或数字形式）的行为清单。研究人员可以在观察课堂活动时进行记录，也可以针对音视频资料和转写资料进行记录。下列清单可供研究人员在核对某项目标行为是否出现时使用。数值量表和评级量表等工具，也可以帮助研究人员对观察到的行为或现象进行评级和定量处理。

研究示例

A 清单

目标观察行为：学生课堂表现

任务：检查学生是否有以下行为表现：

	有	无
(1) 要求学生将生词译成母语	——	——
(2) 在与教师对话中使用母语	——	——
(3) 在与教师对话中使用二语	——	——
(4) 在与同学对话中使用二语	——	——
(5) 翻阅教材/词典查找生词	——	——
(6) 就语法点向教师提问	——	——

B 数值量表

目标观察行为：学生使用二语提问

任务：学生使用二语提问的频率：
总是——；经常——；有时——；从不——

C 评级量表
目标观察行为：学生的课堂任务参与情况
任务：请标明学生的参与情况：
积极参与 (1) (2) (3) (4) (5) 不太积极参与

在另一组明晰度低的观察类型中，观察更加开放。随着观察目标的逐渐清晰，观察过程中收集的数据可能会出现变化。这几类观察要求观察人员使用比较宽泛的语言对观察现象进行印象性的描述，如以下 D、E、F 所示。

D 开放式观察 (1)
观察行为：语言课堂中学生的参与情况。
任务：描述三名学生在语言教学活动中的参与程度。

_____

_____

E 开放式观察 (2)
观察内容：教师和学生在二语课堂中使用母语的情况。
任务：描述教师和学生在小组活动中使用的语言类型和数量。

F 观察并描述两名学生在课堂和课间（在校园玩耍时）的语言使用类型。

_____

_____

从结构化程度较高的观察中获得的数据形式通常是核对的资料、计分、频次、评级等，而从开放式观察中获得的数据形式通常是观感、现场记录、录音或转写的资料等。"观感"通常没有现场记录，因此，如果需要核实数据，则会出现困难。"笔记"可以提供记录，但又取决于观察者是否有机会和能力精确地记录所观察的内容。此外，有观察人员在场可能会影响受试者的行为。录音过程不仅会带来干扰，而且，录音目的仅限于记录对话的语音内容，录音效果也有差异。录像能提供更为详尽的数据，但视频效果取决于录制设备的质量及录制内容的选取，此外录像比录音对受试者的干扰会更大。转写是将口头数据转为文字记录的一种方式，通常会遗漏一些重要的语境因素，而这些语境因素是观察现场对话的有机构成部分。所以，研究人员必须选择记录观察数据的最佳方式，这在很大程度上取决于研究目的、研究目标及研究设计。但是，对于所有的观察类型，我们建议，观察人员应接受观察技巧方面的培训，如记笔记和音视频录制等技巧方面的培训。培训能有效提高收集数据的精确度和效度。

近年来，由于研究者对课堂研究的关注，"观察"作为一种数据收集方法，得到越来越多的重视。我们建议读者参阅"黑箱内部"一文（Long 1980），广泛了解课堂研究中观察方式的分类情况。在该文中，朗（Long）根据记录方式的使用、观察对象的类别、编码选项、认知活动层面和分析单元等特点，对观察方式进行了分类。朗认为，使用结构化观察工具的最大问题在于效度，即理论依据的可靠性。

我们建议研究人员同时使用多种观察手段，用于课堂研究的不同层面。一些观察手段更偏结构化，如互动分析；而另一些观察手段则更具开放性。每种观察方式针对课堂的不同层面相互补充。通过使用多种观察手段，研究者可以更全面地了解语言学习课堂活动或其他目标研究场境的情况（关于语言课堂中观察方式运用的详尽论述，请参阅 Allwright 1988）。

研究示例

贝哈拉诺（Bejarano 1987）比较了三种外语教学方法的教学效果。为了检测在实际教学中教师是否正确使用了每一种教学方法，三名观察者对课堂教学进行了观察。首先，对三位观察者进行录像观察法及课堂观察法的培训，直到三位观察者就观察标准达成共识才进行正式观察。实验期间，三位观察人员分别就 20 项内容对每个班级进行了两次观察。他们还对一节课中的前 7 分钟、中间 7 分钟、最后 7 分钟的课堂情况进行了观察，每隔 15 秒钟进行一次评级。另外，观察人员还需要针对学生参与各种课堂活动的表现来撰写观感报告。

上述例子中，研究人员使用观察法检测教师运用教学方法的正确性。运用结构化的观察工具进行观察时，研究人员预设了目标情境下的观察重点。结构化的观察也可以采用非结构化和开放式观察作为补充，这样，观察人员可以报告课堂的一切活动。

访谈

访谈旨在通过与受试者直接交谈来获取信息。访谈可以是面对面的交流，也可以是电话访谈。访谈具有"深入交流""自由回答"和"灵活处理"等其他数据收集方法不具备的特点。访谈者可以探究并获取出乎预料的信息和数据。在开放式或非结构化访谈中获取的大量信息，通常是在访谈过程中偶然获得的。但这种方式也存在缺陷，如资金投入大、费时、实施难度大。而且，访谈质量取决于有效的访谈技巧，访谈技巧通常需要通过大量的培训才能掌握。访谈者可能带有主观因素和个人偏见，而且，访谈者与受访者之间的融洽关系可能会促使受访者以某种方式进行回答,以取悦访谈者。

在二语习得研究中,访谈被用于收集隐性变量,例如,对目标语言或目标语言族群的态度和二语学习动机。访谈可以作为数据收集方法,获取学习者语言能力的相关信息。最近,访谈也用于获取语言学习者在多种情境下输出和习得语言过程中策略使用方面的信息。在这些研究中,语言学习者必须口头报告在输出不同特征的语言材料时所使用的认知策略和认知过程。下节中,我们将详细阐述"口头报告"的几种方式。

根据明晰度和结构化程度,访谈可以分为开放式访谈和结构化访谈等多种形式。受访者接受"开放式"访谈时,在观点表达和阐述方面均有很大的自由,通常类似于非正式谈话。访谈内容可以比较深入,一个问题可以引发另一问题,无需遵循预设的问题清单。访谈通常会有一个主题,但由于受访者可以充分地表达自己的观点,访谈中会出现大量预想不到的信息。这类信息不太可能出现在偏结构化的访谈中。因此,这类访谈大多用于质性研究和描述性研究。

在"半开放式"访谈中,研究者会预设一些具体的核心问题,并根据访谈情况,允许受访者在一定范围内自由地阐述对相关问题的看法,以获取更深层次的访谈信息。"半结构化"访谈预设了具体、明确的问题,但同时允许受试者对问题进行自由阐述。"结构化"访谈包含预定的问题,这些问题在访谈中直接向受访者提出,不允许受试者在问答环节进行自由阐述。这种访谈通常用于收集统一、具体的信息,更适用于大量受试者的访谈研究。

在进行半结构化和结构化访谈时,访谈者会使用一份"访谈清单",列出访谈问题或需要访谈的话题,并留出空白以记录访谈信息。在较开放式的访谈中,访谈者有时会使用录音或录像等辅助性工具,或记录访谈要点。

下面列举了在明晰度不同的访谈中使用的一些问题。

研究示例

a) 下列四个选项中,哪一项最能恰当地描述你的二语水平?

(1) 新移民＿＿＿＿＿＿＿＿＿＿＿＿＿＿＿＿＿＿＿＿＿＿＿＿＿

(2) 本地母语使用者＿＿＿＿＿＿＿＿＿＿＿＿＿＿＿＿＿＿＿＿

(3) 居住时间10年或以上＿＿＿＿＿＿＿＿＿＿＿＿＿＿＿＿＿

(4) 居住时间不到10年＿＿＿＿＿＿＿＿＿＿＿＿＿＿＿＿＿＿

b) 阅读二语文章时遇到生词,你通常:

(1) 查词典?是/否

(2) 问老师生词的含义?是/否

(3) 不介意生词的出现,继续往下读?是/否

c) 你如何评价所学语言的母语使用者?

(在该开放式问题的后面,可追问做出该评价的原因,例如:这些评价从何而起?这些感觉在课堂上如何体现?这些看法是否会迁移到语言学习过程中?)

d) 遇到生词时,你通常怎么做?

(在该问题之后,可追问以下问题:为什么这样做?在哪里找答案?为何如此?也可以继续给出以下任务:我们一起阅读一篇文章,请向我展示你的策略。在阅读所有类型的文章时,你都使用这些策略吗?这些策略出现的频率如何?)

e) 请口头描述在拿到这篇文章并需要读懂文章的内容时,你是怎么做的?

(该问题可以通过更结构化的方式操作:研究者可以向学习者提供在类似情形下学生们常用的一些策略,并询问受访者是否使用这些策略。如下文例中所示。)

f) 在回答本测试题时,你使用了什么策略?

(1) 在原文中找答案?

(2) 猜答案?

(3) 根据学过的相关学科知识回答?

访谈的性质将决定获得数据的类型。具体而言，结构化程度高的访谈将引出简明扼要的信息，通常以内容核对、符号标记和简短回答的形式出现。而开放式访谈则通常会引出更详细的数据，其形式为访谈中获得的印象、描述和记叙。

数据分析方法取决于数据类型，因此，研究者分析描述型和记叙型数据，主要是探究数据的模式和类别；而分析结构化访谈数据，可以借助统计方法。我们将在第 9 章中讨论这两种分析方法。

访谈的作用在二语习得研究中越来越凸显出来。要收集访谈数据，一个重要的环节就是对访谈者进行有效的访谈策略和技巧方面的培训。这种培训有助于访谈者获取重要的访谈数据。我们将在下文中介绍其他几种保证访谈质量的方法。

口头报告

近年来，作为二语习得研究中的一种数据收集方法，访谈越来越多地用于收集语言处理过程中语言和认知方面的数据。口头报告是指一系列数据收集方法：研究者安排受试者对进行某项认知或语言任务的过程进行口头报告（Cohen and Hosenfeld 1981, Mann 1983）。该方法的理据是：学习者能够针对他们的二语学习策略和二语使用情况，提供深入的信息。

多项二语习得研究使用了"口头报告"的方法收集研究数据。布朗（Brown 1983）收集了关于专家如何撰写阅读文本的摘要的口头报告。为了探究母语阅读困难以及受试者在解决母语阅读困难时所使用的策略，曼（Mann 1983）收集了受试者的口头报告。奥尔萨夫斯基（Olshavsky 1977）通过收集读者的口头报告，调查了阅读策略。最近出版的一本论文集（Faerch and Kasper 1987）收录了许多研究。在这些研究中，研究人员针对不同的二语学习问题使用了不同的口头报告方法。

收集口头报告的方法主要有三种：有声思维、内省报告和回顾报告。有声思维需要受试者在参与某项任务过程中"说出"思维内容，而不去推断自己的思维过程。研究者在使用这种方法时，要求受试者大声说出他们脑海中所想的一切，并大声说出他们在参与任务时所发生的一切，不论这些思维看起来多么微不足道（Hayes and Flower 1980）。

内省报告（introspection）要求受试者在参与特定任务时观察自己的思维活动，并随时报告。

回顾报告（retrospection）是在研究对象完成某项任务后提供的研究数据。该方法要求受试者凭借对某项特定思维活动的记忆来推断出自己的思维过程或策略。（对于这些方法的详细描述，请参阅 Ericsson and Simon 1980, Cohen and Hosenfeld 1981, Garner 1987, Faerch and Kasper 1987）。

研究者认为，"有声思维"能够提供丰富的数据，因为这种办法可以直接提取储存在受试者短期记忆中的信息，并做进一步的处理和口头报告。其他数据收集方法无法提供与受试者的实际经历或思维过程直接相关的信息。

值得注意的是，研究人员需要认识到不同的口头报告方法也存在一些问题。例如，受试者可能会推断出一个（思维）过程，而该过程并非近期所参与活动的直接反应，而是源于早期掌握的知识或曾经在某个场合有过的一种相似经历。此外，一些社会或心理因素，如实验实施者和受试者的互动、受试者的合作意愿以及实验场景，也会对研究产生影响。而且，受试者可能不习惯"有声思维"的任务，感觉难以同时完成两项任务，因此在口头报告时，会遗漏一些重要信息。另一个问题是，为取悦实验者，受试者可能会矫枉过正，提供他们认为实验者希望获取的信息，而这些信息没有真实地反映他们的思维状态。研究人员获取某项数据的期望也会间接地影响受试者的行为。所以，使用口头报告方式收集的数据，在信度和效度方面会存在一些问题。（本章后半部分将讨论信度和效度的概念。）加纳（Garner 1987）指出，在有些情况下，受试者的认知能力有限，语言技巧匮乏，或因为这些因素的综合作用，研究者无法收集到具有充分说服力的数据。若受试者为儿童，"有声思维"方法也难以实施。最后，"口头报告"这项任务本身就可能对研究带来负面影响——额外的口头报告会干扰思维过程。

为了在一定程度上减轻上述问题的负面影响，研究人员会通过问卷调查或书面回答的方式收集辅助性数据，以增强主要数据的说服力，获取能够表明评分者一致性信度或评分者自身信度的指标。对受试者进行实验方法培训，也可以最大限度地减轻一些问题的负面影响。

本节最后，我们将针对"有声思维"数据的收集方法，提供一些建议。

——召开预备会议，邀请所有受试者参加，加强研究者和受试者之间的互相了解，同时对研究目的和受试者要参与的项目进行说明，给受试者进行"有声思维"实验演练的机会。

——受试者应该了解实验任务，并尝试在实验过程中口头报告他们的思维活动。鼓励受试者提出在理解文本或问题时遇到的困难，并口头报告阅读过程中产生的混淆和疑惑。如果受试者感觉无法口头报告思维过程，研究者不应该勉为其难。

——通常使用母语对受试者进行单独访谈，对访谈过程要进行录音。不限制受试者完成实验任务的时间，研究人员应尽量不干预实验过程。如果口头报告过程中出现长时间的停顿，研究人员应该尝试以提问的方式诱导出信息，问题可以是"你在想什么?"或"你在考虑什么?"

——在"有声思维"实验过程中，研究人员可以适时对受试者的外显行为进行记录（比如，回读文章，用下划线标注单词）。

——转写录音材料，并采用第9章介绍的"口头报告分析法"分析转写材料。

总之，尽管口头报告方法在追忆及提取某些数据方面具有价值，但并不能确保提取的数据反映了学习者大脑中的真实思维过程。虽然该方法广泛用于二语习得研究，但对口头报告结果的讨论应该采取谨慎的态度，正如梅臣鲍姆（Meichenbaum 1980）所言，口头报告的主要作用是为揭示潜在的思维过程提供线索。

问卷

问卷是为了收集数据而印制的书面材料。受试者就材料上的问题和陈述的观点进行作答，通常以不记名方式进行。问卷调查与访谈区别不大，二者都要求受试者对研究人员提供的"刺激"做出反应。实际上，研究者经常综合使用这两种方法。问卷调查中，"答案"通常以书面形式出现，而访谈中，受访者常以口头形式作答。在二语习得研究中，问卷大多用于收集有关态度、动机及自我概念等不易观察到的现象方面的数据；也可以用于收集言语使用过程方面的数据，了解受试者的背景信息，如年龄、以往语言学习经历、所掌握语言的数量、语言学习年限等。

问卷调查具有以下优势：a）可以自主实施，并同时对大量受试群组开展调查。因此，相比其他数据收集方法（如访谈等），问卷调查的实施费用较低。b）若采用匿名方式，受试者将更容易分享内容敏感的信息。c) 因为所有受试者使用同一份问卷，数据也就更统一、更标准。d) 因为调查问卷通常会同时分发给所有受试者，所以，通过问卷获得的数据更为精确。

但是，问卷调查的一个主要问题就是回收率相对较低，尤其是以邮件方式发送的问卷。这就会产生一个问题：为什么有些受试者填写了问卷，而另一些受试者却没有填写呢？因此，低回收率可能会影响研究结论的效度。另一个问题是，问卷调查不适用于读写困难的受试者。这一点与二语研究息息相关，因为受试者通常难以用二语读懂问卷中的问题并作答。在这种情况下，我们无法确保受试者能够正确理解或正确回答问卷中的问题。

与观察和访谈研究方法一样，问卷也有明晰度的高低之分。非结构化的问卷明晰度低，包括开放式问题，要求受试者对问题进行描述式回答。结构化问卷明晰度高，要求受试者标出答案，勾选"同意"或"反对"，或进行多项选择。结构化问卷在有效性方面优于开放式问卷，问卷结果可以通过机器来进行统计。在同一份问卷中，我们可以同时使用开放式和封闭式问题。

问卷调查收集的数据类型，将根据收集方法的结构化程度的高低而变化；开放式问卷（如，评论性短文或叙述性短文）将获得描述性更强、更开放的数据。结构化问卷将获得勾选、数字或评级等形式的数据。

设计问卷时，尤其是制作低明晰度问卷时，有必要设计多个问题，因为只设计一个问题是没有意义的。另外，问卷通常包含若干维度。每一维度都将引出待测行为某一方面的数据，每一维度均应包含若干问题。例如，在设计关于"语言学习态度"的问卷时，研究人员可以拟定多个维度，如"对在学校学习语言的态度""对该语言使用者的态度""对教师的态度""对学习资料和学习内容的态度"等。每一维度都将包含若干问题。对"语言学习态度"的评分将以所有维度的综合评判为基础。

需要强调的是，在使用问卷之前，有必要对问卷进行预测，确保所有维度中的问题及其设计都能够真实地反映变量的情况。正式研究开始前对问卷进行预测或现场试验也是非常重要的，这样做有利于了解问卷的问题与研究问题是否相关，问题的表述和排版设计是否清楚，以及答题时长等方面的信息，便于在必要时对问卷进行修改。这一过程将大大提升所收集数据的质量。

一些技巧可以用来收集问卷数据。利科特量表（Likert 1932）要求受试者对一系列表述作出评价，如"非常同意"（SA），"同意"（A），"不确定"（U），"反对"（D）和"非常反对"（SD），受试者需要逐一对每项陈述做出评价。"非常同意"相当于5分值，而"非常反对"相当于1分值。因此，以态度问卷为例，若态度为赞同，则获高分值，如下面例A所示。

另一方法是语义分析（Osgood, Suci and Tannenbaum 1975），要求受试者针对"好/不好、高/低、主动/被动、积极/消极"等若干双极形容词所表达的态度做出等级评价。受试者的评价分值在连续体的两极范围内滑动，分值代表相应的态度。根据研究结果，该方法的设计者报告：多数"形容词配对"不外乎代表三个维度之一，即研究者标注的"评价维度"（好/不好）、"能力维度"（强/弱）、和"活跃维度"（主动/被动）。连续体中的每个位置都有对应的分值；将各项分值相加，即可判断受试者态度是积极还是消极。语义分析量表通常有5—7个区间，中间态度所获分值为0，如下面例B中所示。

以下为问卷中不同题项或问题类型的示例：A、B、G为结构化问题，C、D、E、F为开放式问题，H是用于收集受试者背景信息的问题。

研究示例

A 收集二语学习态度的信息。

说明：请用"X"标明你对以下每项表述内容的赞同程度。

1）在对话中使用外语，我感到：

	（1）非常反对	（2）反对	（3）同意	（4）非常同意
犹豫	____	____	____	____
自如	____	____	____	____
有信心	____	____	____	____
健谈	____	____	____	____
善于合作	____	____	____	____

2）学习语法结构：

困难	____	____	____	____
有挑战性	____	____	____	____
无趣	____	____	____	____
重要	____	____	____	____

3）遇到这门语言的使用者时，我会：

	总是	有时	很少	从不
尽量避免对话	____	____	____	____
转换为母语	____	____	____	____
不明白时会提问	____	____	____	____

B 语义分析（考察对语言课堂的态度）。

说明：请在恰当处用"X"标明你的态度：

学习法语：

好	_____	不好
没用	_____	有用
强	_____	弱

不愉快 _____ 愉快

轻松 _____ 紧张

(−3) (−2) (−1) (0) (+1) (+2) (+3)

*注意：本示例中，还可以设置偶数个数的选项，例如 4 个选项，这样就要求受试者必须选择一个态度倾向。当然，也可以给出奇数个数的选项（如 3 个、5 个、7 个）。

C 用 1—2 句话描述你对语言学习的感受。

D 在语言课堂上，你觉得最好的部分是什么？（对语言的态度）

E 你最喜欢这门语言的哪个方面？

F 请描述你使用这门语言与其母语者对话时的感受。

G 请描述你在考试中阅读部分所采用的步骤。在平时，如果阅读同一篇文章，你会采取哪些步骤？

H 背景信息

1) 你住在哪里？ _____

2) 你的出生地是哪里？ _____

3) 在家时你说什么语言？ _____

4) 何时？ _____ 和谁？ _____ 多久？ _____

5) 你希望自己能说更多的语言吗？

6) 为了提高语言水平，你课后会做什么？（选择"是"或"否"）

—— 读报？是/否

—— 与母语者电话聊天？是/否

—— 看电视？是/否

—— 阅读目的语书籍？是/否

测试

测试是用于检测受试者的能力或特定学科知识的数据收集方法。在二语习得研究中，测试一般用于收集受试者在词汇、语法、阅读、元语言意识和语言水平等方面的二语能力和二语知识数据。因此，本节将重点讨论用于检测二语知识的测试方法。所收集的语言数据是否具有有效性，是一个复杂、具有争议性的话题，因为它涉及"怎样才算学会一门语言？"的问题。下面，我们将讨论其中的一些问题。

与本章讨论的其他数据收集方法一样，不同测试在明晰度上也有所不同。高明晰度的测试使用一系列结构化手段提取语言数据；而低明晰度的测试采集/记录/收集自然语境中产生的语言，通常在受试者不知情的情况下进行。

对高明晰度测试而言，研究者会使用数据诱导手段，比如，让受试者回答预设的问题，根据某一给定的语篇做多项选择，或进行填空。在低明晰度测试中，研究者观察受试者在社交情境中与母语使用者的交流，审阅受试者的笔记或书信，以评估受试者在自然语境中的语言使用情况。

不同测试所收集的语言数据的类型也有所不同。高明晰度测试通常检测较为独立、离散的语言成分，如短句、搭配或词汇，而低明晰度测试更侧重语言数据的全面性、描述性和综合性，形式包括长篇叙述、方案设计、论文、演讲和对话等。

在上述两类测试之间，存在着明晰度不同的测试。例如，在明晰度较低的测试中，研究者可以设计一项任务，让受试者输出某些语言元素或因素，但受试者并不知道研究的语言元素是什么。研究者还可以创设情境，让受试者在更自然的语境（称之为必要语境）中输出特定的语言元素。例如，如果研究者希望探究过去时态的特定结构用法，就可以创建一项任务：让受试者谈论自己过去的经历，这样，在一个模拟的自然语境中，受试者必然会用到过去时态。高明晰度和低明晰度的测试也可以引出更详尽、综合性更强的语言数据。比如，一些演绎性或推导性的任务要求受试者完成写作样本、发表演讲、回答阅读理解测试中的正误判断题等。受试者在完成这些测试任务时，都需要联系上下文，不能孤立地分析语言成分。

下面，我们将以明晰度由高向低逐渐过渡的顺序，列举一些收集语言数据的测试方法。

判断测试。该诱导式测试要求受试者对给出的或对或错的语言题项做出判断。该测试广泛用于检测学习者的元语言能力，而元语言能力被视为语言能力的重要指标。判断测试也可以在完整的语篇中使用。

多项选择。该测试方法要求受试者根据所提供的语篇或其他语言输入材料，从若干选项中选出正确答案，用于测试受试者的阅读、听力、语法、词汇和写作等技能。

正误判断。该测试方法要求受试者首先理解一篇文章或者一篇口语输入材料，然后对所提供的表述做出正误判断，通常用于检测学习者的语法、词汇、阅读、听力或前面提及的判断测试中的元语言能力。

诱导式模仿。受试者会听到或读到一些输入材料，然后重述一遍或朗读一遍。该测试方法用于检测发音和理解。

完型填空。受试者会读到或听到一段缺失了一些单词（或字母、从句、句子）的语篇，然后进行填空。该测试方法用于检测学习者的阅读、写作和整体语言水平。

填空。该测试方法提供一些不完整的语音或文字问题，要求受试者用相应的口头或笔头表达形式补充完整。该手段用于测试阅读策略、写作、词汇和语法等方面的情况。

翻译。该测试方法要求受试者将给出的语音或文字内容译成母语，用以测试理解、写作、词汇、语法以及母语对二语的迁移等方面的情况。

回顾。该测试方法要求受试者在读完或听完某段输入材料后，用母语或二语记录或口述回忆的内容。该测试方法广泛用于听力和阅读过程的研究。

除上述测试方法外,研究者通常还会使用一些不太像"测试"的方法来获取类似的语言数据。使用这些低明晰度测试方法时,受试者很少觉察到自己在接受语言测试,因而会更加注重语言意义而非语言形式。口试就是用于获取受试者口语数据的手段。口试过程中,考官利用一系列话题对受试者的口语水平进行评估,包括受试者的发音、流利度、语言功能的运用以及其他各种口语技巧的运用等方面的情况。同样,角色扮演和模仿等方法(受试者和研究人员表演既定角色或模拟真实生活场景)也是获取更为自然的语言数据的有效手段。研究者认为,角色扮演和其他类型的模仿活动是收集口头和书面语言数据的有效手段。多数受试者都能积极参与角色扮演或模仿活动,因此研究者能够获取较为自然的语言样本。这些样本可以用于检测学习者的言语行为、词汇和发音等口语特征。观察法,通常在受试者不知情的情况下,研究者收集受试者在不同的真实生活场景中运用语言的情况。文档审阅是另一种测试方法,通过使用非正式测试方法收集的书面材料来检测受试者的写作能力。研究者可通过受试者的书信、笔记、作业等文档推断他们的写作能力。

研究者采用何种方法分析不同渠道获取的语言数据,取决于数据类型。高明晰度测试获取的语言数据,一般通过计算正误答案的数量来进行分析,并统计其均值和标准差。低明晰度测试获取的语言数据,可借助评级量表进行主观印象性的、全面的分析:对不同层次的语言知识进行 1 到 5 的等级界定,"1"表示"缺乏二语能力","5"表示"接近母语"的二语水平。评级量表既可用于整体分析,也可针对语法、词汇、衔接、语篇和流利程度等方面进行更深层次的分析。

与其他数据收集方法一样，在正式研究之前，研究者需要对"测试"进行预测，以便修正或剔除一些没有实际意义的题项或问题。这些问题将在下节中讨论。

标准化测试。研究者经常采用不同机构开发的现成测试，即标准化测试。这些测试由专业人员开发，因而，人们通常认为，标准化测试的编制水平较高。单个测试题项需要进行多次分析和修改，以达到既定的质量标准。此类测试的实施、评分及评分说明都有详细规定。标准化测试的一个特点就是客观性，即：受试者的得分不会因评分人的不同而有差异。标准化测试的另一主要特征是提供现成的信度和效度信息，而信度和效度是决定数据收集方法质量的重要特征，下节将对此进行说明。标准化测试对实施条件也有特定的要求，以确保测试的实施方式和所提供的数据不受实施条件的影响。标准化测试通常包括评分标准和评分细则，即：可接受的标准答案、分项计分标准以及总分计算方法。此外，测试成绩可与所谓"常模群组"进行比对。常模群组的信息附在测试指南中。通常，标准化测试由专业测试机构实施，例如托福考试（TOEFL）由美国教育考试服务中心（ETS）组织实施和评分。

布罗斯心理测量年鉴（Buros 1978）是获取有关现成测试信息的最好途径。该年鉴已经发行了多个版本，囊括了1000多种现成的商用测试。每种测试都包含了测试说明，目标考生的年龄及类别，子测试的数量和范围，有关答题纸、评分和相关费用的细节，预计考试时长，命题者姓名，以及测试的获取方式等。该年鉴涵盖了针对各类考生的测试，并提供了关于成绩、性格、智力和能力的成套数据。

本章最后将讨论自行设计测试、标准化测试或调适型测试的使用情况。笔者建议读者查阅"附录"中的参考文献，以了解测试的设计与使用方法。部分参考文献涉及一般性测试，其他参考文献则详尽解释了语言测试的编制及使用情况。

本章主要讨论了二语研究中不同的数据收集方法。我们首先描述了质性研究中用到的具体方法，介绍了观察、访谈、问卷调查以及不同类型的数据收集方法。这里要强调的是，在实际研究中，研究者通常会使用多种数据收集手段，并不只是使用其中的一种方法。这样，研究者就可以通过多种渠道，获取大量、丰富、更为可靠的数据（详见 Denzin 1978，Jicks 1983，Mathison 1988）。下面，我们将重点讨论数据收集方法与语言数据质量之间的关系。

语言数据收集的论题与问题

测试的目的是了解学习者所掌握的语言特征。但是，由于许多语境变量会影响数据的信度和效度，对"语言"数据进行恰当的界定并不容易。

本章开篇就提到，要确定数据的构成，首先要界定有待研究的变量或语言特征，然后选择能表现变量的语言行为。值得注意的是，这些界定都应该基于现行的语言学理论。显然，对语言变量进行界定是一个复杂且充满争议的论题，直接影响对有效语言数据的界定。

界定语言数据时，不可忽略"语言能力"（学习者的语言知识）和"语言行为"（学习者的语言表现）之间的差异。二语学习者所有的语言行为是否都与潜在的语法知识有关？换言之，"语言能力"和"语言行为"的区分在二语习得中是否同样有效？如果有效，在数据收集过程中，如何体现"语言能力"与"语言行为"的差异？基于该差异，什么才算是有效的语言数据？语言数据的收集方法对数据质量有何影响？

塔罗内（Tarone 1981）指出，中介语数据由系统性和非系统性的因素组成，语言使用者和语言学习者并非在所有的情况下总以相同的方式运用语言知识,他们的语言行为随采用的文体规范而变化,也取决于参与的会话是否经过准备。在二语习得研究中,这种语言行为的变化,通常会出现在学习者完成不同类型的任务、为研究者提供数据的过程中。他还指出,在不同的任务中,二语学习者会以不同的方式使用中介语系统。因此,我们不能确保不同语境中的语言表现完全相同或相似。二语习得研究的大量证据表明,任务的本质以及情境因素(如地点、时间及语言的评估方式)会影响获得语言数据的种类(Filllmore 1976,Schmidt 1977,Beebe 1980,Dickerson 1975)。

如果任务类型和其他语境变量会影响语言的输出,那么,如何确保二语习得研究的语言数据具有效度呢?

塔罗内(Tarone 1983)提出了能够反映情景语境对中介语语体影响的连续体概念。连续体的一端是白话体。白话体在学习者不关注语言形式时出现,属于最自然、最系统的语体。连续体的另一端是拘泥体。当学习者需要密切注意语言表达的任务(例如,语法选择题)时,拘泥体最为明显。因为语言变体是语境因素和学习者完成任务时所使用的策略的共同结果,图 8.3 中的"中介语连续体"反映了学习者在完成不同类型的语言任务时所分配的注意力程度方面的差异(如图 8.3 所示)。

白话体	类型 2	类型 3……	拘泥体
即兴演讲	各种诱导任务	语法判断	

图 8.3　中介语连续体(Tarone 1983: 152)

根据塔罗内（Tarone 1983）的上述观点，白话体数据是最稳定的。如果任务要求受试者过于注意语言本身，则可能会导致获取的数据失真。受此观点的启发，埃利斯（Ellis 1985）作出以下假设：除了白话体，所有其他类型的语体都会使语言的常规模式受到影响，因为在"非白话体"的语体中，受试者采取的策略在自然会话中是不会出现的。数据收集过程中，由于受试者对研究者给予的"任务"加以关注，他们输出的语言情况并不稳定，不同于真实、自然语境中输出的语言。因此，我们有理由相信白话体比其他中介语体更为重要（详见 Ellis 1986：67）。

然而，埃利斯认为，最佳数据是能够代表研究者希望调查的特定中介语类型的数据。因此：

> ……如果研究者对白话体感兴趣，他需要的是自然言语的数据；如果研究者感兴趣的是拘泥体，他就需要诱导出能够代表受试者进行监控、编辑后的语言数据。而如果研究者希望研究作为变量系统的中介语，就需通过一系列的任务来获取此类数据（第89页）……

根据以上论述，为了避免对所用数据得出错误结论，我们有以下几条建议。首先，研究者不能使用借助诱导工具收集的数据来说明自然情景中使用的语言，因为诱导出来的言语数据解释不了自然情景中使用的语言。

第二，混合数据的来源不同，使中介语类型难以区分。（一些二语习得的研究结论，可能基于听、说、读、写或诱导性的模仿学习。很多研究报告反映，语言学习者的异质性，可能是由于语言使用者注意力程度不同，而对数据产生的影响。）

我们必须设计相应的模式，既不忽视语言内在的语体变化，又能识别不同的语体。此外，理查兹（Richards 1980）呼吁语言测试者应该开发符合研究目的的测试工具，设计出恰当的数据收集方法，使研究者能够获取有效的语言数据。有效测试工具的特点包括：对受试者的监控最小化，受试者的注意力集中在意义表达而非语法形式上，而且，测试任务的设计能够对受试者做出限制，使受试者能够输出与研究内容相关的语言数据。

同时，在相对无监控的情境中，大多数现有的测试方法都无法以足够"自然"的方式反映语言系统，也就无法提供研究者所希望描述的语言数据。截至目前，很少有人尝试克服拉波夫（Labov 1970）提出的"观察者悖论"，即：由于白话体几乎不受任何监控，白话体能够提供最系统化的数据，而收集白话体的最佳办法是系统化观测；然而，系统化观测方法又无法全面接触到说话人的白话体，因此，在研究情境中，研究者不可能对语言使用者的白话体进行系统性观测。

4　确保数据及数据收集方法的质量

在前几节里，我们讨论了各种数据收集方法。我们发现，任何数据收集方法的使用本身都会对数据质量产生不同程度的影响。因此，重要的一点是，研究者在分析研究结果时应该意识到许多因素会影响到数据质量。在讨论具体数据收集方法时，我们已经提到，许多因素会影响数据的可靠性，第 5 章也讨论了一些其他因素。

多年来，研究者研发了多种技术手段，确保研究质量以及数据收集方法的可靠性。第 5 章有关"内部和外部效度"的部分，从总体上讨论了这些技术手段。这里，我们重点讨论用以确保数据收集方法有效性的技术手段。

信度和效度是确保数据收集方法有效性的最重要的两个标准。在数据收集方法中，信度指测量数据的可靠程度，而效度指研究工具能够真正测出有待测量的变量的程度。

实际研究中，我们对研究者的一条重要建议是：在测试实施之前，检验研究工具的可靠性，以做出必要的调整和修正，而且在预测研究阶段，对数据收集方法进行测试。研究者通过检验不同数据收集方法的可靠性，避免实际研究中可能出现的问题。因此，预测研究的目的是调整数据收集方法及整体研究设计。如果在正式研究之前无法检验数据收集方法，研究者面临的风险是：如果实验过程中发现数据收集方法不尽人意，那么所收集的数据无效，研究者也就无法得到有效的研究结论和研究结果。

无论使用经过调适和修正的数据收集方法，还是使用现成的数据收集方法，都应在实际研究之前对研究工具进行检测。因为现成的研究工具未必针对同一类受试者进行过检验，所以，无论采用何种研究工具，都有必要事先对其进行检测。

下面，我们将详细讨论不同数据收集方法的信度和效度，并重点介绍使用不同数据收集方法时应注意的"操作"和"时机"问题，以确保研究方法的信度和效度。读者可以参阅本章及"附录"中提供的参考文献，了解信度和效度的计算方法。

这里需要注意的是，为了确保数据收集方法的质量，研究者检验数据信度和效度的方法取决于某项研究所采用的数据收集工具的种类。数据收集方法不同，检验数据有效性的方法也有差异。

信度

信度标准可以提供数据收集方法一致性和准确度方面的信息。很多原因会导致检验结果的误差和自相矛盾。例如，如果研究者采用观察法评价课堂用语，却没有使用正式的观察工具（如"研究问题清单"），所收集的数据就可能出现误差，因为观察者会不自觉地把个人偏见和观感带入观察情境中。但是，如果研究者借助正规的观察工具（如"研究问题清单"），明确观察重点，就会降低误差概率。

要计算不同类型的信度，研究者需要对数据收集过程更容易出现误差的环节进行预测。

使用低明晰度的数据收集方法时，计算评分者一致性信度是非常重要的。该信度检验的是不同评分者（此处为"观察者"）对观测数据的认同度。上例中，如果另有一位观察者也对课堂中的语言类型做出判断，就有可能对误差值进行评估。因此，在此类研究中，应该至少有另一观察者对课堂语言输出情况进行独立观察。如果两位观察者观察到的现象一致，数据收集方法就具有信度。因此，如果需要判断两位评分者在评估同一数据时是否具有一致性，我们就有必要计算评分者一致性信度。大多数开放式数据收集方法（即低明晰度数据收集方法，例如，开放式访谈或开放式观察），由于主观性强，都应该检测评分者一致性信度。

如果研究者需要检验在不同实施情况下某种数据收集方法是否具有稳定性，就需要计算"重测信度"。例如，使用某种阅读理解测试方法时，研究者假设受试者在该测试中的表现不会随时间改变（当然，前提是受试者在不同测试期间并没有继续"学习"）。为检验不同实施情况下阅读理解测试方法的稳定性，研究者可以使用"重测信度"来检测该测试方法的稳定性。

"重新审阅"是重测信度的另一类型，用于检测低明晰度数据收集方法。即：研究者再次审阅数据，并将两次研究结果加以比较。该方法在第 6 章也有描述。

如果研究者使用某种数据收集方法的两个版本，而且希望两个版本的作用相同，并能获得同类数据，就需要使用复本信度。"复本信度"通过比较两个版本的测量结果，检验它们（如一份态度问卷的两个版本）实际收集数据的一致性。在使用前测与后测的实验性研究中，复本信度尤为重要。

如果数据收集方法包含许多独立题项（例如测试或问卷中的问题），研究者就需要确保所有题项都涉及同一类信息。例如，如果某项测试的目的是检测二语阅读能力，研究者就应该确保所有题项的设计目的针对的都是测试阅读理解力。为此，研究者可以使用内部一致性信度来获取这方面的信息。凡是不能检测阅读理解力的题项，就应该重新设计或删除。

综上所述，不同类型的数据收集方法，都有相应的不同类型的信度检验方法。选用何种信度检验类型，取决于数据收集方法的类型以及研究者对可能出现误差环节的判断。

信度由一个 0.00 到 1.00 的区间系数来表示。系数越大，数据收集方法就越可靠。某一数据收集方法的信度是否合适，取决于该方法通常可接受的信度。通常，研究者们所期待的信度值至少是 .70 或 .80。对研究者来说，获得较高信度值是重要的。但是，如果信度值并不理想，也应该如实报告。

在正式测试之前，对数据收集方法进行评估的主要益处在于：在"为时不晚"的预测或试测阶段，可以根据新的情况，对数据收集方法进行各种修改。研究者可以通过多种方式来提高数据收集方法的信度。

提高信度的办法之一是通过增加题项和问题数量来加长数据收集工具（如试卷或问卷等）的篇幅；另一种办法是剔除、修正或调换有问题的题项（如表述模糊的题项）；还有一种方法就是通过大量培训来提高信度。"培训法"尤其适用于培训访谈者和观察者。如果研究者需要分析通过低明晰度收集方法获取的开放性数据，"培训法"也适用于这些研究者。培训内容可以包括记录数据、提问、使用评级量表以及有效做笔记等多个方面。

第9章"分析质性研究数据"一节将举例说明如何计算低明晰度数据收集方法的信度。

效度

效度指数据收集方法能够测量到待考察现象的程度。例如，在二语研究中，用于检测口语能力的测试方法，只有真正发挥测试口语水平的作用时，才被认为是具有效度的。

与信度一样，效度也分为不同类型，均为效度提供"佐证"。我们虽然无法确切地验证效度，但有必要获取有关效度的证据。

为了检验数据收集方法是否准确反映了所要考察的现象，我们需收集内容效度方面的证据。例如，一位研究者设计了一项语言测试，以了解受试者是否已经掌握了该学年的学习内容。检验该项测试内容效度的办法就是对比测试内容和学生本学年的学习内容。如果对比结果显示测试内容很好地体现了学习内容，就证明该项测试具有较好的内容效度。

标准关联效度是指一项调查能否使用其他标准来检测研究结果。如果研究者设计某项测试的目的是区分场独立和场依存型学习者，研究者需要将此项调查工具与另一有效的调查方法进行比较。如果二者相关，就证明了该种研究工具的效度。此类效度又称为同时效度。预测效度是另一种标准关联效度，用以验证某方法能否预测特定的行为。例如，如果入学测试的目的是根据学生的语言水平进行分班，该测试的预测效度，取决于分班学生是否能够很好地适应所在班级的课堂教学。

构念效度用于检验数据收集方法能否较好地代表并符合蕴含研究变量的现行理论。例如，研究者希望使用某种方法来收集受试者的语言能力方面的数据，其构念效度将取决于该方法是否与现行的语言能力理论相符。这种效度最为重要，也最难获取相应的证据。

用于检验研究工具中的题项或问题质量的方法叫题项分析。通过题项分析，研究者可以了解题项的难易程度，题项表述是否合理，是否易于理解。研究者可以修改或剔除质量不高的题项和问题。重要的是，任何研究工具都应该能够辨别和区分不同的受试者，为研究提供有价值的信息。题项分析就可以确保所设计的问题提供此类信息。

其他因素（如数据收集的实施时间、评分的有效性和公平性等）也会影响数据收集方法的质量。表8.1列出了用来判断数据收集方法质量的技巧，以及各种技巧所提供的信息类型。

我们建议，在预测研究阶段，研究者应该对所有研究环节进行检验，因为在这个阶段，研究者还可以对研究方法进行必要的调试。如果没有条件调适研究方法，研究者应该确保研究中使用的数据收集方法是可靠和有效的，这一点非常重要。

上述有关信度的讨论主要适用于检验高明晰度数据收集方法。我们也讨论过用于检验低明晰度数据收集方法的手段：检验低明晰度数据收集方法的手段是否同样适用于检验高明晰度数据收集方法？或者，高明晰度数据收集方法是否需要使用完全不同的检验手段？

表 8.1　确定数据收集方法质量所需要的信息

技巧	提供的信息
信度	分数是否准确
重测信度	历时成绩是否稳定
评分者一致性信度	不同评分者的评分是否一致
评分者自身信度	经过一段时间，评分者能否给出同样的评分
复本信度	两个可以检测同一现象的相似工具是否确实有效
内部一致性信度	不同测试题项是否相关，能否测量同一现象
效度	是否测量了待测内容
内容效度	数据收集方法是否准确反映了待测内容
同时效度	是否和另一种测试相同内容的工具高度相关
预测效度	能否准确预测未来的特定行为
构念效度	能否准确反映所测变量的相关理论
题项分析	测试工具中的题项和问题的难易程度，能否区分不同受试者

5　使用、调适和研发数据收集方法

关于数据收集方法，研究者有三个选择：1）使用其他研究者研发和使用过的现成方法；2）调适并修改现有的方法；3）研发新的数据收集方法。

1）使用现成的数据收集方法

在多数研究中，研究者都应该首先寻找现成的数据收集方法。经专业人员设计的现成的数据收集方法，其信度和效度都经过检验，只要适合有待开展的研究，通常比新的方法更具有优势。

寻找现成数据收集方法的具体步骤，可以参照第 4 章描述的有关"研究现状分析"和明确研究问题的步骤。文献综述和一般索引（具体列出了研究工具和作者的联系方式）都提供了有关现成的数据收集工具方面的信息。本书"附录"也列出了这些工具的不同来源。

一旦研究者确定使用某种现成的工具，在使用该工具之前，研究者还需参考其他信息。

研究者在决定是否直接使用、调适现有的研究方法还是设计自己的研究方法之前，需要收集不同类型的信息（详见表 8.2）。

2）调适数据收集工具

在研究中，研究者经常遇到的问题是，难以找到完全适合研究目标的现成工具。不过，经过修改和调适，多数工具还是能够适用于具体的研究环境。比如，研究者可以将用于研究儿童二语习得策略的问卷来研究成人。尽管现成的工具不一定完全符合研究目的，研究者仍然可以选择调适现成的研究工具，以避免开发一种全新的研究工具。调适现成的工具包括：缩减、加长现有的工具；用其他相似群体来检验该工具在具体研究中的效度；删除或增加问题或新的类别；将研究工具翻译成另一种语言；改进问题的表述等。

研究者一旦对现成的数据收集工具进行了修改，就形成了新的研究工具。这个"新"的研究工具需要参照上文描述的标准来检测它的可靠性。具体而言，我们必须获得该方法的信度和效度方面的信息，因为经过调适和修改后，新的研究工具已不再具备原有的信度和效度了。事实上，研究者通常会犯一个常见的错误，即：在对现成的

表 8.2　研究者使用现成数据收集方法过程中所需要的信息

题目

研发者
作者
出版年份
描述
实施数据收集方法的要求
实施所需要的时间
是否有操作指南
评分方法
结果分析的方法
(不同类型的)信度
效度
常模群组
是否存在并列型方法
使用该方法的其他研究
费用

工具进行修改之后,忽视了对"新"工具可靠性的检验。在调试研究工具过程中,最重要的一点是,对工具的调适,不能改变研究者在设计工具时所依据的理论假设。例如,基于词法和语法视角设计的语言测试,不能修改或调适成为交际语言测试,因为两种测试所依据的研究假设和理论是不同的。一旦理论和研究假设发生改变,实际上,研究者就开发了一个全新的测试工具。这是调适研究方法和研发全新的研究方法的分水岭。

3) 研发数据收集方法

尽管研究者可以找到现成的数据收集工具，或根据研究目的调适现有的工具，研究者通常需要设计新的数据收集工具，以满足相关研究数据收集的需求。

由于研究中的大多数变量都很复杂，因此，开发新的研究工具是一个复杂的过程。换言之，"语言学能""动机""语言水平""语法能力"等变量都比较复杂，因为对这些概念的界定都尚无定论。因此，要测量这些变量，研究者首先要将它们转变为可测量的术语。开发新的数据收集工具的第二步，就是选择合适的数据收集方法来检测变量。下一步则是对相应行为赋值，如，确定语言学能的"高"与"低"的真正含义。一旦明确了此类问题，工具的研发过程就完成了。到此阶段，研究者就可以使用这个研究工具，对真实的受试者进行预测和试测。根据预测结果，研究者可对工具做进一步的修改。这样，该研究工具就可以放心使用，通常能够提供可靠、有效的数据。表8.3列出了研究者在研发数据收集方法中的步骤。在下一节，我们将逐一讨论这些步骤。

表8.3 开发数据收集工具的步骤

(1) 将复杂、抽象的变量转换成可测量的变量（可操作化）
(2) 将行为转为可解读的信息
(3) 选择调查行为的研究方法
(4) 整合研究工具
(5) 在预测中检验研究工具的可靠性
(6) 调适和使用研究工具

（1）将复杂、抽象的变量转换成可测量的变量（可操作化）

在这一阶段，研究者需要找到可接受的定义，并将复杂、抽象的变量转换成具体的、可测的变量。"可操作化"要求研究者选择能够代表复杂变量或构念的具体行为。一旦选定了具体的行为，研究者就可以确定检测具体行为的方法。因此，研究者第一步就是要选择可以作为变量指标的行为。

正如本章开篇所讨论的，为了测试"语言水平"变量，研究者有必要界定能够表现语言水平的具体行为。换言之，根据有关语言水平或语言知识的现行理论，一位高水平的语言学习者应该掌握哪些语言知识？也许，得到学术界认可、能够推测语言水平的行为包括：使用语言交流的能力，对语体和言语行为的恰当运用，具体语境中的会话策略等。（在20世纪60年代，这些行为还包括语法结构和词汇的正确使用、地道的发音等，而目前对这些方面的关注程度已降低。）

（2）将行为转为可解读的信息

一旦确定了可以描述变量的行为，就要根据该领域的现行理论来确定"好"与"坏"、"高"与"低"等标准的含义。在上述例子中，此类标准可以界定较高水平语言学习者所具备的能力，包括经常运用某些具体的语言功能并能够掌握多种场合的会话规则。没有掌握这些语言功能和会话规则的人，语言水平则较低。在此阶段，研究者会量化语体使用的"高低""好坏""合理性"等方面的构念，使所收集的数据变为可解读的信息。

（3）选择调查行为的研究方法

一旦选定了可以描述抽象变量的行为（步骤一），研究者就必须确定最适合评估这些行为的具体的数据收集方法。在本章开篇我们已讨论过这些方法，并强调某些数据收集方法只适合特定的研究设计、研究目的和研究环境。在上文提到的语言水平测试的例子中，测试是调查行为的一种方法。为了调查具体的行为表现，测试要求受试者使用恰当的语体和不同的语言功能，并在具体的交际情境中运用恰当的会话规则。除了测试，研究者还可以使用调查问卷，要求受试者针对特定的行为来评估自己的水平；或采用访谈形式，由受试者的教师提供受试者在某一特定行为方面的水平情况。此外，观察法也是评估受试者语言水平的有效方法：研究者可以观察受试者在各种交际情境下的语言运用情况。

总之，研究者可以使用不同的数据收集方法来收集明确的、可以量化的语言行为数据。不同类型的语言行为，需要使用不同类型的数据收集方法。

（4）整合研究工具

在这个阶段，研究者针对选定的数据收集方法，拟定并整合相关的题项和任务。这样，研究者就可以在受试者中实施该项调查，收集相关的研究数据。数据收集方法的具体构成，取决于选定的、可以量化的语言行为，以及选定的信息收集方法类型。

（5）在预测中检验研究工具的可靠性

在研究工具使用之前，研究者需要对其进行调适，以便在正式调查之前评估研究工具的可靠性，并进行必要的修正和改进。研究者需要收集的信息包括研究工具的题项和评分评级标准等，这些信息都是改进研究工具的基础。

预测阶段收集的信息分为两类。一类与数据收集工具的具体实施环节有关，如实施调查所需的时间，有关调查的指令是否明确等。另一类与工具的信度及效度有关（参见"确保数据收集方法的质量"一节）。如果不能进行预测，在正式研究实施之后，研究者应该统计研究工具的信度和效度，而且，在对整体研究数据进行分析之前，对研究工具进行必要的调整，如剔除某些没有统计意义的题项。这些措施将有助于确保数据分析来源于具有信度和效度的数据。

（6）调适和使用研究工具

预测阶段获取的信息可以用于改进数据收集方法，即：剔除或修改题项，延长或缩短调查实施的时间，或使某些任务要求更加明确。有时，需要对研究方法进行第二次预测；但多数情况下，经过一次预测以后，研究者就可以采用该方法来收集研究数据了。

研究数据收集中的伦理思考

二语习得研究大多以"人"为受试者，即受试者需要接受某一类"实验处理"，参与实验。而且，在大多数研究中，研究数据都取自于"人"。通常，数据来源也包括学校记录或其他类似的记录，这些记录包含受试者的重要信息。

近几年来，在以"人"为受试者的研究实施和数据收集中，伦理和法律方面的问题备受关注。《国家研究法案》（1974）应运而生。此法案要求大学和其他研究机构必须成立审查委员会，审查以"人"为研究对象的研究设计，确保研究课题及数据收集方法符合法律规定。大学必须设立相关委员会，专门审批研究计划；学校制度通常需要明确规定相应的审批程序，对每项研究计划和数据收集方法进行审查。因此，在实施使用"人"作为受试者的研究过程中，任何研究者都必须遵守该机构设立的规则和程序。

规章制度的相关要点包括：

——研究者必须保护受试者的尊严和利益。
——遵循自愿参与的原则：受试者有拒绝参与研究的自由。
——保护研究数据的机密性。
——研究者需要严防侵犯受试者的隐私。
——研究者应该遵守道德标准，项目负责人需要监督研究的合作者或研究助理遵守道德标准。
——无特殊情况，不应该明确受试者的身份及其数据，除非事先征得受试者本人的同意。
——研究者需采取一切预防措施，尽力消除受试者可能承受的风险。

即便没有任何风险，受试者也应该了解研究性质。通常，出于"研究控制"的需要，受试者或未察觉自己已经参与了研究，或不明白研究实质。研究结束时，研究者也应该立刻告知此类受试者有关研究目的方面的信息。如果研究涉及中小学生，研究者最好以书面形式或家长代表会议的形式预先告知家长该研究的目的和过程。如需实施测试，研究者应向家长展示测试样本。研究者需慎重考虑受试者的隐私权。在受试者不知情或未经本人允许的情况下，对受试者进行数据收集工作或进行观测是不道德的。此外，受试者提供的与受试者相关的任何信息或数据均不应公开。通常，提供分组统计数据就足以说明问题。如果需要公开个人分数或原始数据，可以通过编号或"化名"的方式隐藏受试者的姓名及其他识别信息。这对于经常使用录像或录音记录的语言数据尤为重要。数据的使用权仅限该项研究的直接参与者，而且，未经受试者的书面许可，不得公开发行磁带资料。

本章主要内容涉及不同的数据收集方法以及研究中的伦理思考。

下一章将根据本章描述的各种数据收集方法来讨论数据分析方法。

6 本章小结

本章首先区分了高、低明晰度的数据收集方法，然后讨论了二语研究中不同的数据收集方法。我们还描述了质性研究方法，并具体讨论了观察、访谈、问卷及测试等方法的研究目的及其作用。之后，我们讨论了收集有效语言数据方面的困难，描述了保证数据收集方法质量的各种办法，特别关注了信度和效度问题，并进一步讨论了使用现成的研究方法，根据研究目的调适现有的研究工具，以及设计新的研究工具的原则。本章最后讨论了在数据收集和研究实施过程中研究者应该关注的"伦理思考"。

本章练习

1. 从应用语言学期刊中查阅两篇介绍研究过程的论文，完成以下练习：

a）列举数据收集方法。

b）描述数据收集方法并评估其明晰度。

c）研究者遵循了何种原则以确保数据收集方法的质量？（如果研究者没有报告相关原则，研究者可能采取了哪些措施？）

d）详细阐述研究工具设计所依据的行为。

2. 选择两种数据收集方法，如以成人二语学习者为受试者的访谈或问卷调查。

a）修改这些研究工具，使其适用于儿童二语学习者。

b）研究者应采用何种方法来确保新调适的研究工具的质量？

3. 选择一个变量，并收集有关该变量的数据。查找该变量的相应定义。选定能够代表此变量的行为，并给出收集相关数据的方法。

4. 比较可以用于观察课堂互动的三种研究工具。如果研究者使用低明晰度的观察工具，会得到什么类型的数据？

5. 举例说明采用口头报告方法可以收集到的数据。如何增强此类数据的效度？

参考文献

Allwright, R. 1983. 'Classroom-centred research on language teaching and learning: A brief historical review.' *TESOL Quarterly* 17: 191–204.

Allwright, R. 1988. *Observation in the Language Classroom*. New York: Longman.

Bailey, K. 1983. 'Competitiveness and anxiety in adult second language learning: Looking *at* and *through* the diary studies' in H. W. Seliger and M. Long (eds.): *Classroom Oriented Research in Second Language Acquisition*, Rowley, Mass.: Newbury House.

Bejarano, Y. 1987. 'A cooperative small-group methodology in the language classroom.' *TESOL Quarterly* 21/3: 483–504.

Beebe, L. 1980. 'Sociolinguistic variation and style shifting in second language acquisition.' *Language Learning* 30/1: 433–447.

Bialystok, E. 1979. 'An analytic view of second language competence: A model and some evidence.' *The Modern Language Journal* LXIII, 257–262.

Brown, A. L. 1981. 'Metacognition and reading and writing: The development and facilitation of selective attention strategies for learning from texts.' Center for the Study of Reading, University of Illinois.

Buros, O. K. (ed.) 1978. *The Eighth Mental Measurement Yearbook*. Highland Park, N. J.: Gryphon Press.

Cohen, A. and **Hosenfeld C.** 1981. 'Some uses of mentalistic data in second language research.' *Language Learning* 31/2: 285 – 313.

Denzin, N. K. 1978. *The Research Act: A Theoretical Introduction to Sociological Methods*. New York: McGraw-Hill.

Dickerson, L. 1975. 'Interlanguage as a system of variable rules.' *TESOL Quarterly* 9: 401 – 407.

Ellis, R. 1985. *Understanding Second Language Acquisition*, Oxford: Oxford University Press.

Ericsson, K. and **Simon, H. A.** 1980. 'Verbal report as data.' *Psychological Review* 87: 215 – 251.

Fanselow, J. F. 1977. 'Beyond Rashomon-conceptualizing and describing the teaching act.' *TESOL Quarterly* 11: 17 – 39.

Faerch, C. and **Kasper, G.** 1987. *Introspection in Second Language Research*. Clevedon, Avon: Multilingual Matters.

Fillmore, C. J. 1982. 'Ideal reader and real reader' in D. Tannen (eds.): *Analyzing Discourse: Text and Talk*. Washington D. C.: Georgetown University Press.

Firestone, W. 1987. 'Meaning in method: The rhetoric of quantitative and qualitative research.' *Educational Researcher* 16/7: 16 – 21.

Flanders, N. A. 1970. *Analyzing Teaching Behavior*. Reading, Mass.: Addison-Wesley.

Garner, R. 1987. *Meta Cognition and Reading Comprehension*. Norwood, N. J.: Ablex.

Jick, T. D. 1983. 'Mixing qualitative and quantitative methods: Triangulation in action' in J. Van Maanen (ed.): *Qualitative Methods*. Beverly Hills, CA.: Sage.

Labov, W. 1970. 'The study of language in its social context.' *Studium Generale* 23: 30 – 87.

LeCompte, M. D. and **Goetz, J. P.** 1982. 'Problems of reliability and validity in ethnographic research.' *Review of Educational Research* 52: 31 – 60.

Likert, R. A. 1932. 'A technique for the measurement of attitudes.' *Archives of Psychology* No. 40.

Long, M. 1980. 'Inside the "black box": Methodological issues in classroom research on language learning.' *Language Learning* 30/1: 1 – 42.

Mann, S. 1983. 'Verbal reports as data: A focus on retrospection' in S. Dingwall, S. Mann, and F. Katamba (eds.): *Problems, Methods and Theory in Applied Linguistics*. Lancaster University.

Mathison, S, 1988. 'Why triangulate?' *Educational Researcher* 17/2: 13 – 17.

Meichenbaum, D. 1980. 'A cognitive-behavioral perspective on intelligence.' *Intelligence* 4: 271 – 283.

Olshavsky, J. 1977. 'Reading as problem solving.' *Reading Research Quarterly* 12/4: 654 – 674.

Osgood, C. E., **Suci, G. J.**, and **Tannenbaum, P. H.** 1957. *The Measurement of Meaning*. Urbana: University of Illinois Press.

Richards, D. R. 1980. 'Problems in eliciting unmonitored speech in second language.' *Interlanguage Studies Bulletin* 5/2: 2.

Schmidt, R. 1977. 'Sociolinguistic variation and language transfer in phonology.' *Working Papers on Bilingualism* 12: 79 - 95.

Schumann, F. and **Schumann, J.** 1977. 'Diary of a language learner: An introspective study of second language learning' in H. D. Brown *et al.* (eds.): *On TESOL '77*, Washington, D. C.: TESOL.

Tarone, E. 1981. 'Some thoughts on the notion of communicative strategy.' *TESOL Quarterly* 15: 285 - 295.

Tarone, E. 1983. 'On the variability of interlanguage systems.' *Applied Linguistics* 4/2: 143 - 163.

第 9 章

数据分析

> 愚蠢的人总是只考虑结果,并且缺乏耐心,不愿为取得满意的结果而付出必要的努力。没有努力,就没有收获,正如建房子,不打地基,不盖第一、二层,就不可能有第三层。
>
> 佛陀的教导

1 数据分析和研究设计

在使用第 8 章介绍的各种数据收集方法获得研究数据之后,我们就需要对数据进行分析。数据分析指对数据进行筛选、组织、汇总和综合,从而得出研究结果和研究结论的过程。因此,数据分析是前期研究设计和研究计划中所有思考的产物。

我们可以运用多种方法进行数据分析。与数据收集方法一样,选择某种数据分析方法主要取决于研究问题的性质、研究设计以及研究数据的类型。特定类型的数据需要使用特定的数据分析方法,所以,在数据分析阶段,研究者对于数据分析的具体方法并没有太多选择。图 9.1 说明了数据分析方法与其他研究要素之间的依赖关系。因此,只有当数据分析与其他研究要素之间真正相关时,数据分析才有意义。

```
           研究问题
             ↑
           研究设计
             ↑
          收集的数据
             ↑
         │数据分析方法│
```

图 9.1　数据分析方法与其他研究要素之间的依赖关系

由于数据分析方法与其他研究要素之间的依赖关系，某些数据分析方法更适合定量研究，而另一些方法则更适合质性研究。在定量研究中，数据是数值形式，或者可以转化为数值的某种形式，而且几乎都运用统计方法进行分析。质性数据分析方法针对非数值型数据，通常是口头或书面形式的语言单位。研究者已经很好地界定和区分了定量数据的分析方法，而且，我们也研发了具体的分析方法来处理描述性、相关性、多变量和实验性研究的数据（参见第 230、239、243 页）。但是，研究者最近才开始关注质性数据分析方法的界定和描述。

图 9.2 列出了前面章节介绍的不同研究设计中使用的典型的数据分析方法。图的左侧是质性数据分析方法，比如，通过简单的计算，从数据中推导出模式和类型。此类分析比较主观，不够客观。图的右侧是定量数据分析方法，通过使用不同的统计方法，对研究现象进行描述、预测、归纳和推断。

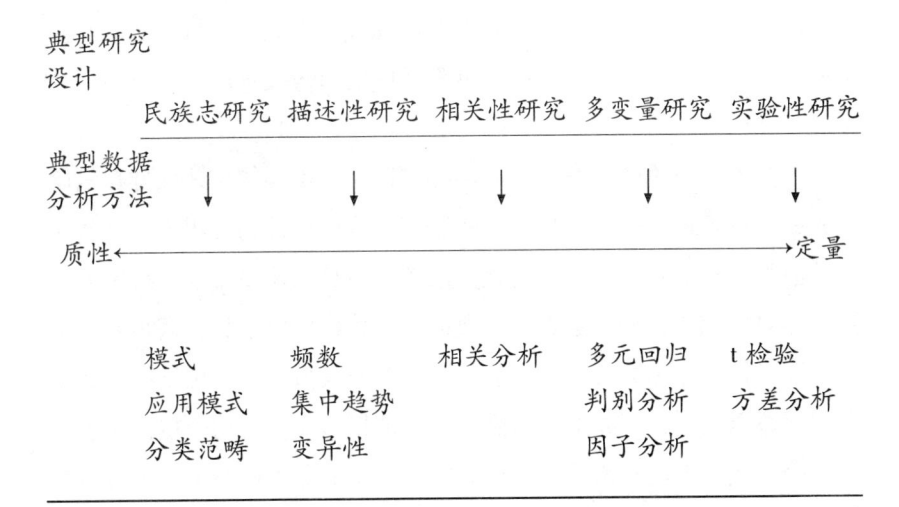

```
典型研究
设计
          民族志研究  描述性研究  相关性研究  多变量研究  实验性研究
典型数据
分析方法      ↓         ↓         ↓         ↓         ↓

质性 ←─────────────────────────────────────────→ 定量


    模式       频数      相关分析   多元回归    t 检验
    应用模式   集中趋势             判别分析    方差分析
    分类范畴   变异性               因子分析
```

图 9.2　对应各种研究设计的典型数据分析方法

通常，缺乏经验的新手研究者对研究会有一种误解：如果不使用统计方法，研究会更加"简单"。事实上，运用合适的统计方法分析数据，通常会使研究的操作性更强，同时也更有效。另一方面，质性研究方法经常给研究者带来更大的压力，他们需要对数据具有良好的洞察力、敏锐的直觉和深刻的理解，这是一项复杂并且费时的任务。统计学开发了一系列方法，可以对数值型数据进行高效、精确的分析。但是，统计经常会让研究者感到焦虑，使研究者无法认识到统计在数据分析方面的价值。

本章将主要讨论质性和定量数据的分析方法。我们不会详细讨论如何使用具体的数据分析方法，而是重点介绍一些数据分析方法的种类、何时使用这些方法以及这些方法所提供的答案类型。换言之，数据分析方法的类型要与研究问题的类型相对应。这一点，我们将通过例举二语习得研究中所使用的不同具体数据分析方法来做进一步的说明，以便研究者能够选择最适合他们研究类型的数据分析方法。有关不同统计方法的使用情况，请参见附录中的参考文献以及本章后面介绍的相关内容。

因为本章讨论的所有统计方法都可以借助不同的统计软件在电脑上完成，本章最后一部分将介绍数据统计分析软件的使用方法。

值得注意的是，不同的统计方法都有各自的使用要求；特定的统计方法只能用于分析特定类型的数据。参数检验要求数据满足一些前提假设，但比非参数检验的功能更强大。非参数检验适用于称名数据和定序数据，通常不要求数据满足一些前提假设，但功能也比不上参数检验。我们无法利用非参数检验在所要求的显著性水平上推翻零假设。参数检验的第一个假设是：测量变量总体呈正态分布。因为在二语研究领域，大多数变量都符合正态分布，第一个假设通常能得到实现。第二个假设是：研究者使用定距或者定比量表来获得研究数据。二语习得研究一般采用定距量表作为变量的测量工具，所以，这个假设通常也能得到满足。第三个假设是：受试者的选择是相互独立的，也就是说，选择一个受试者并不影响选择其他受试者。随机挑选样本的时候，情况通常如此。因此，如果研究者采用了随机抽样的方法，第三个假设也能得到满足。第四个假设是：实验组要与控制组的方差①相同（即方差齐性），或者至少方差已知（"变异"表明分数的变化幅度，本章随后会对之进行讨论）。除了受试者选择的独立性特点以外，研究数据违反其他一个或几个假设通常问题不大。但是，如果数据违反了所有假设，研究者就需要使用非参数检验，因为非参数

---

① 方差，也叫做变异量或者变异数。在统计学中，一个随机变量的方差描述该变量的离散程度，也就是该变量离其期望值的距离。——译者注

检验对于数据的分布形态没有要求，而且通常适用于定序数据或称名数据。除了卡方检验，本章所讨论的统计方法都属于参数检验。我们建议需要使用非参数检验的读者参考附录中列出的统计学方面的参考文献（详见 Siegal 1956，Hollander and Wolfe 1973）。

因此，在分析数据之前，研究者有必要了解不同的统计方法对数据类型的具体要求。

下面，我们将按照第 6 章和第 7 章介绍的研究类型的顺序，介绍不同的数据分析方法。我们在介绍质性数据分析方法之后，将全面介绍适用于描述性、相关性、多变量和实验性研究中的定量数据分析方法。

2 质性研究数据分析

在质性（启发性/综合性）研究中（参见第 6 章），数据的收集方法包括非结构化观察、开放式访谈、审阅观察记录、日记以及其他文档。此类数据通常是口头或书面语形式。但是，这些语言单位的具体形式并不相同：有些是特定语境中的文字或文本片段，例如"意义单位"；有些是文本的结构片段，例如单独的音素、词素、单词的组成部分、词法、语法元素、短语、句子或段落；还有些是完整的、较长的叙述性文本等。每种语言单位都要求使用不同类型的分析方法。

质性数据资料分析是一项复杂的工作，主要是因为详尽描述质性研究数据资料分析原理的文献非常有限。但是，我们可以明确此类数据分析的一些特点。

典型的质性分析要求研究者在不同的研究阶段，根据"结构式"[①]

[①] 结构式：该术语（an organizing scheme）出自刘润清教授编著的《外语教学中的科研方法》(1999)，指用于分析质性数据的分类范畴。——译者注

对文本的有关片段进行判别、界定和分类，从不同的文本数据中寻找共性、规律性或者模式（当然，研究者也可以专门寻找数据资料中呈现的差异和变化）。有时，数据本身会呈现出类别及范畴，而不需要研究者使用其他特别的分析方法；有时，研究者可以使用现成的范畴来分析数据（这些类别及范畴通常源于相关研究）。在这两种情况下，研究者都需要对数据进行系统的汇总和分解，之后，请其他研究者验证和核实数据的分类情况，并得到分类范畴；或者，研究者也可以自己再一次分析数据，以便检验两次分析是否能够得到同样的模式和范畴。

可见，我们主要有两种方法来进行质性数据分析：（a）从文本本身推导出一套分类范畴来分析文本片段，这是归纳法。分类范畴一旦确定，就可以用来分析余下的数据。这个过程可以使范畴得到进一步的修改和完善，并且发现新的共性或模式。所以，分类范畴可以使数据分析更加井然有序。通常，这类研究具有描述性和探索性。（b）在研究开始阶段，研究者就已经掌握了可以用于数据分析的现成的"分类范畴系统"，该范畴源于概念性框架或者具体的研究问题。此类研究具有验证性特点，目的是对研究结果做出某种解释。研究者首先依据该范畴挑选文本片段并将其归类。在第二阶段，通过"交叉引用"等方法，进一步考察分类范畴之间的联系是否有助于揭示研究现象（Tesch 1987）。

下面，我们通过一个质性研究示例来进一步阐述两种不同的分析方法。

研究示例

研究者通过观察习得二语的移民儿童与母语使用者的交流情况来收集数据，目的是探究学习者在会话语境中所犯的构词和句法错误以及母语使用者对这些错误的反应。所收集的语料来源于分成小组的移民儿童与母语使用者在课堂上进行的口头交流的录音资料。

该项研究收集了两组数据,研究者对每一组数据都分别进行了分析。一组数据包括学习者犯的构词和句法错误,另一组数据包括母语使用者对这些错误的反应。研究者对两组数据进行质性分析:对口头交流的内容进行确认、分类、提取和整理,然后根据主题进行分类。但是,分析两组数据的方法却不同。针对第一组数据(即语言错误),研究者使用了现成的"结构式"来分析;针对第二组数据(即母语使用者的反应),研究者首先从部分数据中找出分类范畴,再用余下的数据确认这些分类范畴。

研究者在运用"结构式"分析构词和句法错误时采取以下步骤。

1) 研究者转写录音材料,并重点分析学习者所犯的构词和句法方面的错误。

2) 因为现有文献涉及了儿童在移民到一个新的国家的第一年时间里在构词和句法方面常犯的错误类型,研究者可以根据文献中的"结构式"来分析自己的研究数据,然后计算"结构式"中各类错误出现的频率。

3) 数据分析的结果就是"结构式"中列出的各类错误的频率。研究者需要对这些错误频率做出解释。比如,为什么这些儿童会犯这几种错误?为什么他们犯的错误类别与文献记载的错误类别存在差异?

4) 在数据分析的过程中,研究者还可以计算数据分析的信度,确保"结构式"的使用是准确无误的,并没有受到研究者的主观偏见的影响。他可以请另一位研究者用"结构式"对部分转写的数据重新进行分析。只有两位研究者共同确认的错误类别，才可以作为研究结论写入研究报告。

分析母语使用者对错误的反应时，研究者没有使用"结构式"，而是通过直接分析部分数据得到分类范畴，再用来分析余下的数据，使分类范畴得到完善，并且发现新的共性或模式。在此阶段，研究者不再进行转写，而是直接研究原始录音资料。这样的做法能够充分利用原始录音包含的信息，避免遗漏能够对数据进行有效解释的重要信息，比如讲话人的口音、语调和重音等。

在分析母语使用者对学习者所犯错误的反应时，研究者采取以下步骤。

1）仔细收听部分录音资料，记录母语使用者对各类错误的反应类别。

2）把母语使用者对学习者所犯错误的不同反应的类别列成清单。

3）分析清单，尝试对具体"反应"类别进行分解或合并。

4）拟定一组"反应"的大类别和子类别。

5）用得到的类别和模式来分析余下的数据，进一步完善"反应"的类别。

6）确定"反应"类别和模式。

7）为了确定数据分析的信度，请其他研究者用同样的方法进行数据分析，得出他们的"反应"类别和模式。之后，比较不同研究者得出的"反应"类别；两位研究者共同确认的分类范畴才是可靠的。

值得一提的是，两组数据的分析方法也可以进行调换。例如，如果没有相关理论或前人研究涉及学习者所犯构词和句法错误的分类范畴，研究者就需要从数据本身分析出错误类别。同样地，如果已经有文献涉及母语使用者对错误反应类型的分类范畴，研究者就可以使用这些范畴来分析自己所收集的数据。

总之，上述例子中运用了两种不同的质性数据分析方法：借助"结构式"或通过直接分析数据得到分类范畴。两种情况都需要请审核人或者其他研究人员利用"结构式"分析数据，验证数据分析结果的可靠性。由于质性研究对数据的分析和结果的解释可能存在主观性，验证研究结果是质性分析的一个重要环节。（第 8 章讨论了这一问题。有关"质性研究信度和效度"更全面的讨论和建议，也可参见 LeCompte and Goetz 1982。）

我们将通过下面的例子，介绍质性数据分析以及确定分类范畴信度的方法。

研究示例

为了调查考生在进行阅读理解测试时所使用的策略，戈登（Gordon 1987）进行了一项质性研究，所收集的数据是受试者的口头报告：36 位考生参加了"有声思维"实验，对他们参与测试时的思维过程进行了口头报告。研究者对实验进行了录音。

研究者使用口头报告分析法分析数据（Newell and Simon 1972，Olshavsky 1977，Mann 1983）。在这项研究中，研究者根据数据类型来确定分析方法，而不是借助预定的分类范畴来分析数据。下面介绍该项研究的数据分析步骤：

1）将每位受试者的口头报告转写为书面材料。

2）仔细收听口头报告,记录受试者在解答试题时的思维过程。

3）根据受试者所使用的策略、思维过程和相关信息的类别,列一份完整的清单,尝试把某些类别进行分解或合并,拟定若干种"大类别"和"子类别"。然后,把这些类别作为分析口头报告的标准。

4）根据拟定的类别,分析受试者对每道试题的解答。

5）进行描述性统计分析,计算各类别的频数和百分比。(在这个阶段,研究者有时无法观察、推断出所有受试者的信息。如果研究者过度关注一位勉强参与调查的受试者,所获得的信息可能是无效的。)

6）为了了解数据分析和所拟定类别的信度,研究者可以通过以下方法检验评分者信度:

研究者邀请应用语言学领域的专家对随机挑选的四份口头报告进行分析和归类,并与研究者本人的分析结果进行比较。如果结果表明,应邀专家和研究者对四份报告的分析达到高度一致,评分者一致性信度较好。

此外,研究者可以在对受试者的口头报告进行初次分类之后,过一段时间,重新分析一半数据,并比较两次分析的一致性。如果两次结果高度一致,研究者就可以确定评分者自身信度较好。

研究者在得到满意的数据分析结果之后,就需要描述和报告研究结果。我们将在第 10 章讨论如何报告质性数据分析结果。

下面,我们介绍特施(Tesch 1987)概括的不同类型质性分析的共同特点。

1）质性数据分析是系统的、有序的，但并不死板，它要求研究者遵循一定的规则，进行有条不紊的思考，而且要坚持不懈。

2）分析的主要工具是比较。研究者通过对数据进行比较，寻找数据所呈现的异同。数据所呈现的共性、规律性和模式都很重要。

3）为了对数据进行比较分析，研究者通常需要对原始数据进行某种方式的"转换"。"转换"包括对文本片段的总结或缩写。

4）"转换"的结果经常是分类范畴的"名称"，研究者按照这些名称整理文本片段。而且，转换得到的"分类范畴"开始只被看作是初步的、探索性的"分类范畴"，研究者需要在进一步的数据分析中不断地调整、修改和完善这些"分类范畴"。

5）分析过程中，研究者应该关注文本片段与整体数据的联系。

6）数据分析并不是研究的最后阶段。当研究者收集到第一批数据，就应该着手数据分析，并同时继续收集数据。每轮数据分析的结果都会引出新的研究问题，需要收集新的数据。研究者再次回到研究场所收集新的数据，目的是能够评估数据分析的效度，同时，在必要的时候，完善所使用的"结构式"。只有当新收集的数据不再引发新的启发，数据收集过程才得以结束。数据分析过程决定需要收集的数据的数量。

7）数据分析的结果是研究者在更高层次上对数据进行的一种提炼。

8）整个数据分析过程，研究者都要不断地反思，记录与研究课题有关的任何想法。这些"研究记录"至少有助于研究者对数据进行合理的解释。这种"二级数据"资料所含的信息可以帮助研究者解释并分析数据，或者把握数据分析的大体方向。

9）质性研究过程中，研究者本身也是一种研究工具，研究者必须控制自己的偏见。但是，质性分析与研究者个人的背景和独特的经历具有密切的联系，研究者的独到见解往往源于他的创造力和直觉。比如，数据分析过程中，研究者可能突发灵感，获得重要的研究结论，这是研究中常见的现象。质性分析过程要求研究者高度投入，并充分发挥自己各方面的能力。

10）最后，质性数据分析并没有"唯一正确的方法"，因为分析任何现象都可以有多种方法。因此，质性数据分析并没有标准化的、严格的步骤。

总之，质性数据分析是简化研究数据，认识研究问题本质的过程。该过程并不是机械的，它需要研究者具备深刻的洞察力。因为数据分析结果必须具有其他研究者所能接受的"代表性"，所以，数据分析要有系统性。只有做到这一点，数据分析的结果才能有效地阐述数据的本质特征。

在本章结尾、附录和第6章，我们提供了更多有关质性研究数据分析及其报告的参考资料。

3　描述性研究数据分析

我们通常借助描述性统计来分析描述性研究数据（参见第6章）。描述性统计包括以下信息：某一语言现象发生的频率；不同学习者对语言元素的典型运用情况；对于某一语言现象，某些群体的学习者之间存在的差异和变化；不同变量之间的关系。

描述性统计指描述研究数据不同方面的一系列方法。描述性统计信息有时可以是研究的唯一目的，有时也有助于研究者对数据形成初步的印象和看法，为后续研究打下基础。

描述性统计的类型包括：频数、集中趋势和变异性。相关分析也可以被看作是描述性统计方法,用于描述性研究。本章随后将介绍相关分析的使用情况。

频数(f)指某一语言现象发生的次数。频数信息对二语习得研究来说很有意义,因为研究者通常需要了解不同学习者在不同环境中使用特定语言要素(例如结构、词汇、句法等)和言语行为的频数。在对研究数据进行总体分析之前,频数统计也用以描述测试和问卷的调查情况。

研究示例

比如,某一项研究的目的是调查不同背景的二语学习者表达拒绝的方式。研究者向两组受试者(40名母语使用者,40名非母语使用者)提供不同场景,每种场景都配有四种表达拒绝的方式,受试者需要选出他们在这些场景中最可能使用的拒绝方式。

在上述研究的数据分析过程中,研究者需要计算每组受试者选择各种拒绝方式的频数,并对两组间的频数进行比较。表9.1列出了某个场景中两组各40位受试者选择每种拒绝方式的频数。

表9.1 选择不同拒绝方式的频数

拒绝方式	频数 (母语使用者)	频数 (非母语使用者)
1	20	10
2	15	15
3	5	3
4	0	12

40名母语使用者中,20人选择"拒绝方式1",而只有10位非母语使用者选择"拒绝方式1"。此外,12名非母语使用者选择"拒绝方式4",却没有母语使用者选择该种方式。显然,通过考察频数,研究者可以明确不同语言学习者对某种语言功能使用的频繁程度。(研究者检验母语使用者与非母语使用者之间的差异是否具有统计学意义,必须使用另一种方法,即卡方检验。本章随后会对卡方检验进行讨论。)

频数同样有助于研究者深入了解研究数据。

研究示例

比如,有人研究移民在移入国家居住时间的长短与他们的语言水平之间的关系,并为此设计了语言水平测试,安排三组学习者参加该项测试:第1组的移民时间为1至3年,第2组4至7年,第3组8年以上。研究者希望了解不同分数段在三组受试者中的分布。

表9.2呈现了不同分数段的频数分布情况,即每组受试者中得某一具体分数的人数。这些频数以组距表示:当分数范围较大的时候,"组距"可以有效地压缩、整理、总结数据。本例中,分数范围从0到100,研究者以5分为组距划分分数段,这样数据就被压缩为更小的单元。

表中数据表明,同样的测试,三组受试者表现不同。通过查看频数,研究者可以发现对第3组受试者来说,测试相当容易,而对第1组受试者而言,测试的难度更大。该表同时表明,第1组受试者成绩的变化幅度较大,但第2、3组分数的分布情况较为相似(三组受试者人数均为30)。

表 9.2　三组语言学习者的语言水平测试分数的频数

分数	第 1 组 (1-3 年) 频数	第 2 组 (4-7 年) 频数	第 3 组 (8 年及以上) 频数
95-100	2	5	10
90-94	1	3	8
85-89	1	4	6
80-84	4	8	3
75-79	5	3	2
70-74	3	2	1
65-69	6	2	0
60-64	0	0	0
55-59	2	2	0
50-54	3	0	0
45-49	1	1	0
40-44	2	0	0

因此，在比较三组学习者的语言水平之前，频数可以为研究者提供有意义的数据信息，帮助研究者深入地了解数据以及研究结果。

报告频数的形式多样。比如，研究者可以通过文字来描述在某一群体学习者中某种语言现象发生的频度，也可以直接引用原始频数，或者把频数转换成百分数。研究者还可以通过频数表报告频数（如上例所示）。频数也能通过图形报告，绘制图形的数值取自频数表，分数段为横坐标，频数为纵坐标，绘制的每个条形的高度对应这一分数段的受试者人数。这样的图形称为直方图。图 9.3 是按照表 9.2 中第 1 组受试者得分的频数绘制的直方图。

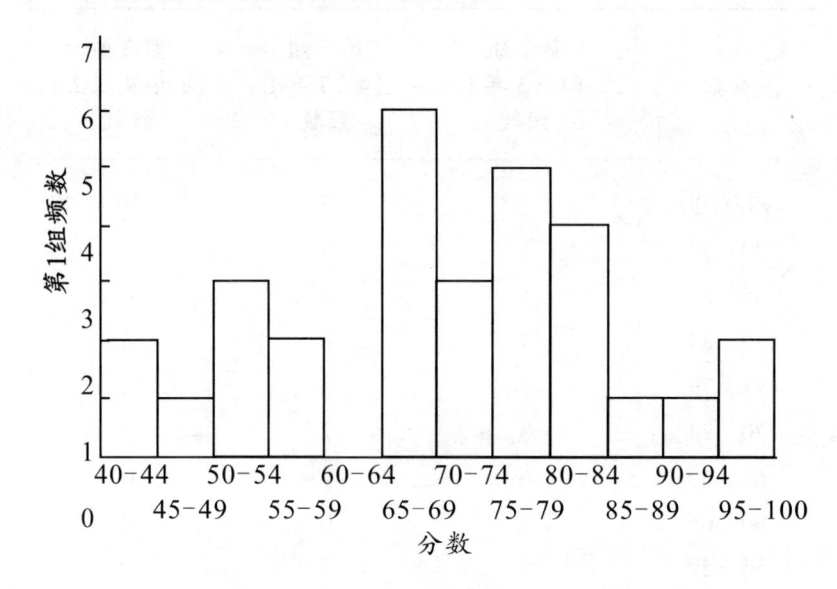

图 9.3　得分频数的直方图

研究者也可以通过交叉表来呈现频数统计结果。交叉表中的频数或百分比（或其他形式的数据）能够非常直观地揭示数据的异同以及数据所呈现的趋势和模式。

表 9.3 呈现了"单语者"和"双语者"两组受试者在元语言测试中获得高分或低分频数的差异。一方面，25 位双语者得高分，只有 8 位单语者得高分。另一方面，19 位单语者得低分，只有 2 位双语者得低分。（为了明确两组之间的差异在统计学上是否具有显著性，研究者可以使用卡方检验的方法。本章随后会对之进行讨论。）

总之，频数为研究者提供的信息包括：某现象发生的频繁程度，对数据的初步认识、印象和理解。频数的报告形式可以是文字、表格和图形。

表 9.3 单语组和双语组元语言测试得分的交叉表

组别＼分数	高分	低分
单语组	8	19
双语组	25	2

集中量数

集中量数也属于描述性统计，它所提供的信息能够解释受试者涉及某一特定语言现象时的一般行为和典型行为。其中，平均值是指所有受试者的总分除以受试者总人数的商；众数是指最多受试者共同得到的分数，即出现频率最高的分数；中位数是把受试者得分按高低顺序排列，处于中间的数值。由于在重复抽样中表现出的稳定性及其在高级统计分析方法中的应用，平均值（$\bar{X}$）是使用最频繁的集中趋势统计量。

研究示例

比如，某项研究要调查两组语言学习者使用定语从句的情况。一组受试者接受正规的语言教学，另一组受试者没有接受过正规教学。每组 10 名受试者。研究者设计了一项测试，要求受试者用定语从句的形式把两个独立的句子合并为一个句子，共有 10 组句子，答对一题得一分。

表 9.4 列出了每位受试者完成测试的平均得分。平均值（$\bar{X}$）就是每组的平均分，即所有受试者的得分总和除以受试者人数。两组的平均值都是 7。

可见，平均值提供的信息就是一组受试者在完成某一任务时的平均成绩,它通过压缩大量的数据,帮助研究者更深入地了解数据。上述例子中,受试者的个人成绩没有太大意义,但是,平均值描述受试者群体的整体表现,给研究者提供更重要的信息。

表 9.4　两组学习者在定语从句用法测试中的得分和平均值

受试者	A 组得分 （接受正规教学）	B 组得分 （未接受正规教学）
1	6	10
2	6	8
3	7	5
4	8	10
5	7	9
6	8	8
7	7	7
8	8	6
9	6	4
10	7	3
总分	70	70
平均值 ($\bar{X}$) =	7	7

变异性

频数描述某一现象的普遍程度,集中趋势介绍受试者在完成特定任务时的普遍行为，变异性描述受试者在某些语言行为或语言现象方面的多样性。具体而言，变异性表明受试者在某个语言行为方面的相同或相异程度。

例如，很有可能两组受试者的平均分相同，但是分数的分布情况不同：一组受试者的得分相近，而另一组受试者的得分分布范围较广，组间差异较大，具有更大的变异性。

有多种方法可以用于测量变异，最常见的是标准差（S.D.）[*]，我们在随后的数据分析中也会多次介绍标准差的使用。标准差是方差的平方根，而方差是一组数据中各个数据与数据平均值之差的平方的平均数，所以标准差表明一组数据分布的离散程度。某组受试者之间的行为差异越大，标准差就越高；标准差越高，受试者的表现就越不同，越多样化。

表9.4中的例子表明，未接受正规教学的B组受试者的得分具有更大的变异性，因为不同受试者之间的分数差异更大，一些受试者得分较高，而另一些受试者得分较低。实际上，该组受试者的得分大多介于1到10之间。另一方面，接受过正规教学的A组受试者在得分方面的变异性较小，受试者的得分大多在平均值7左右波动，因此，该组受试者的行为表现更接近。A组受试的标准差是.774，B组是2.32；某组受试者的差异越大，该组的标准差也就越大。

统计分析中测量变异性的另一种方法是方差，即标准差的平方。

---

[*] 标准差的计算方法为：$S.D. = \sqrt{(\sum(X - \bar{X})^2)/N}$，其中，X代表学生的分数，$\sum$表示求和，N是学生人数，$\bar{X}$代表平均值；$\sqrt{}$表示求平方根。

A 组		B 组	
$X - \bar{X}$	$(X - \bar{X})^2$	$X - \bar{X}$	$(X - \bar{X})^2$
$6 - 7 = -1$	$(-1)^2 = 1$	$10 - 7 = 3$	$3^2 = 9$
$6 - 7 = -1$	$(-1)^2 = 1$	$8 - 7 = 1$	$1^2 = 1$
$7 - 7 = 0$	$0^2 = 0$	$5 - 7 = -2$	$(-2)^2 = 4$
$8 - 7 = 1$	$1^2 = 1$	$10 - 7 = 3$	$3^2 = 9$
$7 - 7 = 0$	$0^2 = 0$	$9 - 7 = 2$	$2^2 = 4$
$8 - 7 = 1$	$1^2 = 1$	$8 - 7 = 1$	$1^2 = 1$
$7 - 7 = 0$	$0^2 = 0$	$7 - 7 = 0$	$0^2 = 0$
$8 - 7 = 1$	$1^2 = 1$	$6 - 7 = -1$	$(-1)^2 = 1$
$6 - 7 = -1$	$(-1)^2 = 1$	$4 - 7 = -3$	$(-3)^2 = 9$
$7 - 7 = 0$	$0^2 = 0$	$3 - 7 = -4$	$(-4)^2 = 16$
S.D. $\sqrt{6/10}$	$\Sigma = 6$	S.D. $= \sqrt{54/10}$	$\Sigma = 54$
S.D. $= .774$		S.D. $= 2.32$	

变异性的测量在描述数据时很重要，实验性研究和多变量研究中大多数复杂的数据分析都主要依赖于变异值。

大多数研究会使用专门的描述性统计表格来介绍平均值（$\bar{X}$）、标准差（S.D.）和受试人数（N），如表 9.5 所示：

表 9.5　三组语言学习者测试得分的平均值（$\bar{X}$）、标准差（S. D.）和受试者人数（N）

组别	N	$\bar{X}$	S. D.
单语组	24	35	4.7
双语组	20	45	7.2
三语组	22	48	10.1

因此，研究者通常使用以下三种数据来提供描述性数据信息：频数、集中趋势（主要是平均值）和变异性（标准差和方差）。有些研究的主要目的就是获取描述性统计数据，描述性统计数据也是研究者进行更复杂的数据分析的基础。而且，正如本章随后所讨论的，描述性统计数据有助于研究者更深入地理解有待分析的数据。

4　相关性研究数据分析

相关性

如第 6 章所述，相关分析用来分析描述性研究的数据。描述性研究的目的是在不控制变量的情况下，检验变量之间的关系。

比如，某项研究的目的是调查受试者的性格特点（比如外向程度，即外向/内向）与二语水平的关系，如果两个变量（外向程度和二语水平）呈高度正相关关系，就意味着这两个变量之间存在密切关系：学习者越外向，他们的语言水平越高；而学习者越内向，他们的语言水平就越低。如果两个变量的相关系数较低，就意味着两个变量之间没有密切的联系：语言水平与外向程度无关。如果两个变量的相关系数为负数，则表明受试者越内向，他们的语言水平越高，或者，受试者越外向，他们的语言水平越低。在这种情况下，语言水平与外向程度反向相关。

为了计算相关系数，研究者需要收集同一组受试的两项调查数据。这样，为了考察语言水平与外向程度的关系，每位受试者都要参加两项测试：一项是语言水平测试，另一项是外向程度调查。第一项可以是基于语言的测试，另一项则可以是基于心理学的某类调查。

数据类型（比如数值型、定序型等）不同，计算相关系数（r）的公式也会不同。计算结果用相关系数表示，相关系数取值范围从 -1.00 到 1.00，-1.00 表示完全负相关，1.00 表示完全正相关。

图9.4 展示了不同程度的相关，相关系数从 $-.95$ 到 $+.90$。图形中的"点"代表每位受试者两项调查数据的交叉点。

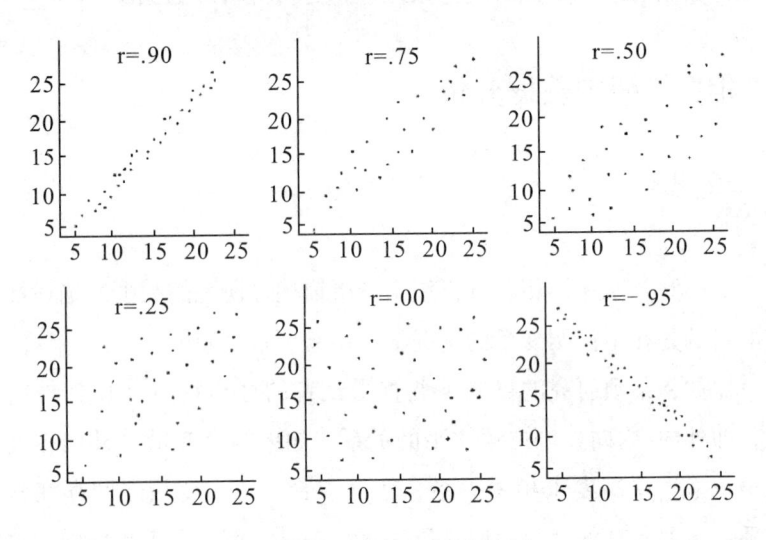

图9.4 相关程度展示图

如果研究者要将某项研究得出的相关分析结果推广到总体样本，就需要检验统计结果的显著性。只有当研究样本是随机抽取的，研究者才可以检验统计结果的显著性。统计显著性与相关分析结果的置信度相联系。相关的显著性取决于相关系数的大小以及研究样本的大小。例如，相关系数为.50的小样本研究，可能在统计学上不显著。但是，同样大小的相关系数对于大样本研究来说可能就具有显著意义。

显著性水平与推翻还是接受零假设直接相关，因此非常重要。当相关关系具有显著性时，研究者可以推翻"变量间不显著相关"的零假设。推翻零假设的常规水平是$P \leqslant .05$或者$\leqslant .01$，这意味着考虑研究样本的大小，研究者分析得出的相关值偶然发生的概率小于5%或者1%。换言之，该相关值的置信度为95%或者99%，而不是0。

例如，如果零假设是语言学能和二语水平之间不存在显著相关性，而研究发现它们之间的相关系数是$r = .70$，且在.01水平上显著，研究者就可以推翻零假设。

有时，在统计学上，两组数据存在显著相关关系，但是，研究者还要弄清楚从教育学或语言学角度看它们之间的关系是否也具有显著性。假设两个变量之间的相关系数为.45，在.01水平上显著，研究者仍然需要解决的问题是：虽然.45在统计学上具有显著性，但是这个相关系数是否"足以说明"这两个变量之间的关系具有显著性？

上述问题的答案是："视情况而定。"在没有推理论证和理论依据的情况下，如果研究者假设两个变量之间存在密切关系，结果发现相关系数.45在统计学上具有显著意义，该结果虽然具有偶然性，但是可以认为相关系数（$r = .45$）"足够高"，或者至少值得关注。而另一方面，如果在有理论依据的情况下预测两个变量之间存在"密切"关系，结果得到相对较低（但显著）的相关系数，那么，.45的相关系数可能根本就不算高。

例如，如果二语习得的大量研究表明：在很多情况下，对很多学习者来说，一语水平和二语水平高度相关，那么，如果研究者调查移民儿童一语水平与二语水平之间的关系，并得到.35的相关系数，尽管考虑到样本的大小，这样的相关可能在统计学上具有显著性，但是，这个相关系数不高也并不重要。但是，在另一项研究中，如果二语学习能力和音乐知识之间的相关系数同样为.35，研究者可以认为它们之间的相关关系很重要，因为没有真正的依据可以用来推测这两个变量之间的相关性。因此，这样的相关系数，有助于研究者探索未知的新变量及其变量之间的新关系。

可见，无论相关系数有多高，都不能表明变量之间具有因果关系。相关系数高，并不意味着一个变量会引发另一个变量，只能说明两个变量之间存在相关关系。为了证明变量之间的因果关系，有必要设计实验性研究。例如，一组学生接受"语言学习积极态度"方面的培训，另一组学生作为控制组，不接受这样的培训。培训之后，两组受试参加语言水平测试，研究者对测试结果进行比较分析。如果实验组的语言水平测试成绩显著优于控制组，"学习态度影响语言水平"的假设就得到了支持。不借助这样的设计，相关性研究的结果并不能用来表明"语言水平"与"学习态度"之间具有因果关系。

在典型的相关性研究中，诸多变量相互关联，研究者通过相关矩阵来报告相关系数，如表9.6所示（矩阵中的相关系数1.00表示变量自身的相关关系）。

因为样本大小与相关系数的显著性水平有关，所以研究者报告相关系数时，需要详细说明研究样本的大小（n）以及显著性水平（p）。例如，一组二语学习者的一语和二语水平之间的相关系数可以报告如下：$r = .37$（$n = 37$，$p \leq .01$），其中，"r"是相关系数的值，"n"是受试者人数，"p"是显著性水平。

表9.6　四个变量的相关矩阵

变量	态度	一语水平	二语水平	智商
态度	1.00	.40	.50	.30
一语水平	.40	1.00	.65	.70
二语水平	.50	.65	1.00	.60
智商	.30	.70	.60	1.00

相关分析是非常实用的统计方法，能满足不同的研究目的。除了检验变量之间的关系之外，相关分析也可以用于检验数据收集方法的信度和效度（参见第8章），还可以用于其他更先进的统计分析方法。相关分析对于只涉及两个变量的数据分析很有意义，但是，研究者经常需要分析两个以上变量的数据，例如，分析一语、二语水平和语言学能之间的关系。下面，我们将介绍能同时处理两个以上变量的数据分析方法。

5　多变量研究数据分析

在第6章中，多变量研究被描述为另一种形式的描述性研究，这类研究可以通过一系列方法，同时分析多个因变量以及一个或多个自变量。例如，这些方法可以用来分析语言学能、个性特征和学习者背景对二语习得的影响。如果样本数量满足统计学的要求，研究者就可以使用这些方法来分析不同类型的数据。

我们将在这部分讨论三种多变量分析方法：多元回归、判别分析和因子分析。

多元回归

多元回归可以检验一个或多个自变量与因变量之间的关系以及自变量对因变量的预测能力。例如，在一项研究中，研究者调查一语水平和二语水平的关系，发现它们之间的相关系数（r）为.05。回归分析可以表明一语水平对二语水平的预测能力，或者说一语知识能在多大程度上解释学习者的二语水平。

利用多元回归，研究者也能预测并估算由多个自变量引起的因变量的方差值的大小。例如，自变量"年龄""智商""语言学能"以及"一语水平"能解释的二语水平（因变量）的方差值的比例是多少？

多元回归也可以用于实验性研究，评估实验处理对结果的影响程度，获取通过其他实验性研究数据分析方法无法得到的信息（本章下一部分会介绍这些方法）。

简单的相关分析一次只能检验两个变量之间的关系，因此，与之相比，多元回归具有明显的优势，尤其适用于二语习得研究，因为如果二语习得研究一次只关注两个变量，研究视野未免太狭窄。众所周知，二语习得涉及社会、个体、环境、语境和认知等多个变量，所有这些变量同时对二语习得发挥作用。下面的例子说明了同时关注两个以上变量对研究结果的影响。

研究示例

研究者 A 调查某组受试者学习英语的态度和英语水平之间的关系。研究结果表明：相关系数 $r = .60$，决定系数 $r^2 = .36$。这说明学习态度可以解释二语水平方差的 36%。

研究者 B 与研究者 A 选取同组受试者，调查一语水平对二语水平的预测程度。研究结果表明 $r = .70$，r^2，即一语与二语水平之间的公共方差为 .49。这意味着一语水平可以解释二语水平方差的49%。

研究者C以同组受试者为研究对象，同时调查两个自变量，"学习态度"（经研究者A检验）和"一语水平"（经研究者B检验）对二语水平的解释程度。通过多元回归分析，研究者C发现，"一语水平"能解释二语水平方差的40%，但是另一个自变量"学习态度"只能解释二语水平方差的15%。

上述示例表明：研究者可以利用多元回归分析，同时检验二语习得的诸多解释变量（本例指学习态度和一语水平）对二语习得的影响，从而更真实地了解语言习得现象。可见，简单的相关分析检验显示，学习态度与二语水平的相关性较高，但是加入另一个变量（即一语水平）进行多元回归分析时，学习态度对二语习得的影响要小得多。一语水平对二语水平的解释力更强，而学习态度的作用要小很多。因此，多元回归分析是研究者检验诸多自变量对因变量影响的有效工具。

对数据进行多元回归分析，分析的结果可以揭示各自变量对因变量的相对影响程度。此外，对每个自变量都需要进行显著性分析，即它们对因变量的影响在统计学上是否具有显著意义。如果某一变量具有显著意义，研究者就有必要关注这个自变量对因变量方差的解释程度。因此，多元回归分析结果表明某一个自变量对因变量影响的大小，以及第二个、第三个自变量引起的额外方差，其他变量依次类推。我们可以通过以下例子对此进行解释：

研究示例

肯普（Kemp 1984）的一项研究旨在检验11个变量（即一语水平测试中的所有单项测试）对二语水平的影响以及它们对二语水平的预测力。该研究涉及一语学业水平的各个方面，它们均与二语学习相关。表9.7列出了对二语水平可能具有预测作用的自变量，该表也包括对这些自变量和二语测试成绩（因变量）进行多元回归分析的结果。

（上述研究实例以及有关判别分析、因子分析的例子都选自肯普特拉维夫大学1984年未发表的硕士论文："弱势群体的母语知识对外语学习成功的预测作用研究"。）

在进行多元回归分析时，研究者需要考虑变量进入分析的顺序，因为自变量进入分析的顺序会影响它们对因变量作用的大小。

表9.7　二语测试成绩与一语学业水平单项测试的多元回归分析

(1) 变量	(2) 显著性水平	(3) R^2 的变化	(4) R^2
（1）改正语域方面的错误	.001	.37	.37
（2）有创意的词汇用法	.001	.07	.44
（3）完形填空	.01	.02	.46
（4）完成句子	.03	.02	.48
（5）例外语言现象	.14	.005	.485
（6）语域	.28	.003	.488
（7）识别错误	.32	.002	.490
（8）无意义词汇	.46	.0014	.490
（9）定义	.51	.0011	.491
（10）有创意的词汇用法	.71	.0003	.492
（11）同义词	.87	.0000	.492

表9.7中的第一栏列出了多元回归分析涉及的所有11个变量。第四个变量"完成句子"下方的横线表示，前四个变量进入回归分析之后，其他变量在提高解释方差量方面的作用甚微。（剩余变量可

能与因变量之间存在简单、显著的相关关系，但是，如果把所有自变量看作一个整体，在前四个自变量率先进入回归分析之后，剩余自变量不会再提高对因变量方差的解释力。）

回归分析不仅能够揭示哪些变量对因变量有显著性影响，而且可以揭示有显著性影响的四个变量对二语水平的方差有多大的解释力。表格中第三栏 R^2 的变化，表明每个自变量对解释因变量方差百分比的贡献值。表 9.7 表明，第一个变量"改正语域方面的错误"对解释二语水平方差的贡献最大（37%）。其次是第二个变量"有创意的词汇用法"，解释了二语水平 7% 的方差。第三是"完形填空"，解释了 2% 的方差。另外，"完成句子"又解释了 2% 的方差。

表 9.7 中的第四栏（R^2）是各自变量对因变量的累计解释方差。"改正语域方面的错误"单独解释了二语成绩的 37% 的方差，与"有创意的词汇用法"累计，共解释二语成绩的 44% 的方差（37 + 7）。"完形填空"又解释了 2% 的方差，所以，三个变量累计解释方差量高达 46%（37 + 7 + 2）。本研究结果表明：具有显著性的四个变量对二语水平方差的共同解释量达到 48%。

总之，多元回归分析的结果可以表明：哪些变量在解释因变量的方差时具有显著意义，以及它们解释因变量方差的百分比。

判别分析

研究者根据两个或多个自变量的值，对某一个因变量归属于两个或者更多因变量中的类别进行判断，叫做"判别分析"。换句话说，"判别分析"探究自变量的某种组合对两类或更多类因变量的区分能力（自变量可以包括以下类别：男性/女性、单语学习者/双语学习者、正式语境/非正式语境等）。例如，研究者考察下面变量（即一语水平、学习态度、学能或者教学模式等）的哪种组合，能最有效地区分两类不同的二语学习者。

分析结果得出了自变量对因变量的相对贡献值之后,研究者需要进一步检验结果的显著性。例如,显著性检验可以表明自变量所预测的单语者/双语者两组受试之间的差异是否具有显著意义。R^2 为自变量能够解释的因变量的方差。

研究示例

肯普(Kemp 1984)调查了单项测试中的变量的组合是否能够最有效地区分来自不同社会经济背景(SES)的三组语言学习者。学界普遍认为,这些单项测试可以测量学习者的一语学业水平。

肯普(Kemp 1984)通过判别分析,将区分变量按重要性进行排序。表9.8例举了判别分析的结果。

表9.8　三组来自不同社会经济背景的学习者一语学业水平的判别分析

1)步骤	2)变量	3)R^{2*}
(1)	改正语域方面的错误	.33
(2)	同义词	.40
(3)	语域	.44
(4)	习语	.47
(5)	定义	.49
(6)	例外语言现象	.50
(7)	完成句子	.51

$p \leqslant .001$　　$^*R^2 = 1 - \text{wilks}$

表9.8中单项测试"改正语域方面的错误"的 R^2 值为.33，能最好地区分三组二语学习者。R^2 值为.33，意味着"改正语域方面的错误"能够解释三组受试者之间一语水平差异的33%，因此，"改正语域方面的错误"能够最好地区分来自不同社会经济背景的三组学习者。列为第二位的变量是"同义词"，在33%的基础上，"同义词"把区分度进一步提高了7%（.40 - .33 = .07）。这两个变量共同解释了三组受试者之间差异的40%。同理，"语域"又进一步把区分度提高了4%。我们可以继续进行判别分析，结果表明，能达到统计上显著的变量共有7个，最后一个变量是"完成句子"。如第三栏所示，表中列出的7个变量共解释了三组学习者之间差异的51%。

通过上述分析，研究者得出以下结论：测量一语学业水平的7个变量组合在一起，有效地区分了来自不同社会经济背景的三组受试者。所以，判别分析可以为研究者提供有用的信息，揭示哪些变量能够最有效地区分不同类型的二语学习者。判别分析是二语习得研究领域的一个重要论题。

因子分析

研究者通过因子分析，确定数据中含有一个或多个因子，从而使大量数据更易于分析。因子分析不同于多元回归和判别分析，因子分析并不考察自变量与因变量之间的关系。更确切地说，因子分析仅对多个自变量进行分析，不涉及因变量。因子分析的目的是检验原始变量之间的相互关系，力图探究数据中含有多少个维度（维度被命名为因子），从而揭示研究变量所蕴含的本质特征。因子分析基于以下假设：测量同一个因子的变量会呈现高度相关，而测量不同因子的变量则不会呈现高度相关。

例如，为了测量语言学能，研究者需要根据有关学能构成的理论来设计研究工具，而且，研究者需要确认和验证所使用的测量工具是否真正测量了语言学能。因子分析的作用就是帮助研究者确定所收集的研究数据中含有的因子。不能进入某个因子的原始变量，可能与语言学能无关，也可能会构成一个或更多的独立因子。例如，在确定语言学能的构成因子时，研究者可能得到两个因子，一个因子包括记忆力、语音编码和机械记忆，另一个因子包括语法结构和词汇的识别。研究者可以确定这些变量构成两个独立的因子，因为每个因子内部所含的原始变量高度相关，而分属两个因子的原始变量之间的相关度不高。

因子分析已经被广泛应用于二语习得研究，主要目的是在理论上探讨不同语言建构所蕴含的因子，比如语言水平、语言学能以及二语学习态度等的构成因子。因子分析也广泛用于验证语言测试的效度。例如，如果研究者设计了一项阅读理解测试，需要证明所有测试项目都真正测试了阅读理解力，这时，研究者就可以对测试题项进行因子分析。

因子分析通过运用不同的数学公式来计算变量之间的相关性。因子载荷表明各因子与不同变量之间的相关水平，因子的载荷值通过"相关系数"的形式报告。因子中载荷值最高的那些变量被用来界定该因子，"相关系数"用于报告因子的载荷值。研究者找出载荷值最高的变量之后，还需要进一步分析所确定的因子，解释并揭示各因子的特征。例如，1972年，加德纳和兰伯特（Gardner and Lambert）把通过因子分析得到的两个因子命名为"融入型"动机和"工具型"动机。

共同度指由共同因子所解释的原始变量的方差的比例，所以，共同度类似前面讨论的多元回归和判别分析中的 R^2。R^2 表明因子所解释的变量的方差值，即各因子解释总方差时的相对重要性。通过 R^2，我们可以确定统计上具有显著意义的因子。下述例子有助于阐述这些术语的含义。

研究示例

肯普（Kemp 1984）设计了一项测试考察一语学业水平，即：受试者为了取得学业成功而需要具备的一语知识。该测试包括一系列单项测试，每项测试都可能涉及与一语学业知识有关的某个方面，比如，改正语域方面错误的能力、准确解释单词的能力、使用习语的能力以及识别语言错误的能力。研究者需要探究新设计的单项测试是否都与一语学业水平有关，因此需要确定新设计的测试所蕴含的内在因子及其结构，并验证13项单项测试是否都能考查一语学业水平。

研究者运用因子分析探究上述所有单项测试是否都对一语水平有显著影响。结果，因子分析只确定了一个因子，该因子解释了一语学业水平成绩总方差的55%（见表9.9）。

表9.9 一语学业水平13项单项测试的载荷及公共方差比例的因子矩阵

1) 单项测试	2) 载荷	3) 共同度*
(1) 完形填空	.86	.73
(2) 改正语域方面的错误	.84	.71
(3) 完成句子	.83	.66
(4) 识别错误	.81	.65
(5) 反义词	.75	.57
(6) 定义	.74	.57
(7) 有创意的词汇用法（P）	.70	.49
(8) 有创意的词汇用法（C）	.69	.47
(9) 例外语言现象	.66	.43
(10) 习语	.65	.429
(11) 无意义词汇	.647	.42
(12) 同义词	.51	.26
(13) 语域	.50	.25

*共同度（公共方差）= 载荷的平方
$R^2 = .55$

表9.9表明，13项测试在该因子上的载荷都具有显著性（.50以上），所以它们均可以用于考察学习者一语学业水平。于是，研究者可以得出以下结论：所有单项测试在一定程度上都会影响一语学业水平的总成绩。其中，"完形填空"（共同度 = .73）和"改正语域方面的错误"（共同度 = .71）与共同因子关系最为紧密。"同义词"和"语域"（共同度分别为 .26 和 .25）与综合测试的关系最不紧密。

我们可以从上述例子中看出，因子分析有助于研究者确定测量工具的内在特征（上述例子确定了一个因子）以及各项测试对该因子的影响值。此外，研究者还可以了解不同的单项测试对综合测试总方差的解释力。

本章介绍的三种方法（即多元回归、判别分析和因子分析）既可用于分析多变量研究的数据，也可以用于解决二语习得领域的不同研究问题。本章没有介绍的多变量分析方法同样实用，如路径分析、典型相关分析和多元方差分析等。其中，多元方差分析有助于研究者考察实验处理的效果。这些都是非常有效的数据分析方法，但是，使用这些方法有个重要前提：样本数量要足够大。我们建议读者参考本书附录中所列的统计书籍，以便更详细地了解这些方法的使用及其不足（重点参考 Amick 1975, Kerlinger and Pedhazur 1973, Cohen and Cohen 1975, Thorndike 1978）。

到目前为止，我们介绍的统计方法都与第6章提到的描述性研究有关，下面重点介绍实验性研究数据的分析方法。

6　实验性研究数据分析

我们将在这部分讨论不同类型的实验性研究数据的分析方法（参见第 7 章）。不同的研究设计需要使用不同的分析方法。例如，如果对比分析两组样本（实验组和控制组），研究者需要使用 t 检验。t 检验能够针对某个测量变量比较两组样本。单因素方差分析可以用来比较两组以上的样本，而多因素方差分析则用于分析更复杂的实验设计中的数据，比如因子设计。

t 检验

t 检验的目的是比较两组样本的平均值。通过 t 检验，研究者可以了解"实验处理造成的两组样本（实验组和控制组）之间的差异是否出于偶然"，从而帮助研究者确定实验处理所起的作用。研究者还能从 t 检验的结果中得到 t 值。大多数统计学书籍都有专门的 t 值表，研究者可以通过 t 值表，查找一定数量样本的 t 值是否在统计上具有显著意义。

研究示例

某项研究比较了随机选取的两组学生在法语学习方法方面的情况。实验组学生采用计算机辅助的学习方法。具体而言，每次授课之后，学习者需要上"机辅练习课"。控制组没有"机辅练习课"，而是由教师来上练习课。研究者调查"机辅练习课"对学生法语成绩的影响。为期三个月的实验结束时，两组学习者都参加测试，研究者利用 t 检验来考察两组学习者的成绩是否存在差异。

结果表明，t 值为 1.786。研究者在参照 t 值表后发现，结合样本大小，该 t 值在 .05 水平上显著。研究者报告的研究结果如下：$t = 1.786$；$P \leqslant .05$，因此，该项研究结果可以推翻以下零假设：两组学习者的法语成绩不存在显著性差异。

上述例子中，研究者利用 t 检验考察两组学习者法语成绩的差异：一组接受特定的实验处理（即机辅练习课），而另一组不接受这种处理。结果表明："机辅练习课"对学习者的法语成绩有显著影响。

为了让读者对数据有更深入的了解，我们建议研究者在报告 t 检验结果时，提供描述性统计表，列出平均值（$\bar{X}$），标准差（S.D.）和样本数（N）。在上述例子中，描述性统计表可以介绍实验组和控制组的平均成绩以及每组学习者成绩的分布情况。

上述 t 检验适用于两组独立样本，如果要比较同一组样本在两个不同时间的差异（比如前测成绩和后测成绩），研究者使用的 t 检验公式会略有差异。

单因素方差分析（One way ANOVA）

单因素方差分析适合检验两组以上样本的差异。例如，单因素方差分析可以让研究者明确以下研究结论有多大的置信度：观察到的实验组和控制组之间的差异是实验处理的结果，而并非由偶然因素造成。该方法对各组方差进行分析，关注不同小组之间的变异是否大于每个小组内的变异。如下面公式所示，F 值是组间方差与组内方差的比：

$$F = \frac{组间方差}{组内方差}$$

因此，当组间变异大于组内变异时，F 值具有显著性。如果情况相反，即组内变异大于组间变异，因为组间差异不够大，F 值就可能达不到显著水平。

我们进行单因素方差分析得到 F 值，然后结合研究样本的大小，查找 F 值表（大多数统计学书籍都附有 F 值表），确定 F 值在统计学上是否显著。如果 F 值显著，研究者就可以推翻零假设。研究者需要在方差分析表中报告 F 值，并描述计算 F 值的过程以及 F 值的显著水平。

如果 F 值显著，研究者可以推翻"组间不存在差异"的零假设，但是仍然不清楚差异的具体表现，也就是说，研究者不清楚哪些组之间存在差异。因此，研究者需要运用类似 t 检验这样的方法在每两个小组之间进行比较（例如，第 1 组和第 2 组，第 2 组和第 3 组以及第 3 组和第 1 组）。t 检验可以同时检验两个小组的平均值。此外，研究者也可以通过描述性统计（如平均值和标准差）来明确具体哪些小组之间存在差异。但是，研究者还需要运用专门的方法检验对比分析的结果，并且同时对两个小组进行比较。本章的"参考文献"列出的多种统计学书籍对这些方法进行了讨论。

研究示例

某项研究检验不同教学方法对法语学习的影响。A 组采取同伴互教的方式，学生们相互学习；B 组教师根据每个学生的特点进行教学；C 组采用传统教学方式。该项研究的目的是探究两种新型教学方法（同伴互教和"因材施教"）对学生法语学习成绩的影响。

实验结束时，研究者让随机抽取的三组受试者参加测试，然后对测试成绩进行单因素方差分析，将三组受试者之间的变异和每组受试者内部的变异进行对比，计算出 F 值。之后，研究者结合受试者人数，在 F 值表中查找 F 值，结果表明 F 值显著。所以，研究者可以推翻以下零假设：三组受试者之间不存在差异。但是，研究者仍然希望了解：具体是哪两组受试之间存在显著性差异，是 A 组和 B 组，A 组和 C 组，B 组和 C 组，还是三组之间都存在显著性差异？雪费事后检验法（the Scheffé contrast test）常用于检验两组样本之间的差异是否显著，因此，研究者选用该检验法进行分析，结果表明三组受试之间都存在显著性差异。之后，研究者对比描述性统计数据（平均值和标准差）发现，虽然三组受试之间都存在差异，但是 B 组（"因材施教"）与其他两组的差异更显著。表 9.10 列出了该项研究的描述性统计数据。

表 9.10 三种教学方式的描述性统计

组别	平均值	标准差
A 组：同伴互教法	83.5	25.2
B 组：因材施教法	85.7	32.1
C 组：传统教学法	80.2	23.9

多因素方差分析（ANOVA）

我们在上文介绍的 t 检验和单因素方差分析都可以用于分析实验性研究数据，分别比较两组（t 检验）或两组以上（单因素方差分析）受试者的情况，而多因素方差分析能够分析更复杂条件下不同实验处理的效果。比如，第 7 章的例子中提到的不同类型的学习者和不同的语言水平。研究者可以将这两方面的因素看作自变量，对它们进行多因素方差分析（如图 9.5 所示）。

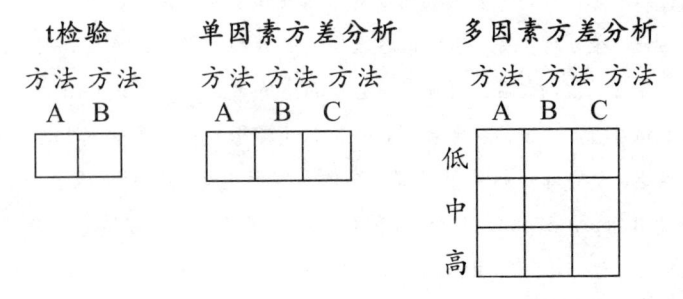

图 9.5 适合 t 检验、单因素方差分析、多因素方差分析的设计类型

图 9.5 举例说明了多因素方差分析如何检验不同实验处理对三种不同水平（即低级、中级和高级）学习者的影响。多因素方差分析可以同时检验多个研究变量的效果（称为主效应），也可以检验几个变量或者因素的交互效应。

例如，当研究者检验两种不同教学方法对不同水平学习者的影响时，主效应指不同教学方法对所有受试者的作用，交互效应指不同教学方法对不同水平受试者的不同作用。比如，其中一种教学方法可能对低水平学习者有很好的效果，但是对高水平学习者的效果却不甚理想。

方差分析比较所收集的所有样本的平均值（采用不同教学方法的各组学习者的平均值以及不同水平学习者的平均值），比较结果用 F 值表示。之后，研究者结合样本数量，通过 F 值表（在本节单因素方差分析部分，我们就此作了介绍）来确定 F 值在统计上是否显著。如果 F 值显著，研究者就可以推翻零假设。但是，研究者仍然不清楚哪些分组之间或者哪些水平的学习者之间存在显著性差异。很可能各组之间以及各水平的学习者之间都存在显著性差异，也可能只在某些组间、某些学习者之间存在显著性差异。因为方差分析可以同时分析所收集的所有样本，所以，当研究者得出"显著的 F 值"之后，就可以对数据做进一步的统计分析，确定哪些数据之间存在显著性差异。方差分析的结果通过"方差分析结果汇总表"报告，该份表格应该包括计算 F 值时所使用的不同的计算方法。

方差分析是一种探索性工具，能够帮助研究者了解数据之间是否存在显著性差异，随后的分析有助于研究者进一步明确具体哪些数据之间存在显著性差异。但是，方差分析无法揭示研究变量作用的大小，研究者只能确定变量或者因素之间的主效应或者交互效应（详见附录以及第 7 章列出的参考书目，重点参考 Winer 1971）。

不过，研究者还可以使用本书中并未讨论的多变量分析方法，特别是多元方差分析（MANOVA），可以用来检验研究变量作用的大小。多元方差分析综合了方差分析和多变量分析两种方法，它可以考察实验处理是否造成了小组之间的显著性差异，以及实验处理作用的大小。

卡方

卡方（x^2）有助于研究者明确两个称名变量之间的关系。研究者通过卡方检验，比较样本的观察频数与理论频数或者期望频数。频数与数据的分类形式有关，比如男/女、母语者/非母语者、单语者/双语者，或者高水平语言学习者/低水平语言学习者。

研究示例

在一项调查特定言语行为的研究中，研究者要确定母语者和非母语者提出请求的方式是否存在显著性差异。研究者挑选了母语者和非母语者作为研究样本，希望通过问卷调查了解受试者使用某种请求方式的频度。研究者计算出受试者使用各种请求方式的频数，再利用卡方检验来确定母语者和非母语者提出请求的方式是否在统计上存在显著性差异。

卡方检验结果呈显著性，表明母语者和非母语者提出请求的方式存在显著性差异。研究者可以推翻"没有差异"的零假设。

如果用来分析频数，卡方同样可以分析两类以上的数据，比如单语者、双语者和三语者。如果将测试分数转化为频数，即：将测试成绩分为高频、中频和低频，研究者也可以对测试分数进行卡方检验。

正如本章前面有关"频数"的讨论，二语习得的很多问题都需要检验不同环境下以及不同语言学习者进行特定语言行为的频数。因此，卡方检验被广泛应用于二语习得研究中。

小结：不同的统计方法

本章介绍了多种数据分析方法。研究者可以使用不同的数据分析方法得出研究结果，并在此基础上得出研究结论。正如前文所述，不同类型的数据分析方法适合于不同类型的研究问题。

在质性（启发性）研究中，我们应该使用质性分析方法来分析通过低明晰度方法收集的数据。使用这些方法时，研究者需要确定数据呈现的具体模式和类型，也可以使用特定的"结构式"对数据进行分析。

对于描述性研究数据，研究者要使用不同类型的描述性统计，比如频数、集中趋势和变异性等。描述性统计也有助于研究者更深入地了解数据，因此，它常常用于更复杂的统计分析。

当研究需要检验变量之间的关系时，研究者会进行相关分析。如果分析结果为显著性相关，表明变量之间的关系有意义，但并不表明变量之间具有因果关系；变量之间的因果关系需要通过实验性研究设计来验证。当研究者检验两个相关变量的公共方差时，即检验一个变量与另一个变量的共同方差有多大比例时，或者一个变量能在多大程度上预测另一个变量时，研究者需要进行回归分析。

因为与相关分析相比，多变量分析方法能够同时处理多个变量，所以用来检验变量之间更为复杂的关系。我们讨论了三种多变量分析方法：多元回归，检验多个自变量与因变量的关系以及自变量对因变量的预测能力；判别分析，根据两个或更多的自变量的分数推测因变量归属于两类（或三类）因变量中的某一类；因子分析，帮助研究者确定数据中蕴含的因子，从而使数据更易于分析。

在最后一部分，我们讨论了实验性研究数据的分析方法。具体而言，我们介绍了三种方法：t检验，帮助研究者检验两组样本之间是否存在显著性差异；单因素方差分析，检验两组以上样本的差异；多因素方差分析，分析更为复杂的条件下（例如，对不同类型的学习者进行不同方式的教学）实验处理的效果。我们还在这一部分介绍了卡方：将样本的观察频数和理论期望频数进行比较。

显然，我们并没有全面介绍研究者能够运用的所有数据分析方法，而只是介绍了一些较为常用的方法，研究者也可以使用本章并没有介绍的其他统计方法。此外，我们没有介绍如何完成各类分析。因此，要全面了解这些数据分析方法的使用情况，研究者可以参考附录中列出的统计学方面的书籍。

本章讨论的大部分数据分析都可以在电脑上通过已有的统计软件来完成。下面我们接着讨论数据分析的电脑操作过程。

7 利用电脑进行数据分析

本章前面所介绍的各类数据分析方法大都可以在电脑上完成。有很多专门针对这些研究而设计的统计软件可供研究者使用。因为电脑能够以较低的成本、快速地分析处理大量复杂的数据，大多数定量研究数据的分析都离不开电脑。

最常用的统计软件是社会科学统计软件包（SPSS）（Nie *et al.* 1975）及其升级版本 SPSS X（1986），该版本包括各种数据分析程序，还配有使用手册，不仅详细介绍了如何进行分析，而且全面深入地描述了分析步骤。我们建议研究者在制定研究计划时，确定进行数据分析时需要使用的统计软件。很多大学开设了利用统计软件进行数据分析的强化课程。

IBM　FORTRAN CODING FORM

PROGRAM		PUNCHING INSTRUCTIONS	GRAPHC					
PROGRAMMER	DATE		PUNCH					

COMM.	STATEMENT NUMBER				CONT.	FORTRAN STATEMENT																																																									
1	2	3	4	5	6	7	8	9	10	11	12	13	14	15	16	17	18	19	20	21	22	23	24	25	26	27	28	29	30	31	32	33	34	35	36	37	38	39	40	41	42	43	44	45	46	47	48	49	50	51	52	53	54	55	56	57	58	59	60	61	62	63
3	1		0	1		1		0	3		1		2		2		3		0	2																																										
3	1		0	2		2		0	4		1		2		2		3		0	2																																										
3	1		0	3		2		0	6		1		1		1		3		0	1																																										
3	2		0	1		1		0	6		1		1		1		3		1	6																																										
3	2		0	2		1		0	7		1		2		2		3		0	2																																										
3	2		0	3		1		1	1		1		2		2		3		0	2																																										
3	2		0	4		1		1	2		1		3		1		3		1	5																																										
3	3		0	1		1		0	2		1		2		2		3		0	7																																										
3	3		0	2		1		0	3		1		1		1		3		0	1																																										
3	3		0	3		1		1	0		1		1		1		3		1	5																																										
3	3		0	4		1		1	1		1		2		2		3		1	5																																										
3	3		0	5		1		1	1		2		2		2		4		1	4																																										

图 9.6　编码表示例

下面，我们简要地介绍利用电脑分析数据的各个阶段。

首先，研究者在拟定研究工具时，就应该事先确定是否可以使用编码系统来辅助数据分析。例如，进行问卷调查时，如果可以借助编码系统，数据分析过程就更加简便有效。

收集好的数据，需要录入编码表或者直接输入电脑数据库。下面是一张编码表的示意图，表上的每一列都代表一项内容。第 1 列代表编码数据所对应的学生，第 4 列和第 5 列是学生的编号，第 7 列是学生性别（1 代表男，2 代表女）；第 9 列和第 10 列是学生的测试答案，随后各列依次类推。所有项目都被赋予了 alpha 数值（字母或者数字）。

数据录入编码表之后还需要输入电脑数据库，这项工作（尤其是需要输入大量数据时）可以在专业人员的帮助下完成。数据输入电脑数据库之后，研究者有必要核对输入的信息是否准确。研究者可以把数据打印出来，并和编码表进行对照。

如果数据输入准确，研究者就要选择合适的分析程序了。如果没有合适的统计软件，研究者可以在专家的指导下编写新的程序。

在分析准备阶段，研究者需要编写指令，命令电脑执行具体的分析。因为分析过程中可能存在各种各样的问题，比如编码错误或者数据描述错误，研究者通常无法通过第一次分析就获得有意义的结果。使用电脑工作时，研究者必须关注最细微的问题。

一旦得出并打印出分析结果，研究者就要研读分析结果来获得所需信息（具体操作方法，参见电脑手册）。

重要的一点是，研究者对分析结果要有"感觉"，并能利用自己的直觉。如果编程、数据库或者程序运行等环节出现问题，都可能导致错误的分析结果，所以研究者需要密切关注分析结果是否合理。研究者熟悉统计方法，这一点也很重要。统计分析经常会给我们一种错觉，即我们没必要真正了解统计方法，其实不然。我们建议研究者要熟悉研究中使用的具体统计方法。这样，研究者对分析结果就能做出更合理的解释。

8 本章小结

本章，我们首先介绍了数据分析的概念，区分了定量和质性数据分析的各种类型。我们接着通过介绍质性、描述性、相关性、多变量以及实验性研究的数据分析方法，将数据分析与第6章、第7章所提到的不同研究设计联系起来，即：我们结合二语习得研究中的具体问题，介绍了各种数据分析方法。在本章结尾，我们简单介绍了使用电脑进行数据分析的步骤。

本章练习

1. 从二语习得研究领域的期刊中选取三篇文章，仔细阅读数据分析方法的相关内容以及表格中的内容，拟定一些需要使用这些方法来解决的研究问题。

2. 选取二语习得中的某个研究领域，设计与该领域有关的五个研究问题，分别适合以下五种数据分析方法：1）质性，2）描述性，3）相关性，4）多变量，5）实验性。描述所要收集的数据类型及其分析方法。

参考文献

Amick, **D. J.** and **Walberg**, **H. J.** 1975. *Introductory Multivariate*

Research. Berkeley, CA.: McCuthan.

Cohen, J. and **Cohen, P.** 1975. *Applied Multiple Regression/Correlation Analysis for the Behavioral Sciences*. Hillsdale, N. J.: Lawrence Erlbaum Associates.

Hollander, M. and **Wolte, A.** 1973. *Nonparametric Statistical Methods*. New York: J. Wiley.

Gardner, R. and **Lambert, W.** 1972. *Attitudes and Motivation in Second Language Learning*. Rowley, Mass.: Newbury House.

Gordon, C. 1987. 'The Effect of Testing Method on Achievement in Reading Comprehension Tests in English as a Foreign Language.' MA Thesis, Tel Aviv University.

Kemp, J. 1984. Native Language Knowledge as Predictor of Success in Learning a Foreign Language with Special Reference to a Disadvantaged Population. MA Thesis, Tel Aviv University.

Kerlinger, F. N. and **Pedhazur, E. J.** 1973. *Multiple Regression in Behavioral Research*. New York: Holt, Rinehart and Winston.

LeCompte, M. D. and **Goetz, J. P.** 1982. 'Problems of reliability and validity in ethnographic research.' *Review of Educational Research* 52: 31-60.

Mann, S. 1983. 'Verbal reports as data: A focus on retrospection' in S. Dingwall, S. Mann, and F. Katamba (eds.): *Problems, Methods and Theory in Applied Linguistics*. Lancaster University.

Newell, A. and **Simon, H.** 1982. *Human Problem Solving*. Englewood Cliffs, N. J.: Prentice-Hall.

Nie, N. H., **Hull, C. H.**, **Jenkins, J. K.**, **Steinbrenner, K.**, and **Bent, D. H.** 1975. SPSS: *Statistical Package for the Social Sciences* (second edition). New York: McGraw-Hill.

Olshavsky, J. 1977. 'Reading as problem solving.' *Reading Research Quarterly* 12/4: 654 – 674.

Siegal, S. 1956. *Nonparametric Statistics for the Behavioral Sciences*. New York: McGraw-Hill.

SPSS X User's Guide (second edition). 1986. New York: McGraw-Hill.

Tesch, R. 1987. 'Comparing the Most Widely Used Methods of Qualitative Analysis: What do they have in common?' Paper presented at the American Educational Research Association Convention, Washington, D. C.

Thorndike, R. M. 1978. *Correlational Procedures for Research*. New York: Gardner Press.

Winer, B. J. 1971. *Statistical Process in Experimental Design*. New York: McGraw-Hill.

第 10 章

研究结果的汇总

> 读完之后,她说:"这诗读起来美极了,不过太难懂!"(你瞧,她甚至对自己都不愿承认她根本没有读明白。)"不管怎样,它好像让我有了很多想法——只是我不确定这些想法是什么!……"
>
> 刘易斯·卡罗尔(Lewis Carroll):
> 《爱丽丝漫游仙境》

1 研究结果的报告、总结和解释

一旦完成数据分析并得出结果,研究者就应该进行研究过程的最后一步:总结、解释并报告研究成果。在这个阶段,研究者汇总研究结果,并试图从研究问题和研究领域的视角阐述研究发现的意义。此时,研究者会提出以下问题:研究的主要发现是什么?这些发现意味着什么?我们从研究发现中能学到什么?研究的启示是什么?这些研究发现对完善该领域的研究有何贡献?根据研究结果,我们可以提出哪些建议?

为了最大限度地减小对研究结论的错误解释,我们通常将"研究结果的报告与总结"和"研究结果的解释"加以区别,并建议研究者在研究报告中分别阐述这两部分。

在"研究结果的报告与总结"部分，研究者通常使用表格、图表和分类列表来报告数据分析的结果，然后再以连贯、清晰的方式总结这些研究结果。

在"研究结果的解释"部分，研究者根据研究结果，进一步阐述研究结论、启示和建议。在大多数研究报告中，它们被称为"研究结果的讨论"。

下面，我们就依次讨论上述两部分。

研究结果的报告与总结

呈现定量研究结果的方式一般包括表格、图表、曲线图等。质性分析结果的报告，通常需要研究者详细描述获得相关研究"类别"和"模式"的过程，这些描述通常辅以实例、引证和轶事。

定量研究报告中的表格和图表类型取决于特定的数据分析方法。例如，在描述性研究中，介绍研究结果的表格包括平均值、标准差、频数和样本大小。报告相关性研究结果的矩阵应该包括相关系数、显著性水平及样本大小。实验性研究结果应该报告 F 值或 t 值以及自由度和 P 值（即显著性水平），报告形式可以是表格、文字阐述或者两者结合的方式。而且，实验性研究报告需要描述获得研究结果的过程。方差分析（ANOVA）表格（包括 F 值的计算步骤）则用于介绍各类方差分析的结果。

在进行主要统计分析之前，为了初步了解数据，研究者需要首先绘制描述性统计分析表格，之后，才可以总结主要研究发现（参见第 9 章）。

质性研究结果的报告方法也取决于分析方法的具体类型。如果直接从质性研究资料中推导出"类别"，报告部分应该介绍获得该"类别"的过程,并列出"类别"的清单或对其进行描述。如果根据"结构式"对数据进行分析(详见第 9 章),那么,研究者就要通过计算各个类别的原始数目或百分比来描述各个类别的频度。对于质性和定量两种分析,研究者都要提供以下证据来支持得出的"模式"和"类别":源自书面或口头资料的引证、实例、轶事以及报告频数的图表(如果研究涉及频数)。

无论报告何种类型的研究,研究者都需要明确阐述数据收集方法的信度和效度方面的信息,以便于希望开展复制性研究的其他研究者借鉴。同理,研究者报告质性研究结果时,阐述实施研究的过程、收集数据的不同方法、研究地点、收集数据的具体条件以及验证过程都尤其重要。虽然这些信息在报告质性、定量两类研究时都很重要,但是,由于质性研究没有固定的研究程序,此类信息在报告质性研究结果时更为重要,而且,对验证质性研究结果的有效性也具有重要意义。

下面的例子选自相关研究的结果报告。

研究示例 1

1987 年,贝哈拉诺(Bejarano)进行了一项研究,比较三种不同英语教学方法的效果(即小组讨论教学法、小组成绩区分教学法、全班教学法)。报告研究结果时,贝哈拉诺先绘制了一张描述统计表,列出了三组受试者(即小组讨论组、小组成绩区分组、全班教学组)前测和后测成绩的平均值、标准差和样本大小,随后用文字介绍了受试者两次测试成绩的方差分析结果。具体如下:

与"全班教学组"相比,"小组讨论组"的学生在综合测试和听力测试中分数都提高得更多。在综合测试中,$F(1,265) = 4.23$,$P < .05$,在听力测试中,$F(1,465) = 11.99$,$P < .001$。而对于"小组讨论组"和"小组成绩区分组",受试者的后测成绩分别比前测成绩提高了 4.49 和 4.34,均高于"全班教学组"所提高的 2.23(Bejarano 1987,492 - 493 页)。

研究示例 2

1987 年，皮卡（Pica）、杨（Young）和道蒂（Doughty）调查了"互动类型"对理解的影响。报告研究结果时，作者使用了大量的表格比较受试者在两种实验条件下的理解测试得分。每份表格都注重描述两种实验条件下输入材料的不同特点，列出了受试者测试得分的平均值和标准差，并说明了针对不同特点的输入材料，两组受试测试成绩的 t 检验结果是否存在显著性差异。

报告质性研究，我们可以参照第 9 章（224 页）的例子：研究者分析了移民儿童所犯的词法和句法错误以及母语使用者对这些错误的反应。

研究示例 3

报告研究结果时，研究者根据"结构式"列出移民儿童所犯语言错误的类型以及每个孩子所犯语言错误的频数等，并举出具体的例子，比如，30% 的受试者犯的某个特定错误以及受试者提问时不会出现，但在回答问题时却会犯的错误。

研究者也可以通过上述方法来报告母语使用者对语言错误的反应。由于数据资料分析不涉及现成的"结构式"，而是直接从数据分析中得出母语使用者对错误反应的分类范畴，所以研究者需要详尽描述得出该分类范畴的过程，以便其他研究者检验数据资料时也能分析出相同的类型。有关母语使用者对语言错误反应类型的报告也涉及频率，比如，针对 10% 的语言错误，母语使用者会做出某一种反应，而对其他 50% 的语言错误，母语使用者会做出另一种反应。或者，对于语言学习者在生词方面所犯的错误，母语使用者会忽略大约 40%，而对于其中 10% 的错误，母语使用者会要求学习者对不熟悉的词汇进行解释。研究结果的报告也需要通过举例来说明特定的母语使用者对某类具体语言错误的真实反应。例如，"约翰是个羞涩的孩子，几乎总是忽略错误，而安更外向开朗，总会问'你那么说是什么意思？能请你再重复一遍吗？我不明白你的意思。'"这些例子有助于阐释错误类型，也有助于读者了解数据。

研究结果的解释

报告、描述研究结果之后，研究者可以在不同层面上对研究结果进行解释。通常，所有层面的"解释"都是通过更宏观的视角进一步讨论研究的意义，并对今后的相关研究提出建议。我们通常将这些不同层面的解释放在"研究结果讨论"部分。

研究结论部分的内容通常不只局限于该项研究，而是在更宏观、更宽泛的层面上讨论研究结果的意义。

研究启示部分结合更宽泛的理论框架和概念框架，重点讨论研究结论的意义。研究者在"研究启示"部分补充说明自己对研究结果的思考和解读。不同研究者可能会从相同研究结果中得出不同启示，从而引发进一步的争议和探讨。

研究建议部分就研究结果的应用问题提出一般性或具体性建议。比如，研究者推荐使用经过该项研究证明有效的新的教学方法，或者建议不要过早地进行幼儿外语教育，因为研究发现那些外语学习起步早的人并不比起步晚的人更有优势。"研究建议"还可以建议其他研究者通过采用不同的数据收集方法以及不同的研究设计来复制该项研究，以便获得使研究结果更具有说服力的证据。一篇质性研究文章的研究建议可以是：把质性研究的结果作为研究假设进行定量研究；反之亦然。有时，我们可以建议根据定量研究结果进行质性研究，目的是深入探究研究问题，以便解释实验性研究的结果。通常，定量研究结果基于大量的随机性样本，更具推广性，因此定量研究可以针对教学方案实施、课程设置或教学方法的采用等方面提出建议。而质性研究往往具有"解释性"特点，基于小样本，缺乏推广性，所以，质性研究通常不会就"研究结论的具体实施"提出建议。

研究者只能针对与研究环境相同的环境,提出相应的建议,这一点很重要。比如,基于课堂环境的研究结论通常不适用于课外语言学习;非正式学习环境下得出的研究结论也不一定适用于正式的学校学习环境。同样,以儿童为受试者得出的研究结论通常不适用于成年学习者,因为很可能在不同环境中,不同变量对学习产生的影响不同。

下面,我们以上文提到的一些研究为例,进一步介绍"研究结论"的写法。

贝哈拉诺(Bejarano)在1987年的研究中,对研究结论进行了如下阐述:

> 研究发现"小组讨论教学法"和"小组成绩区分教学法"对培养听力理解技能更有效;与"小组讨论教学法"和"全班教学法"相比,"小组成绩区分教学法"在提高英语课堂教学的某些方面(比如语法、词汇教学)更有成效(493页)。

在"研究启示"部分,研究者介绍了"提高'小组教学班'语言成绩的影响因素"。这里,研究者结合更宽泛的理论框架和概念框架,并根据小组教学班在实验环境中的社交技能互动情况,进一步探讨了研究结果的意义:

> 研究结果与泰勒(Taylor 1983,72页)提出的"课堂教学应该具备的特点"一致,也与语言交际教学法一致:语言习得需要大量接触真实交际语境中的话语(Breen and Candlin 1980, Krashen 1981, Morrow 1981, Taylor 1983, Widdowson 1978)。

研究者根据现有的社会学和语言学理论，探讨了由研究结果得出的研究启示。或许，其他研究者会从同样的研究结果中得出不同的研究启示。

最后，研究者根据研究结果对课堂教学提出以下具体建议：

> 基于本研究的理论框架和研究结果，笔者建议课堂语言教学采用"小组合作教学法"。不同小组的技能可以相互补充，满足语言课程中不同的教学目的，从而使教学内容（教什么）和教学过程（怎么教）两者之间建立有效的联系。实施"小组合作教学法"通常需要对授课教师进行教学技能强化培训。培训内容包括组织课堂活动以及设计合适的学习任务的方法。

此时，研究者应该考虑以下问题：上述建议是否以研究结果为依据？这些建议是否适用于所有语言学习环境以及其他环境下的学习者？

在另一项研究中，皮卡、杨和道蒂（Pica, Young and Doughty 1987）这样介绍研究结论：

> ……研究发现，输入信息冗余是影响理解的重要因素，但是输入材料的语法复杂程度似乎对理解没有多大影响。输入量作为冗余信息的载体，也是影响理解的一个重要因素（753页）。

研究者结合更广阔的理论背景，对研究结果做了进一步的阐述：

> ……迄今为止，有关交互修正对理解的促进作用仅限于理论方面的探讨，所以，该项调查的研究结果为该领域的研究提供了实证支持。总体而言，交流对理解有促进作用，但是，只有通过

确认、核查和澄清等形式的交互修正，使相关信息得到反复验证，我们才能最大限度地发挥交流的作用（753 页）。

根据研究启示，研究者提出以下建议：

> 目前，我们的研究表明：教师可能通过调整教师话语量和冗余信息来帮助学生理解输入信息，而没有必要让学生对自己的理解进行说明或确认。同时，对于某些类型的输入信息，这些调整就足以保证学生能够理解。但是，我们的研究结果也表明，仅凭增加教师话语的冗余信息并不足以保证学生的理解。相反，教师应该检查学生的理解程度，并不断鼓励他们通过提问来澄清意义，或与教师核对他们的理解（753 - 754 页）。

研究者还介绍了研究结果的其他启示。例如，为了检查学生对输入内容的理解，而不是仅仅检查他们的口语表达情况，授课教师有必要建立一种不同于教师启发为主的课堂教学模式下的特别的师生关系。

这几位研究者（皮卡、杨和道蒂）根据他们的研究结果，对课堂教学提出如下建议：

> 或许，该项研究最有意义的教学启示是：只要有助于调整传统的师生角色，调动学生的积极性，并加强他们对学习的责任感，任何教师或任何教学方法都有可能促进课堂上的口语交流活动，从而提高学生对输入信息的理解（754 - 755 页）。

可见，作者由研究发现得出了研究结论和研究启示，并最终提出实践性建议：改变课堂行为。

2 研究报告

研究一经完成，研究者需要向相关读者报告整个研究过程：从最初阶段研究问题的选择、研究目的的确定到最后阶段研究结果的解释。

研究报告的类型

研究报告有很多形式，比如期刊论文、向基金资助机构提交的研究报告、为获得大学学位而撰写的毕业论文以及会议论文等。研究报告的目的不同，读者不同，呈现的方式也不尽相同。下面，我们简单地介绍上述几种报告形式的写法。

期刊文章的目的是通过专业期刊或汇编论文集来介绍研究成果。此类文章的特点是：语言风格简洁，信息量丰富，重点介绍研究目的、综述相关文献（通常称为"研究背景"）、描述数据收集方法（包括表格、图形、曲线图等）以及解释研究结果（通常称为"研究结果讨论"）。

期刊文章的内容和重点要根据目标读者（研究人员或者从事实际工作的人员）的不同而做出相应的调整。重要的一点是，研究者需要了解期刊读者群的背景和兴趣。面向实际工作者的文章要强调研究的实践意义和实用性建议，但是，面向研究者的文章要详尽描述数据收集方法、数据收集方法的设计以及数据分析方法。此外，新手研究者应该了解：投给期刊的稿件要经过专家的评审，由他们决定稿件是否刊用。

毕业论文是研究报告的另一种形式，是毕业生为了满足学位要求而撰写的论文。毕业论文应该详细描述整个研究过程，以便读者能够仔细检验和评估该项研究。因此，毕业论文通常包括研究的目的和意义、研究的理论基础、文献的全面回顾、有关研究工具和研究方法的详细描述、数据分析的过程和结果、研究结果讨论（包括研究结论、研究启示和建议）。对研究过程的详细介绍有助于评审教授们了解毕业论文作者的研究能力。

通常，研究者会在实施研究前制订研究计划。研究计划一般由毕业生执笔，目的是为了得到专家的反馈。基金资助机构也会要求研究者提交研究计划。虽然不同的研究机构和基金资助机构对研究计划的内容和篇幅的具体要求略有区别，但大多数研究计划要求研究者简要地描述研究方案，强调研究的理论基础和意义，综述该领域的其他研究，介绍数据的收集方法，并讨论研究的意义和研究的预期贡献。

专题研究报告是另一种研究报告形式，通常指应研究资助机构的要求而撰写的报告，一般包括中期报告或进度报告以及最终报告。最终报告包括基于整体研究而得出的研究结论及其建议。

会议论文是指在学术会议、研讨会和座谈会上宣读的论文。在这些会议上，研究者口头宣读自己的论文。与研究论文相似，会议论文也强调用简洁明了的方式，全面报告研究的主要内容。研究者在宣读论文的同时，也可以散发讲义和播放幻灯片。与研究论文一样，学术会议上口头报告的内容和重点也在很大程度上取决于参加会议的听众是研究人员还是从事实际工作的人员。

研究报告的构成要素

在上一部分，我们介绍了报告研究成果的不同形式。虽然每种报告形式强调不同的研究构成要素，但大体上，每种报告形式都包括引言和研究问题描述、文献综述、研究设计、研究方法、数据分析、研究发现以及研究结果讨论。

我们将逐一简要介绍上述研究构成的各个要素。引言和研究问题描述部分讨论研究的性质，包括研究背景、研究目的、研究意义以及有待解决的研究问题。研究者也可以在这一部分简要地介绍研究假设和研究问题，并对重要术语进行界定（详见第1、2、3章）。

文献综述介绍与研究问题相关的二语习得及其相关领域的文献，包括期刊文章、研究报告、书籍等。这些文献涉及研究问题的不同方面。文献综述重点介绍前人研究中的理论观点以及主要研究成果，并讨论相关的研究方法、研究启示以及相关研究成果在即将实施的研究中的具体应用。文献综述的另一个重要作用就是评价所引用的前人研究成果，明确指出研究设计、研究工具、数据分析和研究结论中存在的问题。因此，文献综述的目的是构建该项研究的理论框架，概括前人研究对该研究领域的贡献，并引出该项研究的问题及其必要性（参见第4章）。

研究设计和研究方法部分通常首先清楚、准确地介绍研究问题或研究假设，以及研究涉及的不同变量，然后详细地介绍研究方法以及研究设计，比如质性研究（描述性研究）、实验性研究或者相关性研究。该部分还需要介绍用来调查不同变量的数据收集方法，以及选择、研发、使用研究工具的方法和数据收集方法的信度和效度。之后，研究者还需要介绍研究样本和受试者的情况、选取受试者的步骤以及数据的类型（参见第5、6、7、8章）。

数据分析部分报告数据分析的统计方法。如果是质性研究数据分析，研究者就要报告：如何通过分析数据资料得出数据资料的类型？如何验证数据资料？（参见第9章及本章"研究报告和总结"部分。）

研究结果讨论部分首先需要介绍研究结果，然后，以更宏大的视角阐释研究结果的意义，包括研究结果对该研究领域的贡献、研究启示以及对今后相关研究的建议（参见本章第一部分）。

研究报告的最后一部分是"参考文献"和"附录"。参考文献包括研究实施过程中研究者所参考的资料及资料来源，附录包括研究中所使用的其他辅助性材料，比如数据收集方法的实例、测试、原始数据、研究工具使用许可证的复印件，或对读者有参考价值、但又过于详细而无法写入研究报告正文中的其他内容。

3 研究周期的"结束"？

研究具有循环性，由一系列反复出现的环节构成。研究开始阶段，研究者通常会确定研究目的：研究选题、研究问题或研究假设（参见第 2、3 章）。同时，研究者会意识到不同类型的问题需要采用不同的解决方法（参见第 3 章）。因此，我们需要综述相关的文献，把研究问题置于更广阔的知识体系内进行考察（参见第 4 章）。我们根据研究问题的类型来设计、规划研究（参见第 5、6、7 章），选择适当的方法来收集研究数据（参见第 8 章），然后运用多种方法分析数据并得出研究结果（参见第 9 章）。最后，我们针对研究开始阶段拟定的研究问题对研究结果进行总结和解释。研究周期的"结束"意味着研究者对研究结果的解释使研究者重新回到研究起点。

图 10.1 阐释了"研究周期"的概念。

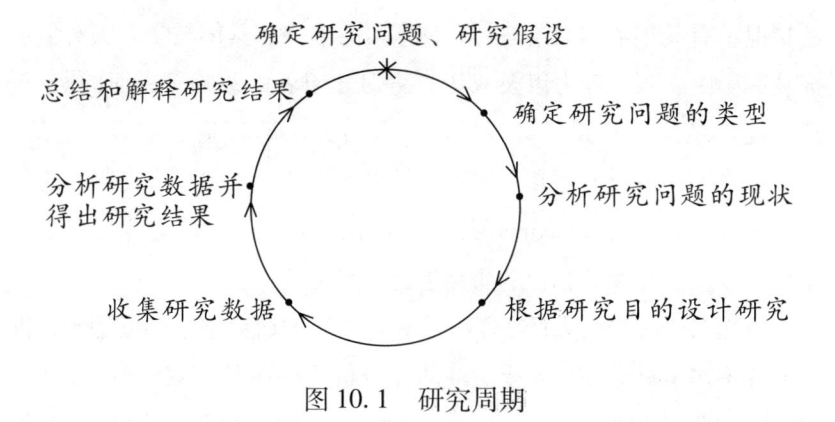

图 10.1　研究周期

但是，我们得到的研究答案越多，所引发的新的研究课题也就越多，这就是研究的本质。二语习得研究同其他学科的研究一样，好奇心让研究者发现更多的研究课题，并引导研究者探究更多的研究领域。因此，我们能否断定研究周期可以"结束"？

例如，在一项研究中，研究者得出以下结论：某一种二语教学法优于另一种教学法。但是，这样的研究结论可能会引发新的问题：这种方法是否对其他类型的学习者同样有效？对于水平不同、背景不同、学习环境不同、授课教师不同的学习者是否同样适用？又如，研究者调查某些已知变量对二语学习成绩的预测力，但是，在研究过程中，却发现了研究之初未曾想到的新变量。那么，这些新发现的变量就为进一步的研究提出了更具挑战性的问题。

此外，在社会科学领域，研究结果通常需要反复验证。只有相同结果得到反复验证，研究者对研究结果才有把握。因此，复制已有的研究是核实、验证研究结果的一种方式。从复制研究的角度看，研究周期同样没有结束；相反，一项研究结果会引发新的研究课题。

社会科学研究的另一个普遍现象是：类似的研究问题却得出相互冲突、彼此矛盾的研究结果。例如，以下研究就出现了研究结论冲突的情况：有关年龄与二语习得、词素习得顺序、具体教学方法对学生成绩的影响、双语能力以及双语教育对学习者的影响等方面的研究。遇到此类情况，研究者可以使用元分析方法（即通过综合、总结、分析针对同一研究问题却得出不同结果的研究，得出更有说服力的研究结论（Hedges and Olkin 1985））。值得注意的是，研究者只能对样本大小以及研究设计相似的研究进行"元分析"。

虽然二语习得研究产生了一些相互矛盾的研究结果，但是元分析研究并不多。最近一项备受关注的元分析研究涉及"双语教育效果"（Willig 1985，Baker 1987，Willig 1987，Secada 1987）。针对双语教育效果的研究结果相互冲突的情况，研究者对这些研究进行了"元分析"，力图得到更有说服力的研究结论。

二级分析是研究周期延续的另一种方式。通过"二级分析"，研究者使用不同的方法再次分析已经分析过的数据。"二级分析"得到的研究结论通常会与初次分析得到的研究结论有所不同。

复制研究、元分析和二级分析都表明：研究周期是个持续不断的过程，解决研究问题的答案通常会引发新的研究课题。

复杂的语言学习现象决定了研究过程的无限循环性。仅仅通过单一的方法无法解释二语学习现象，所以，研究者需要综合使用多种不同的研究方法。为了呈现二语习得研究领域的复杂性和独特性，我们在第2章介绍了四个参数①。后续章节介绍的不同研究设计、数据收集方法和数据分析方法都反映了这四个参数的特点。

根据四个参数体现的一些基本原则，研究者设计出能够反映二语研究独特性和复杂性的研究方法。我们认为，这四个参数都是连续体，为二语研究构建了理论框架。

前两个参数属于意识层面，另两个参数属于操作层面。意识层面的第一个参数涉及研究方法。我们将综合法和分析法加以区分：综合法强调研究领域内相关因素的相互依存，而分析法则注重研究现象构成要素的作用。综合法允许研究者将研究现象的独立部分视为一个整体，而分析法则注重探究现象构成主要体系中的一个或一组因素。

第二个参数涉及研究目的。通过这个参数，我们将启发性研究和演绎性研究加以区分。启发性研究的目的在于发现、描述、确定二语现象之间的关系模式，而演绎性研究的目的是检验二语学习方面的特

---

① 四个参数指研究思路（综合或分析）、研究目的（启发或演绎）、研究设计（研究范围和控制程度的大小）和数据收集，四者彼此联系、互相依存。——译者注

定假设。启发性研究的目的是描述研究现象或者收集数据,并就研究现象提出研究假设,而演绎性研究的目的是检验研究假设,并进一步对研究现象做出预测,或发展有关该现象的理论。

第三个参数涉及对研究环境的控制程度。该参数的一个端点所代表的研究设计,指的是研究者对研究环境不刻意施加控制或限制;而另一个端点所代表的研究设计,则指研究者对研究环境的不同构成因素(比如实验处理或受试者)进行系统的控制。

第四个参数(也是最后一个参数)涉及数据和数据收集方法的明晰度或独特性。该连续体的一个端点表示:数据收集方法的明晰度高,研究者事先对数据收集工具以及所要收集的数据有明确的设计;而连续体的另一个端点表示:在研究初期,研究者对数据收集工具以及所要收集的数据没有明确的设计,而且,在研究过程中,研究者自己常常充当"工具",收集看似与研究有关的数据。

这四个参数(详见第 2 章)为二语习得研究构建了总体框架,使研究者能够综合运用多种研究方法开展研究。具体而言,质性研究和定量研究设计的区分,有助于研究者运用不同的方法收集、分析数据,并解释研究结果。

值得注意的是:质性研究和定量研究关系的性质,一直是个存在争议的话题。争议之一:二者的关系是互补,还是截然不同、互不相容?定量研究属于实证主义范式,认为行为可以通过客观现实来解释,而质性研究属于现象学派,认为很多现实都是社会约定俗成的。另一争议涉及定量和质性研究方法及其研究范式之间关系的性质。一方面,有些学者认为定量研究和质性研究方法互不相容,因为它们基于不同的研究范式,对世界以及对有效研究构成因素的认识都不尽相同,而且,研究范式所遵循的内在原则及其研究方法之间存在逻辑关系(Smith and Heshusius 1986)。另一些学者则认为研究范式和研究方法之间的关系比较松散,所以,研究方法就是一些技巧的"集合",而研究范式的属性与质性研究或定量研究方法之间并没有内在联系;两类方法都可以与质性研究或定量研究范式相联系,而且,兼合使用两种研究方法也是可行的(Reichardt and Cook 1979, Smith 1983, Firestone 1987, Atkinson, Delamont and Hammersley 1988)。无论使用哪种研究方法,最终的目的都是对研究现象具有更全面、更详尽的理解。

不论研究者采用何种视角或持有什么理念,运用多种研究方法(尽管研究方法的范式不同)都会有助于我们更深入、更全面地理解研究课题。

可见,二语习得研究中有很多不同的研究方法和视角。没有任何一种方法是完善的,也没有任何一种方法足以解决所有的研究问题。所以,为了更多地了解二语学习现象,我们需要综合运用不同的研究方法。这样,我们才能更广泛、更全面地理解复杂的二语学习现象。

4 本章小结

本章讨论了研究的最后几个步骤。首先,我们描述了报告和总结研究结果的方法,区分了定量研究和质性研究的报告方法。接着,我们进一步介绍了如何结合相关理论来讨论研究结果的意义,并由此总结出研究启示和建议。我们还介绍了报告研究结果的不同方式,区别了多种报告形式。研究结果报告形式的选择通常取决于目标读者。本章最后一节讨论了研究的周期性,并介绍了元分析和二级分析方法,指出了综合相关研究课题的不同研究结果的必要性。此外,我们还回顾了四个参数,讨论了定量研究和质性研究的主要区别,建议综合运用多种方法来探究二语习得领域的问题。

本章练习

1. 选取二语习得研究中的某个具体领域或某项课题（例如词汇学习、阅读策略、正式学习与非正式学习等），制订两项研究计划：一项为启发性/综合性研究，另一项为演绎性/分析性研究。每项研究计划都要包括以下几方面：研究问题、理论框架、研究设计（包括研究样本、数据类型、数据收集方法、受试者人数等）、数据分析方法以及研究的预期结论和建议。

2. 从二语习得研究领域的期刊中选取两篇文章，重点界定"研究结果的讨论"部分的内容：研究结论、研究启示和研究建议，并进一步说明如何从相同的研究结果中得出不同的研究启示或不同的研究建议。

参考文献

Atkinson, P., **Delamount**, S., and **Hammersley**, M. 1988. 'Qualitative research traditions: A British response to Jacob.' *Review of Educational Research* 58/2: 231–250.

Baker, K. 1987. 'Comments on Willig's "A meta-analysis of selected studies on the effectiveness of bilingual education."' *Review of Educational Research* 57/3: 351–362.

Bejarano, Y. 1987. 'A cooperative small-group methodology in the language classroom.' *TESOL Quarterly* 21/3: 483–504.

Breen, M. P. and **Candlin**, C. N. 1980. 'The essentials of a communicative curriculum.' *Applied Linguistics* 1: 89–112.

Firestone, W. 1987. 'Meaning in method: The rhetoric of quantitative and qualitative research.' *Educational Researcher* 16/7: 16-21.

Hedges, L. V. and Olkin, I. 1985. *Statistical Methods for Meta Analysis*. Orlando, FA: Academic Press.

Krashen, S. 1981. *Second Language Acquisition and Second Language Learning*. New York: Pergamon Press.

Morrow, K. 1981. 'Principles of communicative methodology' in K. Johnson and K. Morrow (eds.): *Communication in the Classroom*. London: Longman.

Pica, T., Young, R., and Doughty, C. 1987. 'The impact of interaction on comprehension.' *TESOL Quarterly* 21/4: 737-758.

Reichardt, C. S. and Cook, T. D. 1979. 'Beyond qualitative versus quantitative methods' in T. D. Cook and C. S. Reichardt (eds.): *Qualitative and Quantitative Methods in Evaluation Research*. Beverly Hills, CA.: Sage.

Secada, W. G. 1987. 'This is 1987, not 1980: A comment on a comment.' *Review of Educational Research* 57/3: 377-384.

Smith, J. K. 1983. 'Quantitative versus qualitative research: An attempt to clarify the issue.' *Educational Researcher* 12/3: 6-13.

Smith, J. K. and Heshusius, L. 1986. 'Closing down the conversation: The end of the quantitative-qualitative debate among educational inquiries.' *Educational Researcher* 15/1: 4-12.

Taylor, B. P. 1983. 'Teaching ESL: Incorporating a communicative student-centered component.' *TESOL Quarterly* 17: 69-88.

Widdowson, H. G. 1978. *Teaching Language as Communication*. London: Oxford University Press.

Willing, A. C. 1985. 'A meta-analysis of selected studies on the effectiveness of bilingual education.' *Review of Educational Research* 55/3: 269-317.

Willing, A. C. 1987. 'Examining bilingual education research through meta-analysis and narrative review: A response to Baker.' *Review of Educational Research* 57/3: 377-384.

附录

阅读书目

研究方法

Babbie, E. R. 1973. *Survey Research Methods*. Belmont, CA.: Wadsworth.

Borg, W. R. and Gall, M. D. 1979. *Educational Research: An Introduction* (third edition). New York: Longman.

Campbell, D. T. and Stanley, J. C. 1966. *Experimental and Quasi-experimental Designs for Research*. Chicago: Rand McNally.

Cook. T. D. and Campbell, D. T. 1979. *Quasi-experimentation: Design and Analysis for Field Settings*. Chicago: Rand McNally.

Gay, L. R. 1981. *Educational Research*. Columbus, Ohio: Merrill.

Hatch, E. and Farhady, H. 1982. *Research Design and Statistics for Applied Linguistics*. Rowley, Mass.: Newbury House.

Isaac, S. and William, B. M. 1983. *Handbook in Research and Evaluation*. EDITS.

Kamil, M., Langer, J., and Shanahan, T. 1985. *Understanding Reading and Writing Research*. Boston: Allyn and Bacon.

Kaplan, M. A. 1984. *The Conduct of Inquiry: Methodology for the Behavioral Sciences*. New York: Harper and Row.

Kerlinger, F. 1973. *Foundations of Behavioral Research* (second edition). New York: Holt, Rinehardt and Winston.

Kuhn, T. S. 1970. *The Structure of Scientific Revolutions* (second edition). Chicago: University of Chicago Press.

Shulman, L. S. 1981. 'Discipline of inquiry in education: An overview.' *Educational Researcher* 10/6: 5 – 12.

Thorndike, R. L. and **Hagen, E.** 1969. *Measurement and Evaluation in Psychology and Education* (third edition). New York: Wiley.

Thorndike, R. L. 1971. *Educational Measurement.* Washington, D. C.: Council on Education.

Travers, R. M. W. 1964. *An Introduction to Educational Research.* New York: Macmillan.

Vockell, E. L. 1983. *Educational Research.* New York: Macmillan.

Van Dalen, D. B. 1979. *Understanding Educational Research.* New York: McGraw-Hill.

Wiersma, W. 1985. *Research Methods in Education.* Boston: Allyn and Bacon.

统计学

Amick, D. J. and **Walberg, H. J.** 1975. *Introductory Multivariate Research.* Berkeley, CA.: McCuthan.

Cohen, J. and **Cohen, P.** 1975. *Applied Multiple Regression/Correlation Analysis for the Behavioral Sciences.* Hillsdale, N. J.: Lawrence Erlbaum.

Cochran, W. G. 1977. *Sampling Techniques* (third edition). New York: Wiley.

Cochran, W. G. 1981. *Statistical Analysis in Psychology and Education.* New York: McGraw-Hill.

Guilford, J. P. and **Fruchter, B.** 1973. *Fundamental Statistics in Psychology and Education* (sixth edition). New York: McGraw-Hill.

Hays, W. 1973. *Statistics for the Social Sciences.* New York: Holt, Rinehart and Winston.

Hedges, L. V. and **Olkin, I.** 1985. *Statistical Methods for Meta Analysis.* Orlando, FA.: Academic Press.

Hollander, M. and **Wolf, A.** 1973. *Nonparametric Statistical Methods.* New York: J. Wiley.

Kerlinger, F. N. and **Pedhazur, E. J.** 1973. *Multiple Regression in Behavioral Research.* New York: Holt, Rinehart and Winson.

Nie, N. H., **Hull, C. H.**, **Jenkins, J. K.**, **Steinbrenner, K.**, and **Bent, D. H.** 1975. *SPSS: Statistical Package for the Social Sciences* (second edition). New York: McGraw-Hill.

Shavelson, R. 1981. *Statistical Reasoning for the Behavioral Sciences.* Boston: Allyn and Bacon.

Siegal, S. 1956. *Nonparametric Statistics for the Behavioral Sciences.* New York: McGraw-Hill.

Thorndike, R. M. 1978. *Correlational Procedures for Research.* New York: Gardner Press.

Winer, B. J. 1971. *Statistical Process in Experimental Design.* New York: McGraw-Hill.

Woods, A., **Fletcher, P.**, and **Hughes, A.** 1986. *Statistics in Language Studies.* Cambridge: Cambridge University Press.

质性研究

Atkinson, P., Delamount, S., and **Hammersley, M.** 1988. 'Qualitative research traditions: A British response to Jacob.' *Review of Educational Research* 58/2: 231–250.

Chilcott, J. H. 1987. 'Where are you coming from and where are you going? The reporting of ethnographic research.' *American Educational Research Journal* 24/2: 199–218.

Eisner, E. 1981. 'On the difference between scientific and artistic approaches to qualitative research.' *Educatinal Researcher* 10/4: 5–9.

Erickson, F. 1984. 'What makes ethnography "ethnographic"?' *Anthropology and Education Quarterly* 15/1: 51–56.

Ericsson, K. and **Simon, H. A.** 1980. 'Verbal report as data.' *Psychological Review* 87: 215–251.

Firestone, W. 1987. 'Meaning in method: The rhetoric of quantitative and qualitative research.' *Educational Researcher* 16/7: 16–21.

Jacob, E. 1987. 'Qualitative research traditions: A review.' *Review of Educational Research* 57/1: 1–50.

Miles, M. B. and **Huberman, A. M.** 1984a. 'Drawing valid meaning from qualitative data: Toward a shared craft.' *Educational Researcher* 13/5: 20–30.

Miles, M. B. and **Huberman, A. M.** 1984b. '*Qualitative Data Analysis: A Sourcebook of New Methods.*' Beverly Hills, CA.: Sage.

Patton, M. Q. 1980. '*Qualitative Evaluation Methods.*' Beverly Hills, CA.: Sage.

Reichardt, C. S. and Cook, T. D. 1979. 'Beyond qualitative versus quantitative methods' in T. D. Cook and C. S. Reichardt (eds.): *Qualitative and Quantitative Methods in Evaluation Research.* Beverly Hills, CA.: Sage.

Rossman, G. B. and Wilson, B. L. 1985. 'Numbers and words: Combining quantitative and qualitative methods in a single large-scale evaluation study.' *Evaluation Review* 9/5: 627 – 43.

Smith, J. K. 1983. 'Quantitative versus qualitative research: An attempt to clarify the issue.' *Educational Researcher* 12/3: 6 – 13.

Smith, M. L. 1987. 'Publishing qualitative research.' *American Educational Research Journal* 24/2: 173 – 183.

Smith, J. K. and Heshusius, L. 1986. 'Closing down the conversation: The end of the quantitative-qualitative debates among educational inquirers.' *Educational Researcher* 15/1: 4 – 13.

Tesch, R. 1987. 'Comparing the Most Widely Used Methods of Qualitative Analysis: What do they have in common?' Paper presented at the American Educational Research Association Convention, Washington, D. C.

Van Maanen, J. 1983. *Qualitative Methods.* Beverly Hills, CA.: Sage.

数据收集方法

Allwright, R. 1988. *Observation in the Language Classroom.* New York: Longman.

Buros, O. K. (ed.) 1978. *The Eighth Mental Measurement Yearbook.* Highland Park, N. J.: Gryphon Press.

Guilford, J. P. 1954. *Psychometric Methods* (second edition). New York.

Guttmann, L. 1950. 'The basis for scaleogram analysis' in S. Stouffer et al. (eds.): *Measurement and Prediction*. Princeton: Princeton University Press/McGraw-Hill.

House, E. R. 1980. *Evaluating with Validity*. Beverly Hills, Ca.: Sage.

Isaac, S. and **William, B. M.** 1983. *Handbook in Research and Evaluation*. EDITS.

LeCompte, M. D. and **Goetz, J. P.** 1982. 'Problems of reliability and validity in ethnographic research.' *Review of Educational Research* 52: 31–60.

Levy, P. and **Goldstein, H.** 1984. *Tests in Education*. London: Academic Press.

Likert, R. A. 1932. 'A technique for the measurement of attitudes.' *Archives of Psychology* No. 40.

Mathison, S. 1988. 'Why triangulate?' *Educational Researcher* 17/2: 12–23.

Mehrens, W. A. and **Lehmann, I. J.** 1969. *Measurement and Evaluation in Education and Psychology*. New York: Holt, Rinehart and Winston.

Nunnally, J. C. 1967. *Psychometric Theory*. New York: McGraw-Hill.

Osgood, C. E., **Suci, G. J.**, and **Tannenbaum, P. H.** 1957. *The Measurement of Meaning*. Urbana: University of Illinois Press.

Schuman, H. and **Presser, S.** 1981. *Questions and Answers in Attitude Surveys*. New York: Academic Press.

Snider, J. G. and **Osgood, C. E.** 1969. *Semantic Differential*

Technique: A Sourcebook. Chicago: Aldine.

Spraeley, **J. P.** 1980. *Participant Observation.* New York: Holt, Rinehart and Winston.

SPSS X User's Guide (second edition). 1986. New York: McGraw-Hill.

Thurstone, **L. L.** and **Chave**, **E. J.** 1929. *The Measurement of Attitude.* Chicago: University of Chicago Press.

Wiersman, **E.** and **Jurs**, **S. G.** 1985. *Educational Measurement and Testing.* Boston: Allyn and Bacon.

Webb, **E. J.**, **Campbell**, **D. T.**, **Schwatz**, **R. D.**, and **Sechrest**, **L.** 1966. *Unobtrusive Measures.* Chicago: Rand McNally.

语言测试

Carroll, **B.** 1980. *Testing Communicative Performance.* Oxford: Pergamon Press.

Cohen, **A.** 1980. *Testing Language Ability in the Classroom.* Rowley, Mass.: Newbury House.

Cohen, **A.** and **Hosenfeld**, **C.** 1981. 'Some uses of mentalistic data in second language research.' *Language Learning* 31/2: 285–313.

Henning, **G.** 1987. *A Guide to Language Testing.* Rowley, Mass.: Newbury House.

Madsen, **H. S.** 1982. *Techniques in Testing.* London: Oxford University Press.

Oller, **J. W.** 1983. *Issues in Language Testing Research.* Rowley, Mass.: Newbury House.

Shohamy, **E.** 1985. *A Practical Handbook in Language Testing for the*

Second Language Teacher (experimental edition). Tel Aviv University.

Underhill, N. 1987. *Testing Spoken Language*. Cambridge: Cambridge University Press.

二语习得领域的主要期刊

Applied Psycholinguistics
Applied Linguistics
Canadian Modern Language Review
ELT Documents
ELT Journal
English Teaching Forum
Foreign Language Annals
Interlanguage Studies Bulletin
IRAL (International Review of Applied Linguistics)
Language Testing
Language Acquisition
Language Learning
Modern Language Journal
Second Language Acquisition Research
Studies in Second Language Acquisition
System
TESOL Quarterly

相关研究领域的主要期刊

语言学和语言

Child Development
Discourse Processes
Journal of Research in Reading
Journal of Reading
Journal of Reading Behavior
Journal Multilingual and Multicultural Development
Language
Language Problems and Language Planning
Language in Society
Language Speech
Linguistic Inquiry
Reading Research Quarterly
Reading Education
Reading
Studies in Language
Written Communication

教育学

American Educational Research Journal

American Journal of Education
British Journal of Educational Studies
Education
Education and Psychological Measurement
Educational Research
Educational Research Quarterly
Educational Researcher
Educational Review
English Education
Journal of Communication
Journal of Educational Measurement
Journal of Educational Research
Journal of Teacher Education
Journal of Verbal Learning and Verbal Behavior
Research in Teaching English
Review of Education
Review of Educational Research

社会学和心理学

American Educational Research Journal
American Journal of Psychology
American Journal of Sociology
American Psychologist
Applied Psycholinguistics
Behavioral Science Research

British Journal of Sociology of Education
British Journal of Psychology
Child Development
Cognition
Cognitive Psychology
Developmental Psychology
Educational Psychologist
Journal of Experimental Psychology
Journal of Psycholinguistic Research
Journal of General Psychology
Memory and Cognition
Psychological Review
Reading Psychology

索引

a priori knowledge, 演绎性知识 12

academic research, 学术研究 2

adapting data collection instruments, 调适数据收集工具 207

analysis of variance (ANOVA), 方差分析 256

attention to form/subject awareness, 对语言形式的注意程度/受试者（对研究目的或研究过程的）意识 34

approach and objective of research contrasted, 研究方法和研究目的的对比 55–57

basic, applied, and practical research, 基础研究，应用研究和实用研究 14

beginning stages of research, 研究的开始阶段

    general conception to beginning stages, 研究开始阶段的一般观念 43

beliefs, 信念 10

bibliographies, 参考文献

    in literature review process, 见"文献综述过程" 77

causation and correlation, 因果关系和相关关系 242

central tendency measures, 集中量数 235

    in descriptive research, 见"描述性研究" 230

checklists, （研究问题）清单 179

Chi-square, 卡方 258

CIJE (Current Index to Journals in Education), 《教育期刊现刊索

引》76

communality,共同度 250

computer search,计算机检索

 in literature review process,见"文献综述过程"77

confirmability,可验证性

 in heuristic research,见"启发式研究"110

contextualization of research,研究现状分析 68

control group designs,控制组设计 154

 group matching design,匹配组设计 156

 pre-test/post-test designs,前测/后测设计 163

 quasi-experimental design,准实验设计 162

 static group design,静态组设计 154

control groups 控制组

 selection and randomization of subjects,受试者的选择和随机抽样 157

control of variables,变量控制 33

 and randomization,随机抽样 158

correlational research,相关性研究

 analysis of data,数据分析 219

 example in second language acquisition,第二语言习得研究范例 141

data,数据

 metric or interval,数值型或等距型 98

 nominal,称名数据 94,98

 operational definitions of,操作性定义 61

 ordinal,定序数据 142

 types,类型 38

data analysis,数据分析 219

analysis and research design，分析和研究设计 219

　　correlational，相关的 239

　　using the computer，使用电脑 260

　　descriptive research data，描述性研究数据 230

　　discriminant analysis，判别分析 247

　　factor analysis，因子分析 249

　　in experimental research，见"实验性研究"253

　　multivariate research data，多变量研究数据 243

　　qualitative rsearch data，质性研究数据 223

data collection methodology，数据收集方法 171

　　external validity，外部效度 111

　　operationalizing variables，操作性变量 169，210

data, defining，数据，界定 37，169

data issues，数据问题

　　assuring quality of collection procedures，确保数据收集过程的可靠性 200

　　ethical considerations，伦理思考 212

　　high and low explicitness，高低明晰度 172

　　issues and problems，论题与问题 197

　　speech style and representativeness，言语风格及代表性 198

data, procedures for collection，数据，收集方法 169，171

　　adapting and developing，调适和研发 206，207

　　diaries，日记 175

　　interviews，访谈 171，182，183

　　observations，观察 171，178，179

　　questionnaires，问卷 171，188

  reliability and validity of，信度和效度 201，204

  tests，测试 192

  verbal reporting，口头报告 185

deductive approach，演绎法

  appropriateness and inappropriateness of，恰当性和不恰当性 93

deductive research，演绎性研究 93

  and control of variables，变量控制 93

  combined with synthetic and analytic approaches，综合法和分析法相结合 59

  see research，参见"研究"

defining concepts and terms in the general question，界定一般性研究问题中的概念和术语 54

descriptive explicitness of the independent variables，自变量的描述明晰度

  external validity，外部效度 111

  descriptive research，描述性研究 133

descriptive research，描述性研究

  compared to qualitative，与质性研究相比 125，133

  data analysis，数据分析 219

  data collection，数据收集 135

  examples of，示例 134

  function of，作用 134

  procedures for，方法 137

  uses of，运用 139

diaries in second language research，二语研究中的日记 47

disciplined inquiry research，遵循学科规范的研究 7

discriminant analysis，判别分析 247
Dissertation Abstract International，《国际学位论文文摘》76
effect of the research environment，研究环境的影响 115
 external validity，外部效度 111
effect of time，时间对外部效度的影响
 on external validity，外部效度 117
empirical knowledge，实证性知识 13
 externalizing research，外化研究 13
ERIC search，科教资源信息中心检索 76，77
ethical considerations in research，研究中的伦理思考 212
experimental research，实验性研究
 analyzing experimental research data，分析实验性研究数据 253
 major components，要素 148
experimenter effects，实验者效应
 external validity，外部效度 116
explicitness in data collection，数据收集的明晰度 172
external validity，外部效度 99
 across types of research，不同研究类型的外部效度 112
 comparability of research findings，研究结果的可比性 112
 data collection methodology，数据收集方法 116
 effect of time，时间对外部效度的影响 117
 experimenter effects，实验者的影响 116
 explicitness of independent variable，自变量的明晰度 114
 factors affecting，影响外部效度的因素 113
 interaction of subject selection and research，受试者选取和研究的相互作用 114

population characteristics，样本总体特征 113
factor analysis，因子分析 249
factor loading，因子载荷 250
factorial analysis of variance，多因素方差分析 256
factorial designs，因子设计 149, 159
    example，研究示例 159
    variations in second language research，二语研究中因子设计的变体 160
feasibility，可行性
    of general questions，一般性问题 52
forming and testing hypotheses，形成和检验假设 3
four phases in the development of a research project，科研项目设计的四个阶段 45
four types of knowledge，四类知识
    and second language research，二语研究 10
frequencies，频数
    in descriptive research，见"描述性研究" 231
general question，一般性问题 47
    focusing the question，聚焦研究问题 33
    observation and curiosity related to，相关的观察和疑问 47
groups，小组
    in experimental research，见"实验性研究" 148
    natural，自然组 148
heuristic research，启发式研究
    deciding on，确定 58
    see research，参见"研究"

history, attrition, and maturation，历史，实验损伤，成熟
　　and internal validity，内部效度 107
hypotheses，假设
　　being falsifiable，可证伪 8
　　in nature，自然 4
hypothesis，假设 3
hypothesis-generating versus hypothesis testing，产生假设与检验假设 28，29，128
indices，索引
　　as sources for literature review，文献综述的来源 73
instrument/task sensitivity，研究工具/任务敏感度
　　internal validity，内部效度 108
interaction analysis，互动分析 179
interlanguage continuum，中介语连续体
　　and language variation，语言变体 198
internal validity，内部效度 100
　　and subject variability，受试者差异 101
　　factors affecting，影响因素 100
　　history, attrition, and maturation，历史，实验损伤，成熟 107
　　in heuristic research，见"启发式研究" 110
　　instrument/task sensitivity，研究工具/任务敏感度 108
　　time allotted for data collection，数据收集持续时间 105
　　time allotted for experimental treatment，实验处理时间分配 105
interpreting results，解释研究结果 270
interviews，访谈 171，176，182
kinds of research，研究类型 14

knowledge, a priori, 演绎性知识 12
knowledge, 知识
   and common sense, 知识和常识 6
   as authority, 权威性知识 11
   as belief, 信念性知识 10
   empirical, 实证性知识 13
language teaching, 语言教学 76
language tests, 语言测试
   in descriptive research, 见"描述性研究" 135
literature review, 文献回顾 70
   compiling and summarizing information, 汇编并归纳信息 82
LLBA (Linguistics and Language Behavior Abstracts), 语言学与语言行为文摘 70, 73
logistical and practical problems, 研究资源和研究实施问题
   and the general question, 一般性问题 55
measurement, 测量
   of experimental treatment, 实验处理 148, 165
meta-analysis, 元分析
   as a source of literature review, 文献综述的来源 80
mind experiments, 思维实验 5
multivariate and correlational research, 多变量研究和相关性研究 140
   compared to experimental, 与实验性研究相比 141
   not research methodologies, 并非研究方法 140
multiple regression, 多元回归 244
non-parametric and parametric statistics, 非参数和参数统计 222
null hypothesis, 零假设 63

numerical scales, 数值量表 179

objective or purpose of research, 研究目标或目的
   deciding on, 确定 58

observation, 观察 136
   as data collection instruments, 数据收集工具 135
   in descriptive research, 见"描述性研究" 135

operationalizing variables, 操作型变量
   for data collection, 数据收集 168, 169, 209

other fields, 其他领域
   as sources of research questions, 研究问题的来源 50

parameters for second language research, 二语研究的参数
   analytic/constituent approaches, 分析法/成分法 26
   conceptual level parameters, 意识层面的参数 22
   degree of control (parameter 3), 控制程度（参数三）32
   explicitness in data collection (parameter 4), 数据收集的明晰度（参数四）172
   heuristic/deductive objectives, 启发性/演绎性研究的目的 27
   operational level parameters, 操作层次的参数 23
   synthetic/holistic approaches (parameter 1), 综合法/整体法（参数一）26

phase 1: the general question, 第一阶段：一般性问题
   sources for research question, 研究问题的来源 47

piloting research, 预测研究 211

planned and systematic inquiry, 有计划的、系统的研究
   scientific research, 科研 8

population, 样本总体

external validity, 外部效度 111
preparatory stages of research, 研究的准备阶段 43
preparatory steps, 准备步骤
　　importance of result in research study or design, 研究或设计中结论的重要性 44
prerequisite knowledge, 必备知识
　　for investigating the general question, 调查一般性问题 54
psychological abstracts, 心理学文摘 76
qualitative and quantitative research, 质性研究和定量研究 122
　　significant differences, 显著性差异 124
qualitative or descriptive research, 质性研究或描述性研究
　　other terms used for, 使用的其他术语 121~122
qualitative research, 质性研究 127
　　data analysis, 数据分析 219
　　hypothesis-generating function, 产生假设的功能 128
　　limitations on in second language acquisition, 二语习得研究的局限性 129~130
　　methods, 方法 127
participant and non-participant observation, 参与者和非参与者的观察 128
　　procedures for, 方法 127~129
　　recycling through the data, 数据循环利用 132
　　sources of invalidity, 无效原因 132
　　uses of, 运用 133
qualitative, descriptive, and experimental, 质性、描述性和实验性研究
　　designs compared, 对比设计 125

quasi-experimental designs, 准实验设计 149, 154, 162
    and research in the 'real' world, 现实生活中的研究 162
questionnaires, 问卷 171, 188
rate of acquisition, 习得速度
    factors which may play a role, 可能起作用的因素 60
rating scales, 评级量表 195
reading research, 阅读研究
    questions to ask while reading, 阅读过程中提出的问题 49
reliability and validity of data collection, 数据收集的信度和效度 201, 204
reporting and summarizing, 报告和总结 82, 86, 266
reporting results, 报告研究结果
    types of reports, 研究报告的类型 267, 274
representativeness, 代表性
    in heuristic research, 见"启发式研究" 110
research, 研究
    and reality, 现实 2
    as a natural process, 作为一个自然过程 2
    basic components of, 基本要素 3
    basic, applied, and practical, 基础研究、应用研究和实用性研究 14
    components of, 要素 3
    deductive, 演绎性 92
    descriptive and predictive function, 描述及预测功能 93
    heuristic, 启发性 92
    heuristic and inductive, 启发性和归纳性 93
    making it more effective, 使之更有效 97

qualitative and quantitative compared, 质性研究和定量研究的对比 121~127
research cycle, 研究周期 2, 277~278
research designs compared, 研究设计的对比
  according to parameters, 根据参数 124
research plan, 研究计划
  and types of research, 研究类型 92
  need for, 必要 91
research questions, 研究问题
  where they come from, 研究问题从何而来 46
research topic, 研究课题
  selecting and literature review, 选题和文献综述 69~70
researcher subjectivity, 研究者的主观性 35
restriction of research scope/focus, 研究范围的控制/研究问题的聚焦 32
retrievability, 可提取性
  in heuristic research, 见"启发式研究" 110
RIE (Resources in Education), 《教育资源信息索引》70, 73, 76
scales, 量表 179, 195
scientific objectivity, 科学客观性 1
scientific research, 科研 6
  as disciplined inquiry, 符合学科规范的研究 7
  systematic, 系统的 7
  systematic inquiry, 系统性研究 9
  testing hypothesis, 检验假设 7
scientific research and common sense, 科研与常识 2, 6

selecting a research topic problems with，选定研究课题 69

self-report and interviews，自我报告和访谈

    in descriptive research，见"描述性研究" 136

separate sample designs，分离样本设计 163

single group designs，单组设计 149，150

    one group pre-test and post-test，单组"前测+后测"设计 151

    one-shot design，一次性设计 150

    time-sampling design，时间—抽样设计 152

size of subject population，受试的总体样本大小 103

    and internal validity，内部效度 100

sociological abstracts，社会学文摘 76

SPSS（Statistical Package for Social Sciences），社会科学统计软件包 260

standardized tests，标准化测验 196

statistical significance，统计显著性

    and correlational data，相关分析数据 241

subject awareness，受试者（对研究目的或研究过程的）意识 34

subject selection，受试者的选择

    external validity，外部效度 114

subject variability，受试者差异

    internal validity，内部效度 101

surveys and questionnaires，调查及问卷

    in descriptive research，见"描述性研究" 135

t-test，t 检验 253

tests，测验，检测 135，192

theories，理论

scientific research，科研 4~6

time for data collection or treatment，数据收集或实验干预的持续时间

    internal validity，内部效度 105

treatment and independent variable，实验处理和自变量 146

triangulation，三角验证 111，131~132

"underground" press，"地下"文献；见第四章，指未正式发表的研究成果 77，79

validity，效度 204

    construct，构念效度 205

    content，内容效度 204

    criterion，标准关联效度 204

    concurrent，同时效度 204

    internal and external，内部效度和外部效度 99

    predictive，预测效度 204

variables，变量

    extraneous，无关变量 118

    independent and dependent，自变量和因变量 93，118

    other, extraneous，无关变量 95，96

    predictor，预测变量 94

    subject，受试者变量 96

variability，变异性

    in descriptive research，见"描述性研究" 236

verbal report，口头报告 185

图书在版编目(CIP)数据

第二语言研究方法/(美)塞利格,(以)肖哈密著;吴红云等译.—北京:商务印书馆,2016
(牛津应用语言学汉译丛书)
ISBN 978-7-100-12080-7

Ⅰ.①第… Ⅱ.①塞…②肖…③吴… Ⅲ.①第二语言—语言学习—研究 Ⅳ.①H003

中国版本图书馆 CIP 数据核字(2016)第 050671 号

所有权利保留。
未经许可,不得以任何方式使用。

牛津应用语言学汉译丛书
第二语言研究方法
〔美〕赫伯特·塞利格 〔以〕艾蕾娜·肖哈密 著
吴红云 初萌 胡萍 王月旻 杨京鹏 译
吴红云 审订

商 务 印 书 馆 出 版
(北京王府井大街36号 邮政编码100710)
商 务 印 书 馆 发 行
北京中科印刷有限公司印刷
ISBN 978-7-100-12080-7

2016年5月第1版　　　　开本 880×1230 1/32
2016年5月北京第1次印刷　印张 10 3/8
定价:32.00元